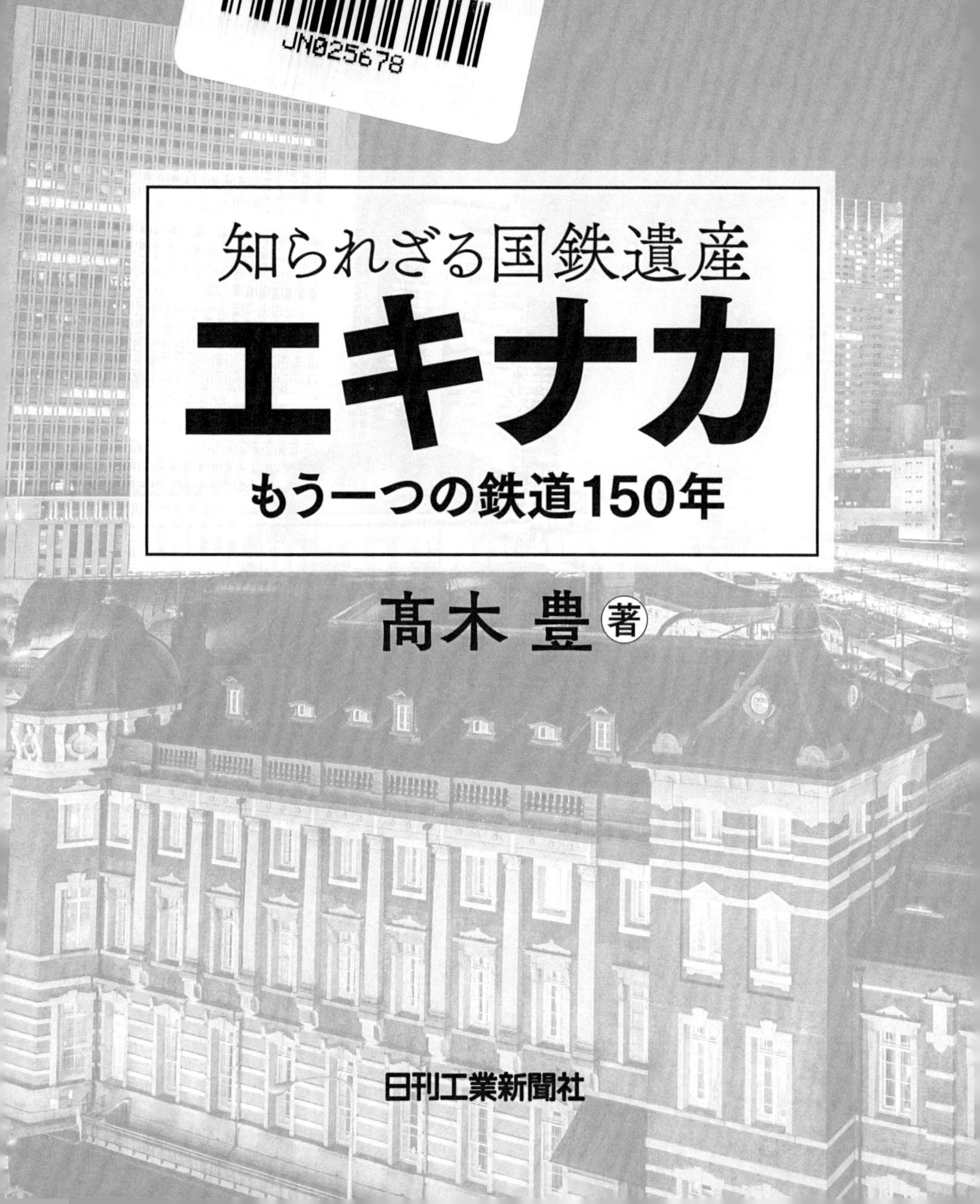

知られざる国鉄遺産

エキナカ

もう一つの鉄道150年

髙木 豊 著

日刊工業新聞社

⁘ はじめに

日本の鉄道開業150年を迎え、JR発足からも35年が経過した。長い歴史の中で、最大のエポックメーキングとなったのが国鉄分割民営化で、JR発足は鉄道開業から培ってきた「国鉄史観」「鉄道至上主義」からの決別でもあった。発足以降、各社独自のビジネスモデルを築いてきたが、コロナ禍で、改革を成功に導いたはずのJR本州3社(JR東日本、JR東海、JR西日本)でも2年連続の赤字経営を余儀なくされている。次の100年を模索する中で、JR各社は「鉄道大国」構築の裏方的存在だった〝エキナカ〟の「国鉄遺産」を改めて検証し、今後の糧とすべき時期を迎えている。

「鉄道150年」の歴史は「エキナカ150年」の歴史でもある。エキナカ、駅空間市場は法的制約の下、法的根拠、経済的な位置付けはあいまいなまま、有形無形の「国鉄遺産」として、巨大市場を形成してきたことは意識されていない。〝国鉄DNA〟の「鉄道至上主義」の視点から一歩、踏み込んでエキナカの視点から見てみると、鉄道150年の歴史は違った風景を見せてくる。

政治に翻弄されてきたのは鉄道事業だけではない。「国鉄遺産　駅空間」も政治に翻弄されてきた歴史だ。翻弄されながらも、鉄道事業は必要に応じ、関連事業、福祉事業などになし崩し的に進出していくうち、いつのまにか、エキナカを軸とする駅空間は、膨大な市場を形成するようになっていった。JTB、鉄道弘済会、日本テレコム(現ソフトバンク)、日本通運、日本食堂と〝エキナカ巨人〟を続々と誕生させ、プロ野球球団「国鉄スワローズ」を抱えるまでになっていた。結果として日本国有鉄道(国鉄)企業グループは肥大化し、ついには親方日の丸の「国鉄一家」と呼ばれ、国鉄破たんの一因ともなった。

エキナカの平面利用から始まった駅空間が立体利用、地下利用、さらには空中権と広がりを見せているのは、法規制緩和と科学技術進歩の賜物だ。国鉄改革における鉄道用地は、駅前の一等地については国鉄清算事業団、つまり国に仕分けされた。ＪＲに仕分けされたのは線路用地プラスアルファ程度で、再開発用地は案外少ないが、それでも新幹線品川新駅、車両基地を再開発した品川再開発、大深度地下利用のリニア新幹線を可能にしたのは国鉄改革あっての話だ。

建築基準法の容積率緩和で、東京駅の保存・復原が可能になったが、その仕掛けには中曽根「民活」の秘策が仕組まれていた。文化財保護はそのきっかけに過ぎず、狙いはマチナカでの容積率緩和で、ついには日本人の聖域と思われていた風致地区「明治神宮外苑」にまで、超高層ビル計画が動き出し、物議を醸《かも》している。政官民「三方よし」の容積率緩和策も、曲がり角を迎えている。

ＪＲ発足後のエキナカ開放策でエキナカは激戦市場となり、絶滅危惧種「駅弁」は苦戦の一方だが、駅弁も単なる弁当ではない。鉄道非常時の供食を担うのは国鉄時代から変わりはない。台風など非常時には国鉄の生き残り団体、日本鉄道構内営業中央会が地域ごとに炊き出し数量を割り当てている。駅弁業者は駅近くに製造拠点を有しており、いざ有事には夜中でも炊き出し体制を敷き、おにぎり、弁当製造に入る。コンビニエンスストアとは思想、役割が違う。

今、ＪＲ各社ともに、ＥＳＧ（環境・社会・企業統治）経営、ＳＤＧｓ（持続可能な開発目標）経営に取り組んでいる。行き過ぎはしたが、国鉄のＥＳＧ、ＳＤＧｓマインドは高かった。これら先人達の社会的活動の良し悪し、知の集積を学べば、ＥＳＧ経営の先進企業への道は近いかもしれない。「鉄道大国ニッポン」のエキナカ１５０年のアナザーストーリーを検証し、エキナカの構造変化、今後を展望してみたい。

（注）本書でのエキナカの定義：駅長管理下の駅改札口内外を狭義のエキナカとするが、広義のエキナカとしては、１９５４年国鉄「構内営業規則」改正で認知された駅長管理の及ばない駅ビル、ホテルなどの「構内公衆施設」をも含める。

目　次

第2章 国鉄分割民営化の衝撃―エキナカ巨人の解体―

第3章 国鉄改革をエキナカから考える

第4章

エキナカから見る「国鉄一家」の功罪

第2部◆知られざる駅弁文化

第5章　エキナカ絶滅危惧種「駅弁」の危機

第1部

国鉄の115年とJRの35年

第1章

国鉄遺産　駅空間

国の重要文化財「東京駅」保存・復原のアナザーストーリー

✣ＮＨＫ番組で「松田の秘策」として紹介

２０１９（令和元）年7月9日、ＮＨＫスペシャルで「平成史スクープドキュメント第6回　東京　超高層シティー　光と影」が放映された。番組では、東京駅のレンガ駅舎保存・復原に貢献した2代目ＪＲ東日本社長だった松田昌士《まさたけ》が登場した。松田の秘策として「５００億円で東京駅の余っている容積率を買ってくれないかと三菱地所に持ち掛けた」というエピソードを紹介した。これを受けて三菱地所は「ウインウインの関係」と応じた。奇想天外の松田案で、レンガ駅舎保存・復原は一気に進展することになったという（**図1-1**）。松田はさらに「私は大学院で民法を専攻していた。ドイツでは上空権（空中権）はすでに利用されている」とも語り、松田の秘策であったと発言している。

これらの短いやり取りの中に、容積率緩和策のエキスが凝縮されている。容積率は敷地面積に対する延べ床面積の割合で、容積率が2倍に緩和されれば、同じ敷地でも延べ床面積当たりの地価は2倍に換算できる。地価というと通常、敷地面積当たりの価格を指すが、不動産業界では地価の高い都心再開発については延べ床面積当たりの地価を基準にする。つまり容積率が2倍になれば、地価は実質2倍になるという〝魔術〟とも言える。開発側は容積率緩和分、より高層なビル、より多いオフィスなどが確保でき、賃料収入を多く得られる。行政側は公園、道路、水道などインフラ整備費用の多くを開発業者に負担させることができる。政府は真水資金の負担なく、不況期の景気浮揚策と銘打つことができる。なぜか土地バブル期の地価鎮静策としても使われた。都心に限ればその効果は絶大で、政官民一体の切り札的存在だ。容積率緩和策は中曽根康弘内閣の民間活用政策「民活」の〝秘密兵器〟として登場して以来、国鉄・ＪＲとのかかわりはことのほか深い。

図1-1　東京駅

松田は番組のタイトル「超高層シティー　光と影」の文化財保護のための容積率緩和策という〝光〟のパートに徹した役割を演じた。むろん中曽根「民活」の野望が潜んでいた〝影〟の仕掛けを承知の上での話だ。

容積率そのものは１９６３（昭和38）年の建築基準法改正で高さ制限が撤廃されたことに伴い、導入された。本来は無秩序な開発を防ぎ、都市生活の質を保つために設けられた制限だ。学校、上下水道、電気・ガスなど公共施設、ごみの量などに応じ決められている。前面道路の幅や用地地域指定によっても制限がある。閑静な住宅地の第１種住居専用地域では建ぺい率40％、容積率80％などという厳しい基準が設定されている。これに対し商業地域の東京駅周辺では容積率１３００％、２０００％近い案件も散見する。

松田の発言は容積率緩和策がなければ実現しない提案で、３階建ての低層のレンガ駅舎の上空の余った容積率（空中権）を金額換算し、三菱地所に売却しようというものだ。知られざる「国鉄遺産」

（提供：国立国会図書館「写真の中の明治・大正」）

図1-2　東京停車場（1915年頃）

の駅空間の潜在力がキャッシュ化した瞬間だ。空中権の売却金500億円でレンガ駅舎の保存・復原が可能になったし、三菱地所は買った容積率を別のビルの容積率積み増しに使い、より高層のビルが建設できる。文化財保護の視点からはまさに妙案だったと言える。

松田は国鉄分割民営化を推進した「改革3人組」と言われた1人で、国鉄改革で活躍した人物だ。前述した番組の中でレンガ駅舎を取り壊し、超高層ビルに建て替える模型を前に、「これは初めて見るな。犬猿の仲だった我々にはみせてもらえなかった」と述懐する。これも番組の流れを斟酌《しんしゃく》した松田らしい発言だ。国鉄当局ににらまれていたということに自らの立場を端的に表現した。松田は勘の鋭い人で、本人も「勘で生きている」と豪語していたが、その実は努力の人でもあり、決して努力の姿は表に出さないシャイな一面もあった。

番組の最高責任者、制作総括の星野真澄は「発言が視聴者にわかりやすく、事前の打ち合わせと本番の発言がまったく変らないという点でも魅力ある人でした」と番組の意図を汲んで〝光〟のパートに徹した発言に感謝していた。記者のインタビューを受けると、その記者が何を語ってもらいたいかを即座に判断し、発言する。サービス精神旺盛な人で、その役者ぶりはマスコミに人気の〝華のある人〟だった。時にはサービス過剰発言も目立ち、物議を醸すこともしばしばで、この時も往年の姿を垣間見せたが、松田はこの頃、体調が優れず、公式では最後のインタビューとなり、番組放映の10か月後、20年5月19日に亡くなっている。

✣駅舎建て替え論議は〃十河構想〃から本格化

東京駅丸の内レンガ駅舎の保存・建て替え問題は古くて新しい問題だ。レンガ駅舎竣工は1914（大正3）年と比較的新しいが、戦災で損傷し、47年に復興工事をしたままとなっていた（**図1-2**）。57年に、「新幹線の父」と呼ばれる第4代国鉄総裁・十河《そごう》信二が地上24階建ての丸の内本屋建設の検討指示を出し、本格検討を開始した。

〃十河構想〃と呼ばれているが、検討内容については、『日本鉄道技術協会誌（JREA）』（日本鉄道技術協会）の60年1月号に「東京駅最終形態論」として掲載された。執筆した国鉄技師長室調査役・馬場知巳は論文の中で、「表題はJREA誌がつけたもので、私自身これを最終案とは思っていない」とコメントしているが、〃馬場構想〃と呼ぶ人もいる。

80年には第8代国鉄総裁・高木文雄が東京駅将来構想として丸の内駅舎は取り壊し、線路上空に人工地盤を張り、丸の内側35階建て、八重洲北地区に30階建て、八重洲南地区に30階建ての超高層ビル3棟を建設しようという〃高木構想〃を発表している（**図**

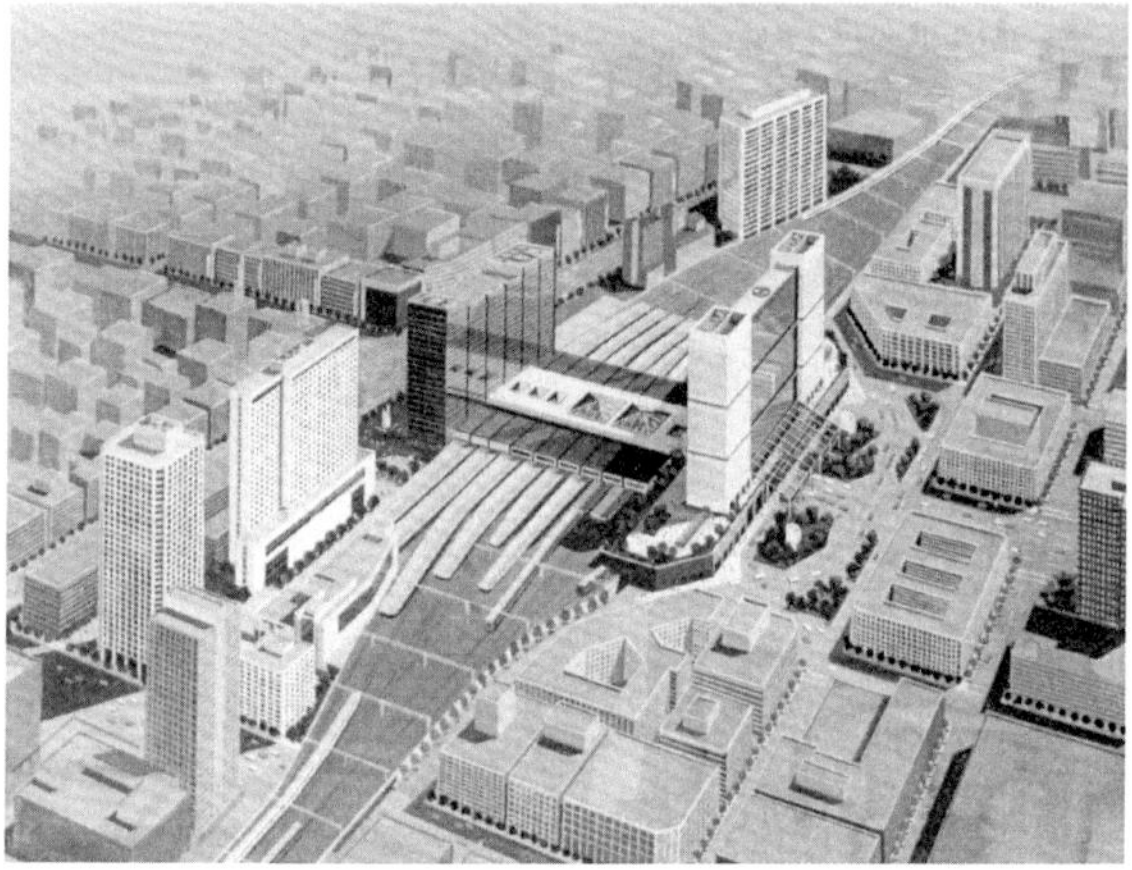

図1-3　東京駅建て替え構想 “高木構想”

1−3)。いずれも超高層ビルへの建て替えが目的で、58年の十河総裁時代はまだ国鉄黒字で強気の建て替え構想だったが、高木構想は増え続ける長期債務の返済資金に充てようという苦肉の策として浮上したものだ。

レンガ駅舎保存論の方は77年3月、東京都知事・美濃部亮吉と高木の間で合意した「東京駅と丸の内再開発構想」をきっかけに動き出し、同年10月、日本建築学会は「丸の内駅舎保存要望書」を高木に提出している。建て替え構想の一方、駅舎保存の世論は高まるが、82年、第二次臨時行政調査会（第二臨調、会長＝土光敏夫、通称土光臨調）で「国鉄分割民営化」を答申、国鉄経営体そのものの解体論議が盛んになり、東京駅舎保存・復原論議どころではなくなった。

国鉄分割民営化作業で、足踏み状態になった東京駅レンガ駅舎保存問題が再び動き出したのは、ＪＲ発足後すぐの87年4月だ。運輸省、建設省、郵政省、東京都、国鉄清算事業団、ＪＲ東日本、ＪＲ東海などで構成する「東京駅周辺地区再開発連絡会議」（幹事＝国土庁）が発足した。対象地区は25ヘクタールで、うち20ヘクタールが国鉄清算事業団とＪＲ2社関係の土地だ。同7月には連絡会議の下に「東京駅周辺再開発調査委員会」（委員長＝東京大学名誉教授・八十島義之助、通称八十島委員会）が設置され、東京駅舎保存問題の議論も再開された。

八十島委員会では駅舎保存に配慮しながら「日本の中枢を担う地区だが高度利用が十分なされていない」とし、周辺地区の高度利用を促す整備構想をまとめようというものだ。

これと並行してＪＲ東日本でも同年10月、専門チーム「東京駅懇談会」を設置し、東京駅の将来像の模索を始めた。メンバーは部課長の実務クラスで、レンガ駅舎保存もテーマだが、まだ民間会社として経営基盤の確立を模索している段階で、多額の費用のかかる駅舎保存については結論を先送りしていた。

委員会の進ちょくをにらみ、同年12月11日付で日本建築学会は東京駅の所有者が国鉄からＪＲ東日本に変わったことで、改めてＪＲ東日本宛てにレンガ駅舎保存要望書を提出している。翌12日付で「赤レンガの東京駅を愛する会」

（代表＝三浦朱門、高峰三枝子）もでき、世論は新生ＪＲの滑り出し好調をにらみ、駅舎保存で盛り上がりをみせた。

87年3月、八十島委員会は駅舎の形態保存方針とともに、保存の具体策として「駅舎上空の容積率（空中権）を移転する方法により実施する」という、復原費用のファイナンスまで踏み込んだ調査報告書をまとめている。空中権売却という松田の秘策は、すでにこの段階で財源策についても具体化に向け動き出していたわけだ。

✣東京駅のための「特例容積率適用区域制度」で保存・復原の財源確保

これが現実の問題として表面化したのは12年後の99（平成11）年9月、「東京駅周辺における都市基盤・誘導方針検討調査委員会」（座長＝慶應義塾大学教授・依田和夫）の緊急提言を受けた形での9月28日、都知事・石原慎太郎と松田会談だ。10月1日、石原はレンガ駅舎を復原するとともに、行幸《ぎょうこう》通りの景観整備、東京駅前広場空間の再整備などで合意したと発表した。続いて同5日、松田は定例会見で「事業費は３００億－５００億円」と保存・復原費用にまで踏み込んだ。

石原－松田合意からは早い。石原は同月内に「危機突破プラン」を策定した。「東京の危機は日本の危機」とし、「多心型都市構造」方針から「都心一極集中」に回帰することを鮮明にする方針転換がなされた。

保存・復原の財源策も具体的に動き出す。八十島委員会の容積率移転提案を受け、東京駅のためにわざわざ法制化したのが「特例容積率適用区域制度」だ。同制度は01年5月、歴史的建造物の未利用の容積率を活用し、建造物の保存と土地の高度利用を図ろうというものだ。「大手町・丸の内・有楽町地区（大丸有地区）」の指定区域内であれば離れていても容積率移転が可能という融通無碍《むげ》の新制度だ。空中権を売ったＪＲ東日本、買った三菱地所、さらには認可した都も得をする。政官民一体の「打ち出の小づち」政策の象徴的制度として誕生した。

同年、都は「東京駅周辺の再生整備に関する検討委員会」（委員長＝早稲田大学特命教授・伊藤滋）を設置、翌02

年1月、駅舎保存・復原、駅前広場整備、特例容積率適用区域制度の活用―などを骨子とする報告書を提出した。これを受けて、同2月松田の後任の3代目JR東日本社長・大塚陸毅《むったけ》と石原が会談し、駅舎保存・復原、東京駅周辺整備、具体的な都市計画手続きなどで合意、調印した。ここに至って、駅空間創造の潜在力が法的な裏付けをもって市民権を得ることになる。

石原―大塚会談の駅舎保存合意を前もって織り込んでいるような仕掛けもまだある。並行してレンガ駅舎の保存・復原を前提にした国の重要文化財指定の動きだ。翌03年4月の文化審議会は「中心市街地の中で歴史的建造物の保存活用のあり方について新たな方向を示す画期になるものといえる」と答申している。これを受けて5月、大正時代を代表する歴史的建造物で、レンガを主体とした建造物の最大規模の建築として「意匠的に優秀なもの、歴史的価値の高い」貴重な建築だとして重要文化財指定がなされた。保存・復原後には首都東京のランドマーク的存在となる意味合いを込めての期待の指定でもある。文化財としての価値を損なわずに保存・復原工事が実施されることを前提としている。新時代の文化財のあり方を問う、歴史的転換を示すとも言えそうだ。保存・復原が終了し、12年10月の東京駅舎グランドオープンに先立つこと9年も前の話だ。

都では、特例容積率適用区域制度内の重要文化財については容積率を５００％アップというプレミアムも用意するという厚遇ぶりだ。

✣ドーム天井の十二支の残る4つは辰野金吾の故郷で発見

東京駅舎の文化財の価値は高い。建築した辰野金吾は「日本の近代建築の父」とも言われ、日本銀行本店など名建築を手掛けているが、東京駅はその集大成で代表作だ。地震にも強く、関東大震災でも被害はほとんど受けていない。意匠についても評価は高く、遊び心もある。南ドーム部の八角形の天井には十二支のうち四支がないことがナゾになっていたが、残りは辰野のふるさと「武雄温泉楼門」で見つかったというエピソードも話題を呼んだ（**図1-4**）。武雄温泉は神功《じんぐう》皇后入浴伝説もある古湯で、武雄温泉のシンボル、楼門は東京駅の完成の翌1915（大正4）年に建築されたものだ。「四支のレリーフについては東京駅保存・復原を機に、問い合わせが来たことがきっかけで見つかった」と2014年2月の筆者の取材に対し、資料館スタッフはこう語っていた。辰野金吾設計の「武雄温泉楼門」「武雄温泉新館」はともに国の重要文化財に指定されている。

東京駅は文化的なストーリー性が高く、首都東京のシンボルとして特別で例外的な扱いを受けているかのようだ。

（提供：JR東日本）

図1-4　東京駅舎の八角形ドーム天井

「さすが東京駅」と言いたいところだが、実際は政府、不動産関連業界から見れば、中曽根「民活」から続く一連の容積率緩和策の〝目玉〟プロジェクトという、したたかな仕掛けが結実した象徴的な案件だった。特例容積率適用区域制度といい、重要文化財指定といい、政官民一体のストーリー通りで、秘策でも、奇想天外の案でもなかったが、ドキュメンタリー番組の主役の1人としての役割を見事に演じた松田の最後の晴れ姿だったとも言える。

中曽根「民活」の秘策
「国鉄用地」から「明治神宮外苑再開発」まで

東京駅保存・復原プロジェクトで底力を見せた容積率緩和策は1982（昭和57）年11月、中曽根内閣誕生時から始動していた。真の狙いはマチナカでの容積率緩和だが、そこへ行くまでのストーリーを描くための格好のターゲットが国鉄改革に伴い国鉄清算事業団に仕分けされた「国鉄用地」だ。容積率緩和策の恩恵を受けるのは地面そのものの価値が高いことが前提で、都心でまとまった土地があるのは国鉄用地と国有地しかない。国鉄用地は単に駅前の一等地というだけではなく、都心でまとまった開発用地を有しており、国鉄用地が公示地価の3倍など高値で売却可能なのは敷地面積当たりの坪単価ではなく、延べ床面積当たりの坪単価を想定しているからにほかならない。

延べ床面積当たりの坪単価を上げるには、容積率の緩和が必要だ。不動産会社など買い手は容積率緩和を見込んで入札する。国鉄用地の価値は容積率緩和を織り込んでの売却となるから高値となり、これが地価の高騰を誘発し、バブル経済を呼び起こすことにもなった。

一連の容積率緩和策が東京駅保存・復原を可能にした特例容積率適用区域制度にまで行き着くには、紆余《うよ》曲折があった。中曽根「民活」の周到に仕組まれたカラクリを理解する必要がある。第二臨調のキャッチフレーズ「増税なき財政再建」を陰で支えた秘策で、〝秘密兵器〟でもあった。

「土光臨調」と言われた第二臨調発足は81年3月16日で、鈴木善幸内閣の時だ。土光敏夫は第二臨調会長の就任直前の3月11日、鈴木と会談、「増税なき財政再建」と「行革の実行は総理の決意」を約束させた。これを受けて鈴木は3月18日、「行政改革を内閣の最重要課題とし、政治生命を賭ける」ことを表明した。鈴木は同年9月の「行革国会」と言われた第95回臨時国会所信表明でも「行政改革と財政再建は表裏一体」と改めて不退転の決意を表明した。

「増税なき財政再建」は国民の圧倒的な支持を受けた。2度にわたる石油ショックで、産業界、国民は痛手を受け、減量経営、質素な生活を強いられたのに、政府、政府系企業は肥大化したままだ。「増税を言う前に行財政改革に取り組め」というのが国民の声だった。基本答申を控えた82年7月23日、NHKでドキュメンタリー番組「85歳の執念、行革の顔・土光敏夫」が放映された。好物のメザシを食べる土光の質素な姿が感動を呼び、土光人気に拍車を掛けた。「増税なき財政再建」支持の裾野をさらに広げる役割を演じた。

放映1週間後の7月30日、土光臨調は「第3次答申―基本答申―」をまとめた。答申では公務員の新規採用抑制、生産者米価抑制、公的年金制度の段階的統合、総理府と行政管理庁統合、国土庁、北海道・沖縄開発庁の統合、国鉄、日本電信電話公社（電電公社）、日本専売公社（専売公社）の3公社民営化などの具体策を答申している。

「増税なき財政再建」への道を付けた鈴木は志半ばで退任し、基本答申から3か月後の82年11月、中曽根内閣が誕生した。中曽根は鈴木内閣の行政管理庁長官として「増税なき財政再建」の裏方だったが、今度は首相として表舞台に登場することになった。

✣「増税なき財政再建」の財源としての容積率緩和策

土光敏夫と相携えて、「増税なき財政再建」の理想的なシナリオをまい進した鈴木善幸に対し、中曽根康弘はしたたかに現実路線に踏み出す。そもそも「増税なき財政再建」とは自己矛盾を内包したフレーズで、歳入財源としての増税はせずに、歳出を減らし、悪化の一途を辿《たど》る財政を立て直そうというのは「言うは易《やす》く行うは難《かた》し」の策だ。

「増税なき財政再建」という理想的なシナリオを資金的な裏付けのある現実的なシナリオに変貌させ、中曽根内閣は5年もの長期政権を達成した。国鉄改革の成功と中曽根「民活」成功を後ろ盾に、中曽根は歴史に残る首相となった。土光臨調は83年5月、最終答申をまとめた。答申では行革の目玉として「国鉄を5年以内に全国7ブロック程度に分割し、民営化する」ことを具体的に提言した。電電、専売については民営化方向で改革すべきとの提言にとどめ、狙いを国鉄分割民営化に絞ったことが土光臨調成功の一因ともなった。

東京駅保存・復原という美談は、中曽根「民活」が敷いたレールの延長線上にある点で、大きな意味を持っている。「増税なき財政再建」を標榜《ひょうぼう》する限り、従来のバラマキ型公共事業費投入という財政政策による経済活性化策は取りにくい。難題を現実化するには競争原理を導入し、民間活力を利用する「民活」が必要だった。そのためのマジックが「打ち出の小づち」とも言われた建築物の容積率の緩和だ。「民活」の名の下に、土地政策の規制緩和、民間宅地の供給円滑化、既成市街地の高度化―に取り組んだ。なかでも容積率緩和策が本命で、容積率緩和のダシに使われたのが国鉄用地であり、国鉄改革だ。容積率緩和策と国鉄改革とはあたかも別次元で、政策が進められていたが、ロマン溢れる「鉄道の再生」を前面に押し出すことにより、容積率緩和がいとも簡単に実現できたのも、国鉄改革により生み出した国鉄用地のおかげだ。まさに「国鉄遺産」が寄与したものだ。

63年の建築基準法改正により導入された容積率は住居地域、商業地域、工業地域などのそれぞれの都市施設の整備水準に見合うようあらかじめ決められたが、その後、都市の急成長、建設技術の進歩などから、容積率緩和の要請が強まっていった。緩和については当時の東京都が消極的だったことから、国は法律により現実の具体的都市計画、再開発に見合った個々の計画ごとに緩和措置を講じていく。建築基準法による総合設計、都市計画法による特定街区、都市再生特別措置法による都市再生特別地区―など、その土地土地の実情に応じ、案件ごとに法的措置を講じている。これら容積率を軸とした規制緩和措置は全国一律の建築基準法、都市計画法などの法の網がかからないという、とてもお役所仕事とは思えない柔軟さだ。

容積率緩和に執念を燃やす中曽根は「山手線内はすべて5階建て以上」「第1種住居専用地域を第2種に」「市街化調整区域の開発許可基準を20ヘクタールから5ヘクタールに」「特定街区など市街地再開発地域のさらなる容積率緩和」など、なりふり構わず緩和策の検討を指示する。中曽根の真の狙いは、こちらのマチナカにおける不動産規制の緩和だ。

容積率緩和策が実現すれば、その分、オフィス面積は増え、賃貸収入も増える。東京都が道路、公園、緑地などを開発業者に負担させることを条件としても、容積率緩和分を換算すれば、開発業者は公共施設建設費用を負担しても、コストは見合うことになる。中曽根「民活」としては増税、公共事業費、補助金などの財政負担を伴わずに、景気刺激策を講じることができる。行政、業者ともウインウインの関係となる。

ただ容積率緩和には、土地をまとめる作業の必要がある上、即効性が乏しいことが難点と言える。森ビルの手掛けた六本木ヒルズなどは20年がかりの案件だ。

中曽根「民活」ではそんな悠長なことはしていられない。そこで登場するのが国鉄用地で、国有地払い下げは露払いに過ぎない。83年12月には新宿区西戸山公務員宿舎跡地2万平方メートルなどの国有地の払い下げがあったが、狙いは待機中の国鉄用地の払い下げ、容積率緩和による国鉄用地の再開発だ。東京都区内だけで12件、全国で１６３件を選び、84年３月には品川駅東口貨物操車場跡地（４・６ヘクタール）、86年10月には全国の国鉄用地の売却予定地７０００件、総額7兆７０００億円とのリストを発表した。ＪＲ発足の直前、87年3月には九段北の国鉄職員宿舎跡地、大宮操車場跡地、新鶴見操車場跡地などが相次いで売却された。

これら国鉄用地の払い下げと容積率緩和策が都心から全国に及ぶことを期待し、都心では地上げ、地方では土地の買いあさりが広がっていった。容積率緩和策はもっぱら都心の超高層ビルへの建て替えで効力を発揮する政策だが、同時に「国土の均衡ある発展」神話が強い建設不動産業界にとっては、千載一遇のチャンスと捉えて、過疎地にも土地投機を煽《あお》る動きが続き、土地バブルは膨らんでいった。

国鉄用地売却が本格化しようとしていた矢先の87年7月、「緊急土地対策要綱」の閣議決定で、国鉄用地の売却が土地投機をさらに煽るとして見合わせることになった。この時の土地投機ブームがその後の株式ブーム、そしてその後のバブル経済の崩壊の元凶となったと言える。

特例容積率適用区域制度の創設が成功したのは、容積率緩和策の野望と鉄道ロマンが一体化した東京駅保存・復原に焦点を絞ったことが最大の〝勝因〟だろう。同制度は中曽根「民活」の集大成ともいえる規制緩和策だが、「容積率移転」というのはこれまでにもあった。73年、東京・内幸町の日本プレスセンタービルの建設で特定街区内の隣接する日比谷国際ビル、富国生命ビルなどへ金銭売買が実現している。だが離れたビルへの売買はこの特例容積率適用区域制度が初めてだ。レンガ駅舎を建設当時の3階建てに抑えることで、使用しない「空中権」、すなわち未利用分18万平方メートルを新丸の内ビル、東京ビル、ＪＰタワーなど6つのビルに移転売却した。東京ビルは容積率１３００％が１６５０％に緩和され、地上33階、高さ１６４メートルの超高層ビル建設が可能になった。空中権を売ったＪＲ東日本は５００億円の工事費を捻出し、東京駅という文化財保護の恩恵を受け、買った三菱地所はビジネスチャンスを広げることになる。さらには直接的な恩恵は不動産業界にも及ぶことになる。

✣東京駅のための新制度は、なぜか国の重要文化財・日本橋も適用範囲

しかもこの特例容積率適用区域制度には、大きな仕掛けがしてある。適用区域には丸の内側だけではなく、八重洲、日本橋まで含まれているのがミソだ。東京駅保存・復原をダシにした戦略的な容積率緩和策ということだ（図1-5）。丸の内側は三菱地所、八重洲側は三井不動産を中心に再開発している。丸の内側は元は大名、武家屋敷などが多く、土地が比較的まとまっているが、八重洲側は商人の街で中小地権者が多く、意見集約にも手間ひまがかか

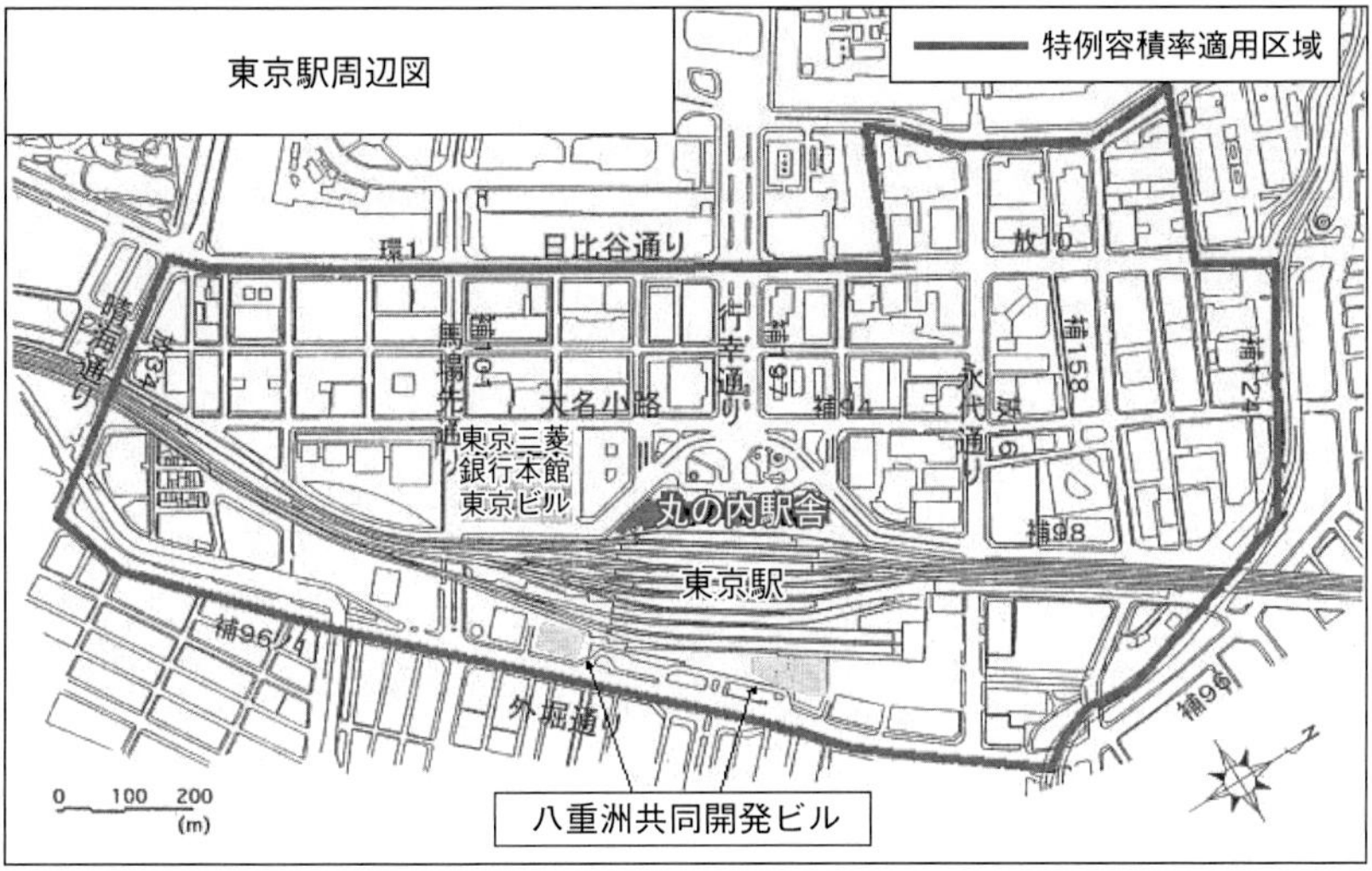

（2002年５月29日 JR東日本プレスリリース）

図1-5　東京駅周辺の特例容積率適用区域

り、再開発は難しいというのが定説だった。東京駅のレンガ駅舎保存・復原のためという大義名分の下に特例容積率適用区域制度を法制化したはずだが、実際は適用区域が八重洲、日本橋までを含んでいることで、八重洲側では三井不動産を中心に大きな再開発計画が待機していたかのように動き出している。

日本橋側の首都高速道路の地下化などを含む水辺開発の対象となる日本橋川がちょうど大丸有地区（大手町、丸の内、有楽町）と日本橋・八重洲地区をつないでいる。その日本橋・八重洲地区再開発が東京駅保存・復原を契機に、それも特例容積率適用区域制度発効をみてからではなく、あらかじめ決まっていたかのようなタイムスケジュールで動き出している。こちらもやはり国の重要文化財、日本橋をダシに使おうというものだ。

夢の構想に過ぎなかった日本橋の再生計画も、実現化に動き出す。日本橋を覆う首都高速都心環状線を地下化し、「日本橋に空を取り戻そう」という高速道路地下化運動の歴史は長い。68年の「名橋『日本橋』保存会」まで遡《さかのぼ》る。99年には「日本橋地域ルネッサンス１００年計画委員会」

が発足、日本橋の上に架かる首都高速道路を撤去して地下に移設し、日本橋川を再生する壮大なビジョン策定に入った。２００６（平成18）年には首相・小泉純一郎の指示で設立した「日本橋川に空を取り戻す会」が提言をまとめている。「首都高速移設事業費４０００億—５０００億円で、川沿いの土地の容積率を環境改善の受益を受ける再開発地域へ移転すること」も織り込んでいる。それでもなお事業費の捻出のメドはつかない。

16年5月には「国家戦略特区」に指定、同7月には国土交通大臣・石井啓一と都知事・小池百合子が「日本橋周辺の首都高速の地下化に向けて取り組む」と発表、概算事業費は３２００億円に圧縮して、夢の構想が具体化に動き出している。２０２０（令和2）年10月に着工、地下トンネルを35年頃メドに開通させ、その後高架を撤去し、日本橋に空を取り戻す計画で、完成は40年目標だ。

この40年を目標に、日本橋川沿いの5地区の再開発プロジェクトが一気に動き出している。うち4地区が三井不動産主力のプロジェクトで、総事業費は1兆円とも言われている。プロジェクトには山本海苔店、食品卸売りの国分、寝具メーカーの西川など室町時代、江戸時代創業の老舗も参加しているのが大きな魅力だ。これら老舗は独自路線を貫く気概も強かったが、近年のＳＤＧｓ（持続可能な開発目標）、脱炭素などへの対応のためにも、容積率緩和策の恩恵を最大限に受ける必要があった。容積率緩和策は老舗企業をも呑み込む破壊力を持っている。

✣東京オリンピックは口実。風致地区「明治神宮外苑再開発」にも容積率緩和の仕掛け

国鉄改革、さらにはＪＲになってからの東京駅での容積率緩和成功事例は20年開催の東京オリンピックにも及ぶ。要は容積率緩和などの大胆な規制緩和策には歴史的変革、イベントが必要だということだ。オリンピック精神というきれいごとを隠れ蓑《みの》に、やはり容積率緩和の仕掛けを仕組んであった。前回の64年東京大会の開催は高度成長の起爆剤となり、先進国の仲間入りを果たすきっかけになった。東海道新幹線開通、首都高速道路建設など、首都圏の交通

網やオフィスビル、住宅などのインフラ整備がレガシーとなった新興国型の成功例だ。

20年大会は公共事業のバラマキというわけにはいかない。「国土の均衡ある発展」という新興国型のインフラ整備のフレーズは使えない。現に、バラマキ型公共投資を投入する財政資金もない。

このため12年のロンドン大会を模範とした文化型のオリンピックを目指すことにした。森記念財団都市戦略研究所による世界都市力ランキングで、ロンドンオリンピック開催後の12年に、ロンドンがランキング1位になったことにあやかろうというものだ。ロンドンはそれ以来、21年現在に至るまで10年連続トップの座をキープしている。日本は3位からニューヨークを抜いて2位を目指すというのだが、これは国民向けで、文化型とは名ばかりで最大の狙いはやはりインフラ整備だ。

ロンドン型オリンピックのインフラ整備と称して、容積率緩和策は大胆に動き出す。中曽根「民活」に始まり、国鉄改革の成功を下支えし、東京駅舎保存・復原、日本橋再生まで実現させる道を付け、ついには風致地区内にある「明治神宮外苑地区再開発」にまでたどり着く。

日本初の風致地区は１９２６（大正15）年に指定された「明治神宮内外苑風致地区」で、外苑地区（95・４ヘクタール）としては51年に風致地区に指定されている。神宮内苑は国などが整備するのに対し、外苑は宗教法人明治神宮が自力で維持、整備しなければならない。このため全国民からの寄付、献木、労働奉仕で整備されてきたという歴史的経緯がある。

「国民みんなの外苑」との意識も強く、なかなか再開発に着手できなかった。神宮球場は築95年、秩父宮ラグビー場は築74年、神宮第二球場は築60年を経過しており、どこかで決断の必要に迫られていた。明治神宮だけで財源を賄うことは到底できず、中曽根「民活」から数々の実績を積み重ねてきた容積率緩和策に頼るのは時間の問題だった。神宮球場などの上空の余った容積率を、伊藤忠商事、三井不動産のオフィス・商業ビルに移転することにより、再開発財源を捻出しようというものだ。

外苑地区で超高層ビル建設など、ひと昔前は考えられなかった。それがオリンピックのためということで、新国立競技場建設を口実に厳しい明治神宮地区の建築規制に風穴を開けた。新国立競技場建て替えについては、70年制定の東京都「風致地区条例」では高さ制限は15メートルだったが、国土交通省「再開発等促進区」の運用基準の但し書きで80メートルに緩和した。これはイラク建築家のザハ・ハディドのザハ案に沿った緩和策だったが、有力だったザハ案は費用がかかり過ぎると白紙撤回されたものの、緩和策はそのまま残った。

19年3月には伊藤忠商事本社ビルの建て替え計画も発表になった。80年に竣工した本社は建ぺい率、容積率規制が厳しい風致地区にある上、敷地が狭く、建て替え問題はかねてからの悩みの種だった。それがオリンピックのおかげで岩盤規制だった風致地区の容積率緩和を受け、建て替え可能になったという。伊藤忠計画を受けるかのように、2か月後の19年5月には現在の高さ90メートルから185メートルの超高層商業ビル建設が可能になり、22年3月の都市計画決定ではさらに190メートル、地上39階の超高層ビルが建てられることになる。同5月19日、三井不動産、明治神宮、日本スポーツ振興センター、伊藤忠商事の4者は「神宮外苑地区におけるまちづくりについて」をまとめ、競技の継続を配慮した建て替えとして、老朽化した競技場の建て替えスケジュールを発表した。敷地は28・4ヘクタール、着工は24年、全体の竣工は36年を予定している。まず神宮第二球場を解体し、そこに新ラグビー場を建設、そのあと旧ラグビー場を解体し、新神宮球場を建設する。新神宮球場の完成は32年頃を見込む（図1-6）。

これまでの文化財をダシに使った容積率緩和策は平和裏に、関係者の「ウインウイン」で進んだが、「国民の神宮外苑」ではそう簡単ではない。文化財の保護活動を行う日本イコモス国内委員会は22年4月、労働奉仕などで植えた樹木の伐採については「900本予定は2本位で済む」との提案を東京都に示した。名所のイチョウ並木に隣接して新神宮球場のライトスタンドが並木の高さまで迫るなど、環境上の問題も指摘され、今後議論を呼びそうだ。

（東京都都市計画審議会資料を基に作成）

図1-6　新神宮外苑地区におけるまちづくりのイメージパース

明治神宮外苑地区での容積率緩和措置をきっかけに森ビルの「虎ノ門・麻布台地区再開発計画」、三菱地所の「大手町2丁目常盤橋地区再開発プロジェクト」、三井不動産の日本橋の再開発構想などが相次いで発表された。東京駅保存・復原を呼び水として本格化した、容積率緩和プロジェクトは明治神宮外苑地区にまで至ると「容積率とは何だったのだろうか」と疑問が浮かんでしまうほどだ。これら開発案件はコロナ禍でオリンピックが延期になろうと、一切の影響を受けないというのがミソだ。今回のオリンピックの最大のレガシーがこの容積率緩和プロジェクトだろう。今後とも都市公園の空中権を利用した、民間主導の都市公園整備は続く。

加えて20年大会には明治神宮地区再開発と臨海副都心再開発計画がセットになっている。96年の世界都市博覧会中止以降、棚ざらしになっていた臨海副都心計画の復活だ。晴海5丁目の選手村跡地の超高層マンション計画を軸に、オリンピック開催を口実に国家的プロジェクトとして仕立て直し、容積率緩和策など規制緩和を目いっぱい盛り込んで埋立地の在庫一掃を図ろうというものだ。選手村跡地に限れば、大会開催見送りならその価値は大きく損なってしまう。開催の1年延期でキャンセルが続出するなど苦難続きだったが、大会開催で一息つき、21年8月下旬から販売再開にこぎつけた。

選手村跡地（敷地13万３９００平方メートル）は「晴海フラッグ」として24棟、総戸数５６３２戸、うち分譲は４１４５戸で、都心最後の大型物件だ。人口1万２０００人のまちづくりを目指す。坪単価は３００万円強で、周辺マンションより2割以上安い。最新のハード、ソフトの技術、設備が装備され、災害にも強いオリンピックレガシーにふさわしいマンションとしての自信作だ。弱点は最寄りの勝どき駅から徒歩で20分ほどかかること、バス高速輸送システム「ＢＲＴ」開通のスケジュールが遅れていること、ハイテク装備の分、管理費が高いこと、引き渡しが24年度とさらに遅れること―など課題は残るが、オリンピック後の販売は順調だ。

容積率２０００％時代を予見した三菱地所「マンハッタン計画」

中曽根「民活」の延長線上にあり、駅空間時代の到来を予見した形となったのが１９８８（昭和63）年1月の三菱地所の「マンハッタン計画」（通称）だ。東京駅周辺地区の容積率緩和促進のきっかけとなったプロジェクトで、「丸の内再開発計画」として発表されたものだ。85年の国土庁「首都改造計画」や87年の八十島委員会でのオフィス需要増予測を踏まえた、議論のたたき台という位置付けだった。なかでも、首都改造計画は都区内のオフィス不足が５０００ヘクタール（霞が関ビル２５０棟分）という膨大な需要予測を織り込んだ国家お墨付きの数字だった。この予測数字がひとり歩きし、バブル時代に進む発火点ともなったリポートという見方も強い。

マンハッタン計画では、当時の丸の内地区最大容積率１０００％を倍増させ２０００％に引き上げれば、オフィス不足に対応できるとの提案だ。容積率緩和により高さ200メートル、40―50階の超高層ビルを60棟建設可能というものので、完成は着工から30年後、事業費は1兆8000億円。オフィスの床面積を472平方メートルから1200平方メートルの2・5倍にし、丸の内を世界有数の国際金融センターとすることを目指す。1200

✣計画発表当時はバブル期にもかかわらず非難轟々

発表したとたん、非難轟々《ごうごう》で、建設省、東京都など監督官庁ばかりでなく不動産業界からも批判を浴びた。地価を実質2倍にさせろとでもいうような虫の良い構想で、容積率という規制を無視したような提案だとか、まちづくりの視点も欠如し、景観に対しても配慮がないとか、水問題、交通インフラなど社会的負荷も考えていないとか、批判は具体的で、説得力もあった。三菱地所社長・福澤武はその著書『「丸の内」経済学　この街が21世紀の東京を牽引する』（PHP研究所、2000年）で、「丸の内のインフラが耐えうる範囲でのシミュレーションの結果をたたき台として世に出した」だけだったと述懐している。

だが結果論から見れば、丸の内地区の来るべき容積率の2000％時代を予見するかのような究極の提案だったが、いかにせんタイミングが悪かった。当時、東京都心への一極集中が問題化しており、85年の国土庁「首都改造計画」の「多核多圏域都市構造」提言を受け、87年、「多極分散型国土形成促進法」が成立、中央官庁の地方移転、さらには遷都論も盛んになっていた時だ。都知事・鈴木俊一も都心一極集中から「多心型都市構造」への転換を打ち出し、副都心に都市機能を分散させ、遷都論をかわそうと躍起で、都庁の新宿移転もその一環だった。

しかも都の臨海副都心計画発表の2か月前の「マンハッタン計画」発表では、タイミングの悪さに加え、内容的にも都の方針に逆らうかのような都心一極集中促進計画だったことから、批判も増幅したようだ。

この頃の三菱地所は、お堅いイメージからは想像できないほどバブリーな行動を取っていた。前述したNHKドキュメンタリーで、元社長・髙木茂が「バブルのさなかにバブルだと気付く人はいない。あとであの時バブルだったとわかる。それがバブル経済だ」と述懐している。

マンハッタン計画は構想だけで実害はなかったが、実業でもバブル経済渦中の会社だった。マンハッタン計画とほぼ同時期の88年1月に横浜市の「みなとみらい再開発」にも乗り出している。日本一の高さ２９６メートルの「横浜ランドマークタワー」（延べ床面積39万平方メートル、総事業費２７００億円）を建築する。さらにはその勢いに乗って、翌89年にはニューヨークのロックフェラー・センターを保有するロックフェラー・グループ（ＲＧＩ）まで買収してしまう。当初は持ち株の51％（約１２００億円）だったが、91年までに80％まで買い増し、２２００億円を投入することになる。世界的なバブル崩壊で、米国不動産市況、東京株式市場も91年12月をピークに暴落、ロックフェラー・センター買収は失敗に終わる。

同時期に進行していたソニーによるコロンビアの買収、松下電器によるユニバーサルの買収など、日本企業の米国企業買収は軒並み失敗に終わった。結局、三菱地所は95年5月、ＲＧＩの連邦破産法適用を申請、ロックフェラー・センターから撤退を余儀なくされる。

バブル期に三菱商事アメリカの社長だった三菱商事社長・槙原稔は93年6月、筆者のインタビューに対し、「ロックフェラー買収の件は発表3日前に聞かされた。あの時期に買収することは現地の事情をあまりにも知らないということで、知っていれば反対したのに」と残念がっていた。槙原は米国のハーバード大卒で、三菱商事入社後も海外生活は二十数年に及ぶ。社長候補の末席にあり、マスコミはノーマークだった。「英語を社内の公用語としたい」と公言するなど〝宇宙人〟とも称されていた人だ。三菱地所は不動産バブル、三菱商事は金融バブルで苦しんでいた時期で、三菱地所の教訓もあり、いち早く三菱商事は金融バブルから脱却している。

結局、三菱地所は95年度決算で、１５００億円の特別損失を計上することになる。みなとみらいについても、14年度決算で、減損処理に踏み切り、特別損失460億円を計上している。バブル崩壊の痛手は大きかった。

✣大丸有地区全体のまちづくりシフトで徐々に認知

横浜、ニューヨークでの積極投資では痛手を被った三菱地所も、マンハッタン計画では予期せぬ効果を発揮する。東京駅周辺地区の三菱地所以外のビルオーナーにとってビルの老朽化は大問題で、耐震性強化かビル建て替えの必要に迫られていた。そこへ衝撃的な提案だ。容積率が1000％のままでは採算的には建て替え不可能だが、2000％ならどのビルも建て替え可能となる。密かに喝采していたのはまちがいない。

マンハッタン計画発表の4日後には84年6月の建設省通達「特定街区制度の運用方針」が緩和され、歴史的建造物を守るためとの大義名分の下に、容積率緩和方針を打ち出している。この時の歴史的建造物としては東京銀行の集会所などが対象だった。続いて3月には八十島委員会が東京駅レンガ駅舎保存の具体策として「保存費用を容積率移転で」とする調査報告書をまとめたことは前述の通りだ。

レンガ駅舎保存方法として、着々と地ならしが続いていたわけだ。単にオフィスビルの建て替えは難しいが、歴史的建造物をダシに使えば、容積率アップへの抵抗感は和らぐ。

その暴論だったはずのマンハッタン計画は、結果的には先見性を織り込んだ構想だったことがわかる。しかもマンハッタン計画発表から半年後の88年7月、地元・千代田区の音頭取りで、「大手町・丸の内・有楽町地区再開発計画推進協議会」（幹事＝三菱地所）が発足した。都は参加していないが、三菱地所1社の再開発計画ではなく、大丸有地区全体のまちづくりとしてスタートした。マンハッタン計画は三菱地所単独の利害から離れ、地区全体の再開発計画として発展する形で認知されていくことになる。歴史的建造物、まちづくりを大義名分とすれば、容積率アップもそう難しくないことが実証されていった。

96（平成８）年９月、協議会と東京都、千代田区、ＪＲ東日本の４者で公民組織「大手町・丸の内・有楽町地区まちづくり懇談会」が結成された。大丸有地区全体の将来像を示すガイドライン策定に入り、その対象範囲は86年11月の東京都の「東京都市計画市街化区域および市街化調整区域の整備、開発又は保全の方針」で図示されている「東京駅周辺の再開発誘導地区」など１２０ヘクタールに及ぶ。

ＪＲ東日本としてもエキソトの街にはあまり興味を示さない時代は終わり、時は街と駅の一体化、連携の時代へ入り、駅と街を一体化させる「東京ステーションシティ」計画を策定し、まちづくりに本格着手した。

東京駅の保存・復原では世論、ＪＲ東日本ともに賛成で、問題は財源手当てだけ。保存・復原のためには容積率緩和→移転→空中権はやむを得ないというコンセンサスが出来上がれば、あとはこれに便乗、待機していた容積率緩和プロジェクトが「待っていました」とばかりに一気に動き出した。ビルの高さ制限から容積率制限制度を導入したという本来の目的を明らかに逸脱し、歯止めの効かない時代に入った。

66年の「美観論争」は何だったのか。皇居の外堀に面した東京海上は高さ31メートルの社屋建て替えで、高さ１２７メートルのツインタワー建築計画を申請したが、都は33年の美観地区指定を根拠に、申請を却下している。計画が実行されると、皇居を見下ろすことになるとの反対論が盛り上がったためだ。美観論争の効果もあり、高さ99・7メートルと１００メートルを切ったシングルタワーにすることで決着した。

この美観論争と現在を比べると隔世の感がある。国鉄用地、東京駅などの「国鉄遺産」が貢献し、大丸有地区には皇居を見下ろせる超高層ビルが林立することになり、さらにはオリンピックのどさくさで、外苑地区にも超高層ビルが許されるという、経済優先の、何でもありの時代に入っている。

三菱地所は「常盤橋街区再開発プロジェクト」でも強気姿勢を崩していない。15年８月、高さ３９０メートルの日本一の超高層ビル建築を発表した。大阪の高さ３００メートルの「あべのハルカス」を大きく抜く。再開発地区は敷地３・１ヘクタールに４棟のビルを建築する。日本一の超高層ビルＢ棟は61階建てで、延べ床面積は49万平方メートル。27年度に完成する。都は「都市再生特別地区」に指定、容積率は最高１３００％から１７６０％に割り増す。災害時の避難スペースなどの確保が条件だ。

２０２１（令和３）年２月には都市計画変更の手続きをし、Ｂ棟「トーチタワー」を63階建てとし、延べ床面積を54万４０００平方メートルと１割強拡大した。コロナ禍にもかかわらずの都市計画変更となったが、三菱地所の強気は揺るがない。地下通路の整備や首都高速地下化への協力が前提に、最高容積率は１７６０％から１８６０％とさらに積み増すことが可能になった。何のことはない。マンハッタン計画が目指した容積率２０００％時代到来が現実化したことになる。

常盤橋プロジェクトは22年４月、ランドスケープのサステナビリティ（持続可能性）を評価する世界的基準、ＳＩＴＥＳ認証で、都心複合ビル開発プロジェクトとして初のゴールド評価を獲得した。ＳＩＴＥＳ認証はじめ５つの環境認証を取得するなど、環境にやさしいまちづくりで差別化を図り、来る超高層ビル激戦時代に備える。環境にやさしいまちづくりも容積率緩和あっての話だ。

駅空間２大プロジェクト①
首都東京のサウスゲート、品川再開発計画

東京、新宿、渋谷、池袋などでは、駅周辺再開発プロジェクトが進行している。いずれも国鉄時代からの既存の駅の再開発プロジェクトだが、品川で展開されるのはＪＲ東日本によるゼロベースからの再開発プロジェクトだ。ＪＲ

東日本が大手ディベロッパーの地位を築けるかどうかの真価が問われるプロジェクトでもある。

✣ 山手線新駅「高輪ゲートウェイ駅」誕生

その先兵となるのが49年ぶりの山手線新駅として、２０２０（令和２）年３月18日に暫定開業した「高輪ゲートウェイ駅」だ。高輪ゲートウェイ駅はオリンピック開催に向けた暫定開業で、24年度の品川開発プロジェクトの「まちびらき」に向けての第１弾プロジェクトだ。オリンピック１年延期、さらには21年７月の観客ゼロ開催で、乗降客数は「まちびらき」後の目標である13万人を大きく下回っているが、実証実験駅としての試みは順調だ。

駅構内の無人コンビニエンスストアでは、棚から商品を取り、決済エリアにあるタッチパネルでＳｕｉｃａなど交通系ＩＣカードで決済する。コロナ禍にふさわしい〝無〟接触で買い物ができる。店内のセンサーカメラで買い物を自動認識するため、商品スキャンが不要の無人ＡＩ（人工知能）決済店舗だ。さらには消毒作業ロボット、案内ロボット、警備ロボット、広告ロボット、軽食・飲料搬送ロボットなどが試行導入され、いろいろなタイプのロボットが動き回り、ロボットの実証実験場とも化している。

無人ＡＩ決済システムを手掛けるのはＪＲ東日本の子会社、ＪＲ東日本スタートアップが設立したベンチャー企業、ＴＯＵＣＨ ＴＯ ＧＯ（ＴＴＧ）で、高輪ゲートウェイ駅での実証実験を経て目白駅の紀ノ国屋の小型スーパーマーケットでも導入済みだ。

さらに21年８月には鉄道駅ばかりでなく羽田空港第２ターミナルの無人決済システムを活用した店舗「ＡＮＡフェスタＧＯ」でも導入され、９月にはガソリンスタンド内の小型店舗でも導入している。25年には１００店舗を目指すまでになっている。

高輪ゲートウェイ駅について、２０１６（平成28）年９月、５代目ＪＲ東日本社長・冨田哲郎は定例会見で「駅とまちを一体化した『街との連携』の魅力を発信していきたい。大きな吹き抜けを設け、駅からまちが見える、まちからも駅が見通せる空間を設けたい。駅をこの車両基地全体の新しいまちづくりのシンボルとしたい」などと新駅への期待を語った。駅とまちが一体となった「100年後を見据えたまちづくり」の実証実験駅としての期待は大きい。設計は新国立競技場を手掛けた隈研吾《くまけんご》で、JR東日本でも渋谷駅、東北本線・宝積寺《ほうしゃくじ》駅、湯河原駅前広場などで実績がある。

✣品川再開発のルーツは田町車両基地の跡地再開発

品川再開発プロジェクトは、いわゆる田町車両基地の跡地再開発だが、注目度が高いのはその潜在能力だ。都心の一等地に20ヘクタールというビッグなまとまった土地で、実質的に更地からの開発だ。建設・不動産業界垂涎《すいぜん》の地で、国、都からの期待も強い。国鉄自身も車両基地や機関を統廃合、再編成し、長期債務返還のための売却を目論《もくろ》んだことがある。1985（昭和60）年1月10日に発表した国鉄当局の最後の自主再建案「経営改革のための基本方策」だ。資材局長だった秋山光文をリーダーとした精鋭部隊で、「秋山機関」と呼ばれていた。87年3月末の国鉄長期債務25・2兆円のうち3兆円を用地売却で補う。その3兆円の主力売却候補がこの田町車両基地だった。田町電車区、東京機関区、品川客車区、東京第一運転所の合計14万平方メートルがその対象だ。売却収入は想定3000億円とも言われた。

秋山機関の国鉄再建構想は、民営化し全国一本の特殊会社とするが、北海道、四国については「別経営も考える」とし、分割にも含みを残した。90年度までに総合的収支均衡を図り、要員規模も84年度の31万2500人から18万8000人に、12万4500人も縮減するという大胆なもの。鉄道再生の視点から見れば、血のにじむような自主努力構想だったが、第3章で詳述するように、政府は鉄道再生以前にまず国鉄危機を国家の危機と捉え、国難脱却には不十分として、即座に却下している。

87年4月の国鉄分割民営化が決まった後でも、86年10月24日の国鉄改革特別委員会で、共産党議員の工藤晃は「中曽根『民活』の中で東京駅の空中権問題が大きく問題になっている。国民の財産がただ同様で譲り渡される。新たな東日本会社や何かがこれを満喫する」とし、線路上の鉄道資産さえ批判の俎上《そじょう》にあげ、食い下がる。これに対し運輸相・橋本龍太郎が「鉄道事業用の資産は売却用ではないから簿価承継」との原則を貫く答弁を繰り返し、これを一蹴した。鉄道用地として品川車両基地が簿価承継できたことは当然とはいえ、政治に揺さぶられる懸念もあったといえよう。

✣新幹線・品川新駅を巡るＪＲ東日本とＪＲ東海との確執

ＪＲ発足後は、90年5月、ＪＲ東海が東海道新幹線・品川駅新設構想を発表した。ＪＲ東日本の土地などに時価ではなく簿価での譲渡を要求するなど、国鉄改革のしがらみを抱えた、いわくつきの土地でもある。ＪＲ東海はＪＲ東日本の車両基地などの土地6・2ヘクタールを簿価で譲り受けたいと、ＪＲ東日本に事前の相談もなしに発表した。東海道新幹線の輸送力増強のためという「公共の利益」を建前に、国鉄改革の〝憲法〟とも言われた改革スキームをあえて崩そうという揺さぶり手法に、ＪＲ東日本は全面的に拒否、骨肉の争いと言われ話題を呼んだ。92年4月、運輸省が間に入り、品川新駅用地を2・3ヘクタールに圧縮し、ＪＲ東日本、国鉄清算事業団、ＪＲ貨物から簿価ではなく時価譲渡、うち一部は賃貸で手当てすることで決着した。

ＪＲ東海の品川新駅は新幹線線路上の橋上駅として建設することになった。いかに唐突だったかは、隣接する品川駅東口再開発プロジェクトの都市計画決定の推移を見ればわかる。国鉄清算事業団用地の品川駅東口5・3ヘクタールの公開競争入札の落札が92年2月。落札した三菱グループ中心に策定した再開発計画の都市計画決定は同6月で、この時は品川新駅を考慮していない。95年3月に改めて品川新駅を考慮した都市計画に変更、了承されている。

品川新駅について、２代目ＪＲ東海社長・葛西敬之《よしゆき》は97年12月の定例会見で、「用地の取得については非常に努力した結果、リーズナブルな価格での取得がなされた」とし、満足の意を表した。国鉄改革の仕掛けを熟知している葛西は簿価での取得を交渉の手段として使ったことを吐露《とろ》している。ＪＲ他社が簿価承継した鉄道用地をＪＲ東海としても鉄道用地として使うのだから、国鉄改革のルールに戻り、時価ではなく簿価で譲るべきとの論理を展開した。

ＪＲ発足以降も物議を醸し続けたＪＲ東日本の虎の子の土地も、国鉄改革法等施行法第32条によりすぐには再開発できない。「発足５年間は鉄道事業に供さなくなったら、国鉄清算事業団が第一義で買い戻す権利がある」ためだ。

ＪＲ東日本社長・大塚陸毅《むつたけ》は02年３月の定例記者会見で、品川車両基地再開発問題に触れ「20万平方メートルあり、うち10万平方メートルを生み出すのが可能と思うが、具体的な話はこれからだ」と、白紙であることを強調した。記者も構想を引き出そうと躍起だが、「新たな開発、あるいは更地のまま売却、あるいは付加価値を付けて売却するかもしれない」ととぼける。大手ディベロッパー入りを狙うＪＲ東日本が〝虎の子〟の土地を単純に売却なんてあり得ない。松田昌士であれば、サービス精神を発揮し、ようやくＪＲ東日本の自由になった土地の公共論をぶり返すような発言をするかもしれないが、そこは慎重居士の実力社長の大塚はおとぼけ発言でうまく切り抜けた。

ＪＲ東日本では、社運を賭けた品川―田町間の車両基地再開発は東京都の「品川駅・田町駅周辺まちづくり」とも整合性を取りながら、国、都の方針を受ける形で進めている。都は14年７月「品川駅・田町駅周辺まちづくりガイドライン２０１４」と銘打ったガイドラインの改訂版を策定した。07年に策定したガイドラインにその後の環境変化とオリンピック開催を織り込んだものだ。改訂版では「国際交流拠点・品川」との位置付けを明確にし、東京駅を核とした大丸有地区に匹敵するまちづくりに格上げをした。

都ではすでにこの品川駅・田町駅周辺に外国企業を誘致し、11年にはアジアでの企業統括拠点とする「アジアヘッドクォーター特区」に指定している。国も「国際戦略総合特区」に指定し、「特定都市再生緊急整備地域」にも指定されている。国、都が相携えての特区の三重指定だ。世界一の国際都市を目指す東京のサウスゲートの役割を担う重要拠点として期待されている。

都のまちづくり対象地域は品川駅・田町駅周辺の630ヘクタールと広域だが、うち優先整備地区として、JR東日本車両基地跡のある「品川駅北周辺地区」（国際業務地区）、プリンスホテルのある「品川駅西口地区」（国際業務、MICE地区）、NTT都市開発の超高層ビルが建設される「芝浦水再生センター地区」、現在の品川駅のある「品川駅街区」―の4地区を挙げている。これら優先地区には鉄道整備計画が盛り沢山なことも、大丸有地区と並ぶまちづくりと言われるゆえんだ。

✣ 強みは国の鉄道整備との一体開発

品川再開発プロジェクトの強みは、開発主体が交通インフラの整備を自らの意思でできることだ。三菱地所、三井不動産にもない強みだ。交通網整備計画・構想は、15年3月に開通した東北縦貫線、上野東京ラインはじめ、リニア新幹線始発駅、羽田空港アクセス線（羽田空港―東京、上野、渋谷、新宿、新木場間など）、品川地下鉄（東京メトロ南北線・白金高輪―品川間）と目白押しだ。将来性からみれば、成熟している大丸有地区より有望との見方さえある。

これら鉄道整備問題の根源は00年1月策定の交通政策審議会（旧運輸政策審議会、運政審）18号答申の「東京圏における高速鉄道を中心とした交通網の整備に関する基本計画について」だ。答申は15年が目標年次で、上野東京ライン、東京メトロ副都心線開通などは18号答申に沿ったもの。上野東京ラインは宇都宮線、常磐線、高崎線の東京駅乗り入れに伴い、東海道線との直通運転が実現、混雑区間である上野―東京間の混雑が緩和し、時間短縮効果も大きい。この上野東京ライン整備に伴い、不要となった車両基地跡地再開発が「品川駅・田町駅周辺まちづくり」の中核

（2022年4月21日JR東日本プレスリリース）

図1-7　高輪ゲートウェイシティのイメージ

を成す。30ヘクタールある車両基地跡地のうち創出した13ヘクタールだけで、面積は六本木ヒルズ11・6ヘクタール、東京ミッドタウン10・2ヘクタールを上回るという大規模なものだ。

20年4月に品川再開発は品川開発プロジェクトとして第1期が都市計画決定された。総事業費は約5000億円。4街区に分かれ、45階建ての外国人居住に対応した国際基準の居住棟（現住宅棟）、6階建ての文化創造棟、31階建てのビジネス支援棟（同複合棟Ⅱ）、コンベンションを一体運営する30階建てのホテル・カンファレンス棟（同複合棟Ⅰ）―の4棟を建築する。災害時における帰宅困難者対策、防災対策、環境負荷軽減策にも取り組む。C40（世界大都市気候先導グループ）が掲げる先導的な環境都市づくりにふさわしい防災体制を構築する。合計2万平方メートルの歩行者広場、ほかの交通機関と結節する交通広場など、鉄道会社ならではの整備にも取り組む。容積率は国家戦略特区などの指定と公共的な役割の大きさが評価され、指定容積率400％、600％（加重平均408％）に対し、全体で960％、最大は1322％と緩和の恩恵を受ける。竣工は25年3月。この時「まちびらき」する計画だ。

22年4月、品川開発プロジェクト第1期「高輪ゲートウェイシティ」(仮称)のまちづくりとして発表した(図1-7)。国の史跡指定を受けた高輪築堤《ちくてい》の保存を織り込んだ開発概況で、総事業費は5500億円から300億円増えて5800億円に。築堤の保存費用などで500億円増えるが、200億円を費用削減し、300億円増に留める。毎年営業収益で「560億円」(JR東日本社長・深澤祐二)見込むという、ポストコロナ禍を担うドル箱プロジェクトとして期待する。4棟のうち文化創造棟のデザインについても、高輪ゲートウェイ駅をデザインした隈研吾が担当する。同日会見した隈研吾は「文化創造棟はまちづくりのシンボルになる」と、緑と木々に覆われた、らせん状の道が取り囲んだ建物に、その意気込みを込める。4街区の複合棟Ⅰには米国マリオット・インターナショナルの最高級ブランド、JWマリオットが首都圏初の進出となるJWマリオット・ホテル東京を誘致する。「まちびらき」は計画通り複合棟Ⅰが開業する25年3月だが、そのほかの複合棟Ⅱ、文化創造棟、住宅棟は26年3月にズレ込む。

✣国史跡に指定。高輪築堤保存で物議

工期に影響を及ぼしたのは高輪築堤の発見だ。1872(明治5)年の新橋―横浜間の鉄道開通の際、海に線路を築いた際の築堤が2020年8月に複合棟Ⅱ、文化創造棟予定街区の800メートルにわたり発見されたことだ。錦絵にも描かれた東京名所でもあり、出土した築堤のうち現地保存される120メートルについては21年9月17日付で「旧新橋停車場跡及び高輪築堤跡」として国の史跡に指定された(図1-8、1-9)。文化審議会で「文明開化を象徴し、交通の近代化、土木技術の歴史を知る上で重要」と、保存の必要性を訴えている。オフィス棟が建つ3街区での橋梁部を含む80メートル、文化創造施設の建つ2街区の公園隣接部40メートルについてはそれぞれ現地保存する。ホテル・カンファレンスの入る複合棟Ⅰが建つ4街区の信号機土台部30メートルについては移築保存する。

高輪築堤発見により、高輪大木戸のある江戸時代の玄関口としての歴史的役割に加え、日本初の鉄道開業の歴史的

イノベーションの地としての魅力が加わり、過去から未来へとつなぐ開発コンセプト「グローバルゲートウェイ」にふさわしい「１００年先の心豊かなくらしのための実験場」（深澤）として発信していく。

　国家戦略特区「品川駅西口地区」ではA地区の京浜急行電鉄の複合商業施設シナガワグース跡地開発が進んでいる。トヨタ自動車が共同事業者で、敷地面積２万３０００平方メートル、容積率は１０００％、地上29階、高さ１５５メートルの超高層ビルだ。延べ床面積は31万３０００平方メートル、容積対象床面積は23万５０００平方メートルで、23年度着工、26年度完成を目指している。

（提供：国立国会図書館「NDLイメージバンク」）

図1-8　高輪牛町朧月景（小林清親）

（提供：JR東日本）

図1-9　高輪築堤の遺跡

　シナガワグース、その前のホテルパシフィックの時は同じ敷地に対し、容積率３００％、延べ床面積８万２０００平方メートルだった。容積率３００％のままでは採算的に建て替えは不可能だった。一連の容積率緩和策がいかに強力なものかは、A地区の例を見ても明らかだ。

　「品川駅街区」では27年

のリニア中央新幹線開通に伴い、現在の東海道新幹線の下にリニア始発駅ができる。京急ビル再開発にトヨタ自動車（本社愛知県豊田市）が加わるのは、リニア始発駅品川の駅前に立地しているからにほかならない。京急・品川駅のホームは2階から1階に移すとともに、線路を4線に増強する。2階には自由通路を設ける。自由通路は品川駅、リニア始発駅から高輪ゲートウェイ駅、泉岳寺駅まで結ぶ広大なものとなる。鉄道インフラの充実は品川開発プロジェクトの大きな魅力だ。

✣羽田空港アクセス線計画も本格始動

いずれの再開発計画も鉄道網整備とまちづくりとが一体になった計画だが、ＪＲ東日本では鉄道網整備計画・構想とまちづくり計画とは別のプロジェクトと位置付けている。話題の羽田空港アクセス線も当然、品川駅・田町駅周辺まちづくりとは建前は別だ。あくまで国の方針である交通政策審議会（旧運輸政策審議会、運政審）の答申を受けて進めるスタンスを変えていない。発表も駅づくりについては14年6月4日のＪＲ東日本社長・冨田の定例会見で発表し、羽田アクセス線については同8月19日の交通政策審議会の「東京圏における今後の都市鉄道のあり方に関する小委員会」でのヒアリングを受けて発表している。小委員会は15年が目標期限の運政審18号答申に続く整備計画として、羽田アクセス線構想をヒアリングしている。

14年8月19日の小委員会ではＪＲ東日本副社長・深澤（現社長）が説明した。ＪＲ東日本の羽田空港アクセス線構想は西山手ルート（東品川短絡線）、東山手ルート（大汐短絡線）、臨海部ルートの3ルート。東京駅から羽田空港までは18分、新宿駅から23分、新木場駅からが20分。現在はピーク時1時間当たりの輸送量は東京モノレール1万1000人、京急1万4000人で、羽田アクセス新線2万1000人が加わることにより、鉄軌道系の輸送力は現状比1・8倍に増強される。事業費は概算3200億円、1日の輸送人員7万8000人。設計・手続きに3年、10年ですべて完成する計画だ。

「現行の構想では国内線ターミナルまでで、国際線ターミナル乗り入れにはさらなる投資が必要となるので、次のステップと考えている。それまでにモノレールも含め輸送のあり方を考えていきたい」（深澤）とし、当然、国際線ターミナル乗り入れにも前向きだが、18号答申にある東京モノレールの東京駅乗り入れ問題との絡みもあって、国際線ターミナルまでの乗り入れについては、意思表明を先送りしている。

同じ小委員会に呼ばれたＪＲ東日本グループの東京モノレール常務・西崎俊文は「浜松町の乗り換え改善のためホームのフラット化は確実に実現したい」と説明し、18号答申に沿った輸送力増強に自信を示した。同時に「浜松町から東京駅まで3キロメートルを新設し、東京駅から乗り換えなしのアクセスを実現したい」と東京モノレール悲願の東京駅乗り入れにも意欲を示した。新線は3キロメートル、完成までに10年、事業費は１０９５億円。

ＪＲ東日本グループが東京駅から複数の羽田アクセス新線を敷設することは現実的でないのは明らか。ＪＲ東日本としては18号答申の延長線上の議論を真っ向から否定するわけにはいかないので、本音発言は時期尚早とし、結論を先送りしているだけだ。

18号答申ではほかに、羽田アクセス線として、都営浅草線の東京駅接着計画、成田空港―東京―羽田空港の新線構想、東急目蒲線蒲田駅と京急空港線を短絡線で結ぶ「蒲蒲線」構想、東海道貨物支線を旅客化し桜木町―浜川崎―羽田空港を短絡線で結ぶ、神奈川県側からの羽田アクセス線構想など、計画・構想は盛り沢山だ。

21年1月、国土交通省はＪＲ東日本の羽田アクセス計画のうち空港新駅と東京貨物ターミナル間、5キロメートルの事業許可を出した。事業費は３０００億円、開業は29年度を目指す。東京貨物ターミナル駅から田町駅付近までの7・4キロメートルは既存の貨物線を活用する。以北は東京駅経由で茨城県、栃木県、群馬県方面を結ぶ方針だ。東京駅から18分というのは16年のヒアリング時と変更はない。

❖懸案の品川地下鉄計画始動で、東京メトロ上場も具体化へ

21年7月、交通政策審議会は東京地下鉄南北線を延伸する「品川地下鉄」（白金高輪―品川間、２・８キロメートル）、有楽町線・豊洲―半蔵門線・住吉間（５・２キロメートル）など3区間を「早期整備が妥当」と答申した。これを受けて政府と都はともに、22年度当初予算に調査費を計上、具体化に一気に動き出した。「品川地下鉄」の事業費は１３１０億円で、内訳は国庫補助と都などが49％、財政投融資51％で、23年3月着工、開業は30年代半ば、開業10年目で単年度黒字化をめざす。東京都は22年6月、品川地下鉄路線案を発表した。白金高輪―品川間に途中駅を設けず、環状4号線など都道の地下を活用し、所要時間短縮、工期短縮を図る。

具体化には04年に帝都高速度交通営団（営団地下鉄）を民営化した東京メトロの上場問題が絡んでいる。東京メトロの大株主は国（53・４％）と、都（46・６％）だ。営団地下鉄と東京都営地下鉄との経営統合問題が長年の課題で、赤字の営団地下鉄の救済策として都は経営統合を目論んでいたが、統合には国鉄も、国鉄から株を引き継いだ国も反対、営団地下鉄自身も反対だった。都知事・小池百合子の推進する有楽町線延伸、南北線延伸についても、東京メトロは採算が取れないとし、消極的だった。小池は東京メトロ主体で延伸するなら、経営統合をあきらめ、上場に同意するとの妥協を図ったことで、一気に具体化に動き出したもの。上場にあたり、国、都とも持ち株を半分ずつ売却し、国、都で50％の株式を保有することは審議会答申に沿っての合意だ。

営団地下鉄株の国の持ち分は国鉄改革前には国鉄の持ち株で、国鉄改革では国鉄清算事業団に仕分けされた。それが事業団解散に伴い現在は財務大臣名義になっている。上場に伴う株式売却収入は東日本大震災の復興財源になることが決まっている。

品川には、リニア中央新幹線、品川地下鉄整備、羽田空港へのアクセス、環状4号線整備など交通アクセスの計画

も多く、国際交流拠点としての将来性は抜群と言える。リニア開業に向けて、JR東日本とJR東海は確執を乗り越え、リニア始発駅がまちづくりに恩恵をもたらし、まちづくりがリニア利用者増をもたらすというウインウインの関係を築くことになる。

大手ディベロッパーには東京駅丸の内なら三菱地所、八重洲なら三井不動産、六本木なら森ビル、渋谷駅なら東急と、それぞれまちづくりをリードする得意地域があるが、JR東日本も品川のまちづくりを成功させ、品川を得意地域とする、名実ともに大手ディベロッパー入りを狙う。不動産大手ではまねのできない鉄道と一体化したまちづくりでもある。「国鉄遺産」の車両基地という鉄道用地を更地に近い形で簿価承継の上、開発するという「国鉄遺産」の潜在力をフルに活用したプロジェクトで、「大丸有地域」「新宿」「渋谷」と遜色ないまちづくりが期待される。

駅空間2大プロジェクト②
大深度地下利用の究極・リニア中央新幹線

駅空間創造の究極の形が大深度地下利用だ。リニア中央新幹線の始発駅、品川駅は2003（平成15）年10月に開業した東海道新幹線・品川駅の真下に建設する。駅空間は平面利用、上空利用、空中権利用とその潜在能力をいかんなく発揮してきたが、大深度地下利用では難しい技術開発、大深度地下の地上の地主の権利問題と解決すべき問題は多く、容積率のようにウインウインの関係とはならない。まだ01年施行の「大深度地下の公共的使用に関する特別措置法（大深度法）」が適用されているのは、14年認可の東京外郭環状道路（外環道）、18年認可のJR東海のリニア中央新幹線など4事業にとどまっている（**表1-1**）。

表1-1　大深度地下利用の事業一覧

事業名	認可	延長	適用区間	状況
神戸市大容量送水管整備事業	2007年6月	12.8km	270m	完成
東京外郭環状道路 (関越道―東名高速)	2014年3月	16.2km	14.2km	工事中
中央新幹線 (東京都ー名古屋市間)	2018年10月	285.6km	50.3km	調査掘進
淀川水系寝屋川北部地下河川 (大阪府)	2019年3月	14.3km	2.2km	審議会審査中

(国土交通省資料を基に作成)

✣大深度利用の発端はバブル時の大深度地下開発構想ブーム

大深度地下利用の発端はバブル経済にあった。都心の再開発用地が高騰し、土地買収が難航していた。大深度地下利用の実績としては青函トンネルで、海面下140メートルのさらに100メートル下に、54キロメートルの地下トンネルを建設している。地下鉄でも永田町駅は地下42メートル、国会議事堂前駅は地下40メートルにある。懸念は用地買収で、営団地下鉄11号線の半蔵門―日本橋本町間の九段地区では用地取得までに、一坪運動（土地を1坪以下まで分割し地権者を増やすこと）もあって買収が難航、1968（昭和43）年の都市計画決定から工事開始まで18年の歳月を要した。そこでいっそのこと、権利調整の不要な大深度法を制定しようとの動きが活発化した。

当時、鉄鋼、土木建設業界はバブル絶頂期で、大深度法成立を前提とした地下化構想ブームとなり、大手ゼネコンは法制定の動きと並行して、大深度地下利用構想を相次いで発表した。経済界ばかりでなく、官庁も競って地下利用プロジェクトをまとめた。建設省、運輸省、通産省、郵政省、厚生省と大深度地下構想花ざかりで、各省とも構想に伴い、地下法案の骨格までまとめている。結局、大深度地下法案の一本化が難航しているうちに、バブル経済が崩壊し、法案は日の目を見ないうちに、大深度地下ブームとともに消えてしまった。

ＪＲ発足前では、大手鉄鋼メーカー、大手商社などで構成する鋼材倶楽部が

86年12月にまとめた「トウキョウ・ジオ・シャトル構想」が話題を呼んだ。構想は大深度地下鉄3線建設と宅地開発を一体的に実現しようというもので、3線は東京―新宿間、渋谷―新宿―西日暮里―越谷―茨城間、新宿―臨海部―房総間。大深度地下法案成立を前提とした構想で、茨城、房総までの沿線で、人口25万人規模の大規模ニュータウンを建設する。通勤ラッシュを解消するとともに、良質で安価な宅地を供給する。東京―新宿間は6分、新宿―臨海副都心13号地間は10分程度、都心と郊外40キロメートル圏は30分程度で結ぶ。列車は2階建てのデラックス車両を投入、全員着席の快適な通勤を実現する。都市部では地下駅を中心とした、安全で明るい大深度地下都市を建設するというものだった。

大深度地下都市構想としてはほかに、清水建設の「アーバン・ジオ・グリット構想」（格子状地下都市）、大成建設の「アリスシティネットワーク構想」なども注目された。清水建設構想は「大災害に備え、大深度地下空間に50万人収容の避難場所をつくろう」というもの。山手線内の学校、公園地下に直径100メートルの小型グリッドステーションを建設、これを網の目状に配置し、オフィス、ホテル、ショッピングセンター、生活関連施設を建設する。地下で新交通システム、通信ネットワークを連結し、太陽光を採光し、快適な明るい地下空間を構築する。総工費は10兆円。東日本大震災から12年経った今、改めて災害対策として再評価される時期が来そうな構想でもある。

✣幻の山手線地下化構想

ＪＲ発足以降でとくに物議を醸したのが、山手線地下化構想だ。山手線地下化構想には、中曽根「民活」の容積率緩和策の野望が隠されていた。国鉄分割民営化を提言した82年の第二臨調答申も、鉄道再生の処方箋を書いた国鉄再建監理委員会答申も、もっぱら関心は「鉄道の再生」で「駅空間創造」問題には関心がなかった。構想対象の土地を所有するＪＲ東日本は「鉄道至上主義」の人達が大勢で、神聖な鉄道の上空や鉄道の真下の大深度地下に金儲けのツールが潜んでいることなど考えもしない。それもそのはずで「駅空間創造」には法律改正などの規制緩和が必要だったし、〝鉄道魂〟の倫理観から見ても、よこしまな鉄道用地の使い方に知恵を絞ることはしない。

山手線地下化構想とはどういうものだったのか。構想は日本土木工業協会（現日本建設業連合会）が88年6月14日、山手線、中央線の地下化構想として発表した夢の構想だ。構想は技術調査報告書「大深度シールド工法のロボット化ビジョン」のケーススタディとして、まとめたものだ。現行山手線を地下化し、その線路敷地の再開発、超高層ビルの建設を軸に、新しいまちづくりをJR東日本と共同で実現しようというもの。

山手線、中央線を深さ100メートルの大深度地下に移し、地上跡地に超高層ビルを建設する。鉄道総延長84・8キロメートル、開発対象面積238万平方キロメートルで、地上には30階建てのビル、マンションを建設し、商店街、住居、オフィスを収容する。ビルの間はモノレール、動く歩道など新交通システムで結ぶ。総工費は10兆円で、内訳は地下鉄が3兆9500億円、ビル、マンションが5兆4600億円と試算している。大深度地下駅には定員1000人のエレベーターを使う。超高層ビルに集約することで、山手線内側の跡地に76万平方メートルの公園を造成することも可能という。

JR東日本初代社長の住田正二は発表6日後の6月20日の定例会見で「地下100メートルは25階建ての建物に相当する。エスカレーターで地上に出るには10分はかかる。新宿―代々木間1キロメートルを乗車するため、エスカレーターの上り下りだけで、20分もかかることは現実的かどうか。よそ様の土地に勝手に計画を立て、それも現実的でない構想で、不愉快だ」と全面否定、夢の構想は一気に消滅した。

どの構想も開発対象地域が23区内、山手線内という都心の地価の高いところにビジネスチャンスを見出そうとしているのが共通項だ。その開発の前提になるものが容積率緩和を軸とした不動産に関わる規制緩和であることは言うまでもない。

✣大深度地下法適用の第1号は順調スタート

バブル期にはあれだけ盛り上がった大深度地下開発ブームも、大深度地下の法整備の調整がつかないまま、バブル経済崩壊を迎え、過ぎ去った。大深度法はこの時は成立せず、成立したのは01年になってからだ。「大深度地下の公共的使用に関する特別措置法（大深度法）」として施行された。地下40メートル以深か基礎杭の支持地盤上面から10メートル以深が対象で、公共の利益となる事業、かつ首都圏、近畿圏、中部圏に限っての適用だ。第37条で事前補償なしで使用権を設定でき、原則として補償が不要となるというのが原則だが、「例外的に補償の必要性がある場合は土地所有者等からの請求を待って補償する」（国交省）との文言も織り込んでいる。この例外的文言が早くも適用されるのが、後述する外環道の陥没事故となりそうだ。

地盤は深くなればなるほど強固になり、工事が地表に与える影響は小さいという特性に着目し、技術的な安全性を担保するというより、権利調整を容易にすることを狙いとした法律だ。国交省のパンフレットでは①公共の利益となる事業を円滑に行える②合理的なルート設定ができ、事業期間短縮、コスト縮減が可能③大深度地下の無秩序な開発を防げる④地表、浅い地下に比べ地震に対しても安全―などのメリットを挙げている。パンフレットの文言にも「権利調整がスムーズになります」ことを強調しているのが特徴で、権利調整の難航している外環道とリニア中央新幹線をターゲットにした法であることは明らかだ。

大深度法の初適用は阪神淡路大震災復興プロジェクトの96年着工の神戸市の送水管整備事業で、大深度法施行により、計画変更し、神戸山手女子短大などの真下の２か所（１１０メートル、１６０メートル）の適用区間を設定した。大深度法適用により、工事区間、工期の短縮、工事費も縮減されたという。14年度の公益社団法人土木学会の技術賞を受賞している。大深度法適用第１号プロジェクトはまずは順調なスタートを切った。

✣大深度法適用の本命は外環道とリニア中央新幹線

適用第2号が大深度法適用の本命、外環道のトンネル工事だ。延長85キロメートルのうち49キロメートルが開通しているが、残る工事区間の関越自動車道と東名高速道路を結ぶ16・2キロメートルが大深度地下工事区間だ。外環道の関越―東名間が高架式での整備で都市計画決定されたのは66年で、56年も前の話だ。完成すると所要時間は12分で、従来の60分からは5分の1に縮小され、渋滞緩和、大気汚染解消の面からも悲願のプロジェクトだ。

ところが、住民の反対で高架式の整備計画は70年に凍結された。復活したのは07年で、トンネル方式に切り換えることにより都市計画決定された。14年大深度法による工事が認可され、17年シールド掘削機による工事が始まった。20年5月に住民が工事差し止め請求を求め東京地方裁判所に仮処分を申し立て、その5か月後の同10月に今回の陥没事故が起こった（**図1-10**）。

事故は10月18日に、調布市の住宅街で起こった。陥没地点は9月14日にシールド掘削機が通過した地点の上に位置する市道で、穴は長さ5メートル、幅3メートル、深さ5メートルと大きい。工事は中断され、工事事業者の東日本高速道路（ＮＥＸＣＯ東日本）では有識者委員会（委員長＝早稲田大学名誉教授・小泉淳）を設置、原因究明に乗り出した。12月にまとめた中間報告によると、陥没地点は「砂層が連続している特殊な地盤で、トンネル施工が陥没の要因の1つである可能性が高い」とし、トンネル工事との因果関係を認めた。要するに地盤が特殊なところに施工ミスが重なったというものだ。

２０２１（令和3）年3月、同委員会は土砂の取り込み基準を厳しくするなど再発防止策をまとめた。これを受けてＮＥＸＣＯ東日本では工事を中断し、対象地域の家屋の買い取り、仮移転費用などを含め補償問題に着手している。大深度法の具体的損失がある場合は事業者に対し補償を請求できるという、例外的であったはずの文言が適用さ

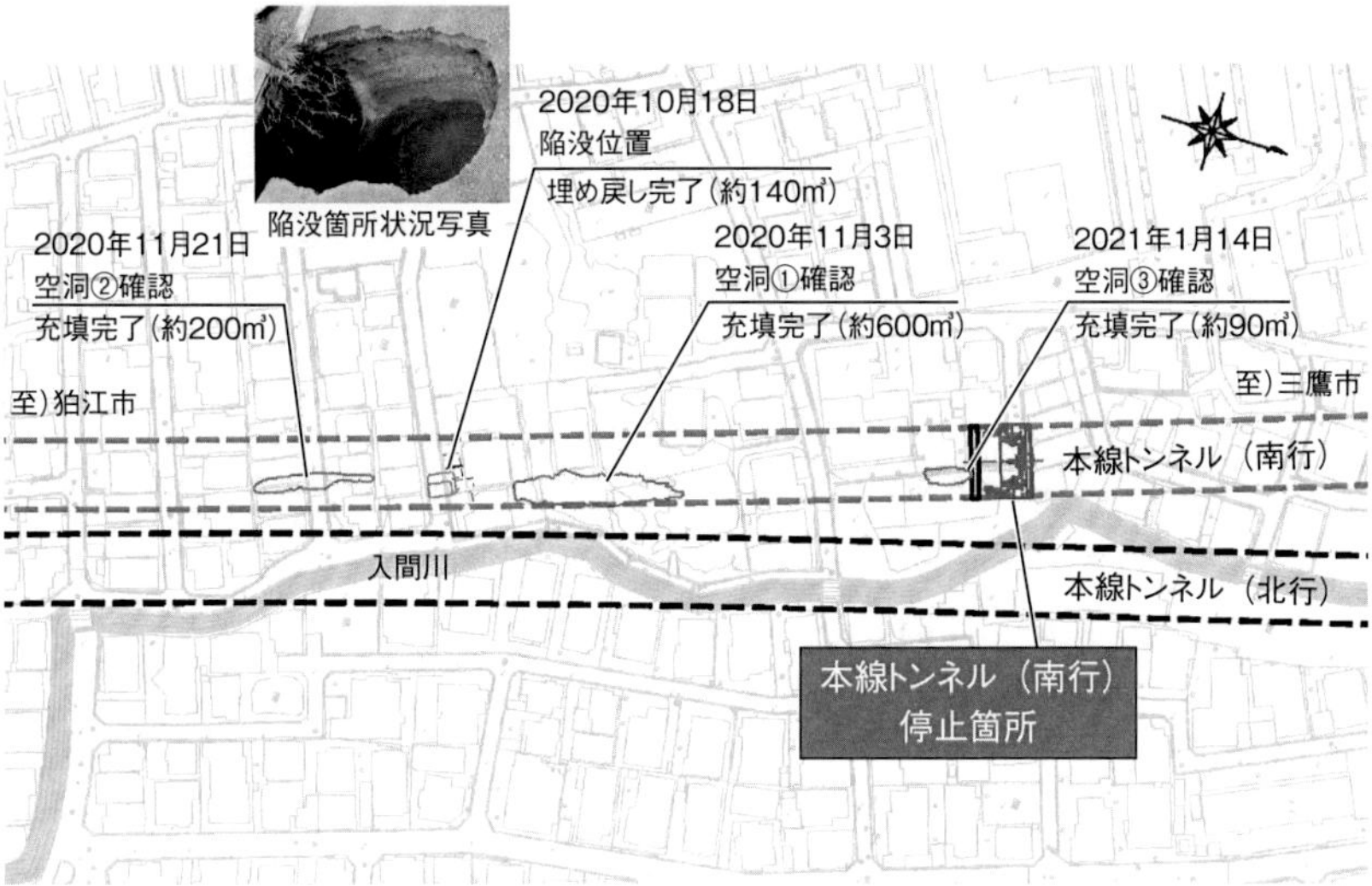

（東日本高速道路関東支社東京外環工事事務所）

図1-10　陥没・空洞事故の経緯（発生個所の位置）

れることは避けられないだろう。

22年２月に入り、地盤の異なる地点で、１年４か月ぶりに工事が再開されたが、陥没地点を含む９キロメートル区間については、東京地裁は22年２月28日「再発防止策が具体的に示されていない」とし、工事の中止を命令した。再開のメドは未だに立っていない。

ＮＥＸＣＯ東日本有識者委員会報告では、陥没地点付近は「入間川の西に浅く円弧状に入り込んだ谷地形をしており、入間川の過去の蛇行の跡を想像させる」地点だと指摘している。

芝浦工業大学教授・稲積真哉は21年10月「ルート外でも地盤の緩みを確認した」との調査結果を発表、ルート外でも工事の影響が及ぶ可能性があることを示唆している。家屋の買い取り、仮移転費用などに加え、ルート外の補償問題も浮上しそうで、完成は12年度見込みから31年度見込みにズレ込んでいるが、さらに大きく遅れるのは必至だ。総事業費も20年７月時点で２兆３５７５億円と巨額で、当初見込みの１兆２８２０億円の倍増近くになっており、さらに増えるのは確実視されている。

✣外環道陥没事故の影響が懸念材料

大深度法適用のもう一方の本命がリニア中央新幹線だが、外環道陥没事故がリニア中央新幹線に与える影響は大きい。外環道、リニア中央新幹線ともに工事は並行して進む中で、工期が遅れるばかりでなく、大深度法自体のあり方にも影響が及ぶ可能性も台頭している。

超電導リニア技術は国鉄の鉄道技術研究所（現鉄道総合技術研究所、鉄道総研）が62年に研究を開始したという「国鉄遺産」そのものの新技術で、すでに研究開始から60年の歳月が経過している。77年に宮崎実験線を開設し、7キロメートル全線が完成した79年12月に「ML-500」は無人走行で時速517キロメートルを達成した（**図1-11**）。80年には有人走行の「MLU001」を投入した。最後の国鉄総裁、杉浦喬也は就任5か月後の85年10月、MLU001に試乗、筆者も随行記者の1人として同乗する機会を得た。車内の速度計で時速304キロメートルを記録、2両編成での最高記録305キロメートルにあと一歩と余裕の走りだった。磁力が強いということで腕時計を外すよう指示されたことくらいで、乗り心地にも違和感はなかった。

現地で杉浦は「整備新幹線以上の投資となるので、国内でどうこう言える段階ではない」としながらも、その後も世界に誇るリニア技術開発には積極的で、87年3月にはプロトタイプ車「MLU002」を投入した。

国鉄分割民営化では鉄道総研がリニア研究開発を承継した。JR発足はMLU002投入の翌月だから、経営体としては解体された国鉄もリニア技術はJRグループとして研究開発を続けていくという意思表示を示したものだ。MLU002にも試乗したが、今度は腕時計を外す必要もなく、乗り心地も良かったが、残念ながら91年の火災により焼失した。93年には「MLU002N」を投入、時速411キロメートルを記録したのを最後に宮崎実験線の短い役割は終え、山梨実験線での開発に移行することになる。

（提供：日本交通協会）

図1-11　宮崎リニア実験線で走行中の「ML-500」

88年、運輸省は超電導磁気浮上式鉄道検討委員会（委員長＝東京大学教授・松本嘉司）を発足させ、営業線転用可能な候補地選定に入った。候補地は宮崎、札幌―千歳間、山梨が有力候補となったが、当時の政界の大物、自民党副総裁だった金丸信のお膝元であり、中央新幹線の敷設権取得に意欲的なＪＲ東海の思惑が一致し、予想通り山梨が選ばれ、出来レースとも言われた。

山梨実験線は92年7月、全区間42・8キロメートルのうち、18・4キロメートルを先行区間として開設、03年には有人で時速５８１キロメートルを記録している。山梨実験線にも試乗する機会に恵まれた。トンネルが多く、景色はよく見えなかったが、乗り心地は快適だった。

07年4月ＪＲ東海はリニア中央新幹線構想を発表、同12月には全額ＪＲ東海負担で建設することを表明、14年に着工した。16年には国は財政投融資３兆円の投入、不動産取得税免除など税制優遇なども含め、安倍晋三内閣の景気対策の目玉の「国家プロジェクト」に格上げしている。

リニア中央新幹線は東京―大阪間を全国新幹線鉄道整備法（全幹法）に基づく新幹線として建設するが、超電導リニア方式を採用することで、「リニア中央新幹線」と称している（**図1-12**）。法律上は全幹法の基本計画線の中央新幹線で、基本計画線の整備順位は現在整備中の整備新幹線の後となるから、いつ整備されるかどころか、整備す

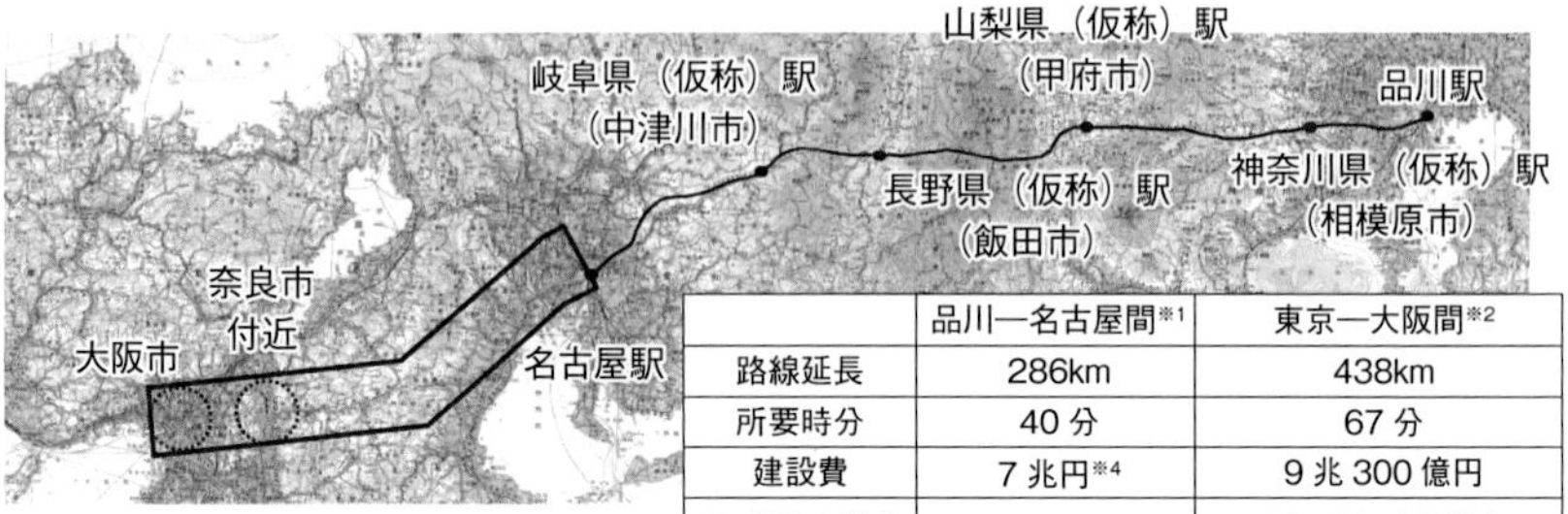

	品川―名古屋間※1	東京―大阪間※2
路線延長	286km	438km
所要時分	40分	67分
建設費	7兆円※4	9兆300億円
JR東海の想定開業年次	2027年	2045年より最大8年間前倒し※3

※1　中央新幹線品川・名古屋間工事実施計画（その1）（2014.10.17認可）による
※2　中央新幹線（東京都・大阪市間）調査報告書（2009.12.24）による
※3　財政投融資の活用による
※4　2021年4月に修正

（国土交通省の資料を基に作成）

図1-12　リニア中央新幹線の概要

表1-2　新幹線鉄道計画の一覧

	路線名	区間
整備計画5線	北海道新幹線	青森―札幌
	東北新幹線	盛岡－青森
	北陸新幹線	東京―大阪
	九州新幹線（鹿児島ルート）	福岡－鹿児島
	九州新幹線（西九州ルート）	福岡－長崎
基本計画12線	北海道新幹線	札幌―旭川
	北海道南回り新幹線	長万部－札幌
	羽越新幹線	富山―青森
	奥羽新幹線	福島－秋田
	中央新幹線	東京―大阪
	北陸・中京新幹線	敦賀－名古屋
	山陰新幹線	大阪－下関
	中国横断新幹線	岡山－松江
	四国新幹線	大阪－大分
	四国横断新幹線	岡山－高知
	東九州新幹線	福岡－鹿児島
	九州横断新幹線	大分－熊本

※整備新幹線とは、「全国新幹線鉄道整備法」に基づく1973年の「整備計画」により整備が行われている5路線のことをいう。
※東海道新幹線、山陽新幹線、東北新幹線（東京－盛岡間）、上越新幹線は、国鉄等により建設されたもので、いわゆる整備新幹線ではない。

ること自体も不明だった（表１‐２）。これを基本計画線とは別扱いにすることを認知させた戦略は後述するＪＲ東海のカリスマ経営者、葛西敬之ならではの手法で、筆者は一連のＪＲ東海の仕掛けを「葛西戦略」と呼んでいる。

リニア中央新幹線は東京―名古屋間を最速40分で、27年完成を引っ込めてはいないが、静岡県区間が未着工で、遅れるのは必至だ。東京―大阪間は最速67分で、完成は45年メドだが、37年を前倒しの目標としながらも、こちらも遅れるだろう。総工費は東京―名古屋間５兆５０００億円だったが、21年４月に７兆円に増額修正している。

工期の遅れの要因となった大井川流量減少問題については、17年、静岡県知事・川勝平太は大井川の水量が減少するとの懸念を表明、静岡県区間の着工認可は下りていない。20年、国は有識者会議を設置、21年12月「中下流流量は維持できる」との中間報告をまとめたが、川勝は不満を表明、解決の糸口は見つかっていない。問題は水問題の深刻さもさることながら、知事とＪＲ東海側との間で政治問題化していることだ。知事側がＪＲ東海のさらなる譲歩を引き出す形での妥協点を探る両者の駆け引きが続いている。

むしろ大井川流量減少問題より影響が懸念されるのが外環道陥没事故だ。リニア計画の大深度地下区間は全長50・3キロメートル、品川区から町田市までの33・3キロメートルと愛知県春日井市から名古屋市までの17キロメートルが大深度工事区間だ。品川駅には地上40メートル下の大深度地下に、リニア新幹線・品川駅が建設される。

ＪＲ東海では21年10月、第一首都圏トンネル（北品川工区）の新設工事「調査掘進」に着手した。当初計画からは1年遅れて、シールド掘削機発進起点の立て坑「品川非常口」から深さ40メートル超の約３００メートルを試掘調査するものだ。リニア新幹線の試掘開始は品川区が初めて。試掘区間の真上はＪＲ東海などの敷地、河川、道路で、住宅はないとし、試掘後、データ検証の上、本格的な掘削を開始する段取りだが、工事は遅れている。

懸念されるのは外環道の「ルート外でも地盤の緩みを確認した」との調査だ。入間川蛇行跡地だとしたら、軟弱地盤はルート外に広範囲に広がり、ルート外の地価も一段と下がることが懸念される。問題がルート外に広がれば、ことは深刻で、工事はさらに遅れることになる。大深度法では例外的に起きた補償問題では「工事開示から1年以内」など事業者側に有利な補償条件となっており、外環道陥没事故での補償問題の進ちょく状況次第では、社会問題から政治問題に発展する恐れも出てくる。

リニア新幹線のルート上では、地盤の具体的な懸念は表面化していないが、反対住民の会「リニアから住環境を守る田園調布住民の会」では工事差し止めを求め、東京地裁に提訴するなど、反対運動は活発化している。

「国鉄遺産」のリニア技術を発展させ、大きな成果として結実させる期待が高まるリニア中央新幹線の先行きはJR東海が当事者である大井川流量減少問題より、当事者ではない外環道陥没事故の方が影響は大きいかもしれない。

第2章

国鉄分割民営化の衝撃

―エキナカ巨人の解体―

エキナカからの追放、日本交通公社（ＪＴＢ）

国鉄分割民営化は鉄道事業ばかりでなく、エキナカの解体、分割をも伴った。巨大で政治、経済社会問題化していた鉄道の陰に隠れて、地味であったが、時間差を置いて大ナタが振るわれた。第１弾は旅行業界で断トツの１位、売り上げ１兆円企業の株式会社日本交通公社（ＪＴＢ）のエキナカからの追放だ。国鉄改革が生んだ骨肉の争い。遺恨戦争とも言えそうだ。

✣追放劇第１幕は「国鉄対ＪＴＢ」

追放劇の第１幕は「国鉄対ＪＴＢ」で、第２幕は「住田対石田」戦争という２段階に分かれる。「住田対石田」戦争とは、初代ＪＲ東日本社長の住田正二とＪＴＢ初の生え抜き社長・石田博との確執を指す。ＪＴＢは一時、売り上げの８割が国鉄キップの代行販売だったこともある国鉄の実質子会社だった。ＪＴＢの大株主は財団法人日本交通公社37・５％、国鉄が37・５％で並び、３位がＪＴＢ協定旅館連盟10・０％、日本ホテル協会２・５％、以下都銀、航空、海運などだ（**表２-１**）。財団法人日本交通公社は調査研究機関で、ＪＴＢの関係機関だから、国鉄、交通公社以外の外部資本は25％に過ぎない。国鉄分割に伴い、ＪＴＢをＪＲ東日本に、日本旅行をＪＲ西日本に振り分けるつもりで、国鉄では株主総会特別決議を拒否できる３分の１以上の株式をＪＲ東日本に配分し、ＪＲ東日本の実質子会社とする予定だった。

ところが、国鉄分割民営化の４か月前の１９８６（昭和61）年11月27日の参議院国鉄改革特別委員会で、社会党議

表2-1　株式会社日本交通公社の株主一覧（発足時）

株主名	出資額	所有率（%）
財団法人日本交通公社	3億円	37.5
日本国有鉄道	3億円	37.5
小林毅（日本交通公社協定旅館連盟会長）	8000万円	10.0
社団法人日本ホテル協会	2000万円	2.5
富士銀行	1350万円	1.68
日本航空株式会社	1000万円	1.25
三和、住友、第一、東海、東京、勧業、三菱の各銀行	各950万円	1.1875
大阪商船株式会社	500万円	0.0625
全日本空輸株式会社	500万円	0.0625
資本金（払込資本）合計	8億円	100.0

表2-2　株式会社日本交通公社の株主一覧（1997年2月末）

株主名	持株数（株）	所有率（%）	資本参加年月
東日本旅客鉄道株式会社	839,400	21.9	1987年7月
財団法人日本交通公社	1,440,000	37.5	1963年11月
西日本旅客鉄道株式会社	443,600	11.6	1987年7月
JTB協定旅館ホテル連盟	384,000	10.0	1963年11月
社団法人日本ホテル協会	96,000	2.5	1963年11月
株式会社第一勧業銀行	91,200	2.37	1963年11月
株式会社東京三菱銀行	91,200	2.37	1963年11月
東海旅客鉄道株式会社	76,400	1.99	1987年7月
株式会社富士銀行	64,800	1.69	1963年11月
日本航空株式会社	48,000	1.25	1963年11月
九州旅客鉄道株式会社	47,600	1.24	1987年7月
株式会社東海銀行	45,600	1.19	1963年11月
株式会社三和銀行	45,600	1.19	1963年11月
株式会社住友銀行	45,600	1.19	1963年11月
北海道旅客鉄道株式会社	24,400	0.64	1987年7月
全日本空輸株式会社	24,000	0.62	1963年11月
大阪商船三井船舶株式会社	18,000	0.47	1963年11月
四国旅客鉄道株式会社	8,600	0.22	1987年7月
株式会社さくら銀行	6,000	0.15	1976年12月
合計	3,840,000	100.0	

員・久保亘が株式を特定の会社に集中させるのではなく、販売実績による配分を主張したのに対し、首相・中曽根康弘がすんなりこれを認める答弁をしたことで、急きょ、販売実績配分に決まった。石田の根回しが効いたとの見方が有力で、鉄道事業の仕分けに追われていた国鉄側の意表を突いたところで決着を見た。

しかし国鉄側はこの決着に納得できない。中曽根裁定からＪＲスタートまでわずか4か月に、ＪＴＢを締め上げる作戦を練り、ＪＲ発足以前からＪＴＢのエキナカ追放劇が本格化した。ＪＲ発足直前の87年3月4日に、ＪＲ東日本への配分は21・9％に決まった。財団法人日本交通公社に次ぐ2位の株主だが、ＪＲ東日本の連結対象子会社とはならず、持ち分法適用会社にとどまる（**表2-2**）。

国鉄時代に練り上げられたＪＴＢ締め上げ対策は激烈を極めた。まずＪＴＢと共同運営しているエキナカの旅行センター（びゅうプラザ）の独自運営化、すなわちエキナカからのＪＴＢ放逐だ。ＪＴＢは3月末までに札幌、東京、横浜、大阪、高松、博多の6か所から撤退。仙台、名古屋は5月までに撤退、それ以外は協議の上、徐々に撤退することで合意した。92（平成4）年5月に新宿駅旅行センターを最後に、ＪＴＢはすべての旅行センターから撤退した。撤退跡はＪＲ各社が独自運営する。

ＪＴＢが独自に出店している上野、新大阪、三ノ宮などは当然、準備が整い次第、立ち退かせる。定期券の代売権のはく奪、列車時刻表はＪＴＢが発行してきたが、これもＪＲグループが独自発行し、時刻表市場に参入する。こちらも「時刻表戦争」として話題を呼んだ。創刊号のＪＲ版4月号は増刷する人気ぶりで、発行部数はＪＴＢ版190万部には及ばなかったが、公称100万部を突破した。その後は創刊人気も一巡、公称60万部程度で、ＪＴＢ版のコンスタントな100万部には及ばない。

ＪＲ各社は発足時から鉄道事業の復権に全力を挙げながら同時に遺恨試合にも精を出していたというところだ。「国鉄一家」として相携えてきただけに、その遺恨はすさまじい。ＪＲグループ旅館連盟（加盟500旅館・ホテル）も組織し、強力なＪＴＢ協定旅館に挑む姿勢も見せた。定期券では定期券委託販売契約を７月で打ち切りとし、暫定期間を２か月置いて、９月からはＪＲグループ６社で独占販売に踏み切る。

打ち切るのはＪＴＢだけではなく、委託契約を交わしている旅行代理店18社に及ぶが、委託分１０００億円の75％がＪＴＢというだけに、標的をＪＴＢに絞っているのは明らか。ＪＴＢの一括扱いの企業数は１４００社に及んでおり、その影響は甚大だった。

ここまでは「国鉄対ＪＴＢ」の遺恨で、住田は直接には関与していない。

✣第２幕は「住田ＪＲ東日本初代社長対石田ＪＴＢはえぬき初代社長」

４月にＪＲ東日本社長に就任した住田が仕掛けたのが第２幕で、第１幕を上回る強烈なものだった。住田は新生ＪＲ東日本の旅行業にどう取り組んでいくか。「旅行業そのものは鉄道事業にとって重要だが、これを本業とするには旅行業の営業利益率は１％以下とあまりにも低い。自前で展開するにはノウハウもないし、人材もいない」と、悩み続けていた。旅行業へのシナリオが崩された上、身内であるはずのＪＴＢの石田の裏切りは許せないという心境だった。住田は中曽根との直接パイプもあり、まさかの〝中曽根カード〟で、石田に後れを取ったことは二重に許せない。

こうした国鉄・ＪＲの締め上げを、ＪＴＢ側はどう捉えていたか。ＪＴＢ首脳陣からの発言はほとんどない。勝ち組ＪＴＢは冷静だ。『ＪＴＢグループ１００年史』（ＪＴＢ１００周年事業推進委員会編纂、ジェイティービー、２０１２年）にさりげなく触れているので、引用してみよう。１００年史は本編だけで、６８０ページという立派なものだ。国鉄改革の下りは「ニューＪＴＢの推進」（１９８３―１９８７年）の出来事の第９章「国鉄分割民営化」に触れているだけ。49年のドッジライン危機以来のＪＴＢの存亡を揺るがした大事件なのに、掲載ページ数はわずか３ページ。依然、大株主のＪＲグループ、とりわけ21・９％出資のＪＲ東日本に気を遣っているのがわかる。

『ＪＴＢグループ１００年史』の第９章の小見出しを見ても

○国鉄再建への協力
○出向者の受け入れ
○株式の分割
○３点セットの問題
○臨時全国支店長会議

の５つ。小見出しを見る限り、何事もなかったような扱いで、修羅場を演じた舞台裏の気配はまったく感じられない。国鉄に忖度《そんたく》しながらも、さりげなく主張はきちんとは織り込んである。練りに練った反論であり、国鉄からの独立宣言と言えよう。全体の趣旨はこうだ。

第１に、前提として「社の歴史は国鉄の市中機関としての役割」を第一義として国鉄とともに歩んできたこと。

第２に、「国鉄分割民営化にあたり、可能な限り協力する」という基本姿勢を貫いてきたこと。

第３に、出向者の受け入れとして、84年６月の余剰人員対策では３年間で「１５０—２００人の受け入れ要請を受け、初年度85年度46人を受け入れた」こと。86年10月の要請では「ＪＴＢ自体が１万３０００人を１万人への削減計画の中で、１４００人の受け入れを決定した」こと。結果は国鉄側の事情で２５０人前後にとどまったが、最大限努力してきたことを国鉄側から感謝されていたこと。

第４に、85年８月の国鉄再建監理委員会の国鉄分割民営化答申に基づき、国鉄側は「すべての株式をＪＲ東日本に引き継がせたい」意向を持っていたが、当社は販売比率によりＪＲ各社に分割保有されるべきと主張したこと。

国鉄時代の国鉄再建監理委答申以来、堂々と論理的に主張して、販売比率による株式の分割がなされたというものだ。石田が裏で政治力を使ったことは決してないという主張だ。

『JTBグループ100年史』第9章の小見出しである「3点セットの問題」というのは、国鉄側が中曽根答弁の2か月後の87年1月23日、駅旅行センターの直営化、時刻表の自主制作、定期券販売契約の解除—の3点を申し入れてきたエキナカ追放の具体策のことだ。この3点の具体策をJTB側は「3点セットの問題」と呼んでいる。国鉄からJTBへの通告の段階では、住田が3点セット具体策に関与する立場にはなかった。

国鉄は旅客部門を6地域分割されるという緊急事態の中で、締め上げ策を取りまとめている。国鉄一家の「いざ鎌倉」精神は健在で、仮想敵ができると一気に集中力を発揮する。

第5に、最後の3月の臨時支店長会議で、石田は「社は75周年目にして創業以来の難局に遭遇している」ことを語っている。国鉄改革には一貫して協力してきたこと、旅行センター、時刻表、定期券という3点セットの問題の説明、さらには「社の財産である旅館ホテルとの信頼関係の強化とともに、営業構造の転換が急務であり、企業の優劣はお客様が決めることで、そのためにもこの1年が勝負の年だ」「社員諸君は何事が起こっても、一切動揺することなく、くじけることなく、それぞれの職分に邁進するよう強く要請する」と悲壮な決意を表明、危機意識の周知徹底を図った。国鉄への刺激は避けながらも、「企業の優劣はお客様が決める」と、不退転の決意で自主独立路線を宣言した。

✣住田対石田バトルは感情論にまでエスカレート

遺恨試合はJR発足後の第2段階では、感情論を交えエスカレートする。JR東日本とJTBとの直接対決で、「住田対石田」バトルだ。住田は運輸省（現国土交通省）出身で、臨調委員、国鉄再建監理委員会委員として、分割民営化のスキームを作った国鉄改革貢献者の1人。国鉄改革のスキームは堅ろうかつ柔軟にできており、政治からの決別がすべての前提にある。第1幕の「国鉄対ＪＴＢ」に直接かかわったわけではないが、国鉄のＪＴＢ持ち株はＪＲ東日本が承継する線で動いていたことは承知だった。ＪＴＢ側が〝中曽根カード〟という政治力を行使し、決別したはずの改革のスキームに風穴を開けたことがまず許せない。いざＪＲ東日本社長となってみれば、国鉄の身内からの裏切りは当事者としても許しがたい。

住田は就任当初から、鉄道比率引き下げ、10年以内に鉄道事業以外の関連事業、開発事業などで、現在の鉄道事業比率90％を70％に、ゆくゆくは5割を目指す方針を示していた。とくに大きな柱の旅行業については国鉄の営業力の弱さを補う意味でも、ＪＴＢに頼ろうと思っていたのは住田自身だ。当時、住田はＪＴＢについて、「人材豊富で、社員の質は高い。就職人気も常にランキング上位だ」と評価していただけに、身内から裏切られた感情を抑えきれない。

93年、ＪＴＢの非常勤取締役に就任したＪＲ東日本会長・住田は役員会で、徹底的に経営陣を突き上げる。財務内容、経営実態、さらには付帯事業のグループ会社を徹底的に調べ上げた。とくにホテル部門の神戸ベイシェラトン＆タワーズを経営するＪＴＢ１００％子会社のＪＴＢ六甲アイランドエンタープライズについては、恒常的な赤字で、ＪＴＢ内部でも問題になっていた。住田はホテルの経営不振の実情を視察するため、私費で宿泊し、そのサービスの質についても役員会で追及した。ＪＴＢのある首脳は「住田さんは偽名で宿泊されたようです。偽名での宿泊は旅館業法違反になります」と、お互い感情的になっていた。

✣ ＪＴＢ上場問題を巡る確執

住田の後任、２代目社長・松田昌士《まさたけ》は95年6月9日の定例会見で「91年7月、ＪＴＢから株式上場したい旨の意向があった。上場は利用者にとっても、経営基盤強化するにつけてもメリットは大きい。準備を進めてほしいと申し上げた」と、ＪＴＢ自身、上場意向があったことを明らかにした。

一時、上場に前向きだったＪＴＢも、バブル崩壊で業績は急悪化、93年度には赤字に転落するに至った。松田会見時には上場問題は立ち消えになっていた。

それでも住田は「21・9％ものＪＴＢ株式を保有していても、なんの意味もない。上場すれば、高く売却でき、含み益を顕在化できる」とし、ＪＴＢの定款にある「株式譲渡制限条項」削除を目論んだ。

95年6月の株主総会では株式譲渡制限条項を削除する議案を提出した。株式譲渡制限条項とは、株式の譲渡は取締役会の承認が必要という定款の定めのことで、上場準備には前段階として制限条項を撤廃する必要がある。

定款変更の要求という強行策に、3代目ＪＲ西日本社長の井手正敬《まさたか》は同年6月20日の会見で「事前に相談もないし、今、ＪＴＢに上場を迫るのかわからない」とバブル崩壊後という経営環境も考慮し、ＪＴＢの上場見送り判断に理解を示した。

結局、株主総会での定款変更のＪＲ東日本提案は否決された。ＪＲ東日本案に賛成したのはＪＲ北海道、三菱銀行、三和銀行で、合わせて株式保有比率は25％のみ。主力行はほとんど棄権、反対はＪＲ東海の地元、東海銀行のみで、主力行が困惑しながらも今後のＪＲ各社との取引姿勢を垣間見せた結果となった。来るべき上場に備えての定款変更提案だったが、ＪＲ東日本の感情的とも言える手法が目立っただけに終わった。

ＪＴＢ側は住田の取締役会出席に備え、「住田シフト」を敷き、住田の鋭い追及への対策に追われた。同時に、住田の厳しい追及はＪＴＢ側の構造改革を促す機会ともなった。ＪＴＢは本格的なリストラに着手、子会社の実態見直しを含めグループ経営のあり方の検討に本格的に着手した。

当時、住田と直接接触していたＪＴＢ元社長・舩山龍二は2019年1月、筆者に対し、「住田さんの追及を契機に、経営陣は経営基盤をどう強化すべきか、ＪＴＢの将来がどうあるべきかを本気で考えるようになった」と語り、住田攻勢を〝住田効果〟として前向きに捉えている。舩山は96年ＪＴＢ社長、02年会長と12年間、ＪＴＢトップ経営陣にあった人で、日本ツーリズム産業団体連合会（ＴＩＪ、現日本観光振興協会）の会長などを歴任した旅行業界の重鎮で、論客だ。18年、旭日中綬章を受章している。住田の非難すべきターゲットは石田であり、懐の深い船山には悪い印象は持っていない。

一連のエキナカ追放劇の経緯を追ってみると、ＪＴＢというエキナカ企業は大株主の国鉄の追及をもかわし、国鉄の承継会社とも言えるＪＲ東日本と互角に渡り合える力をつけていたということが特筆される。国鉄危機に瀕《ひん》している段階にもかかわらず、エキナカは旅行業界のガリバー企業を生むほどの巨大な市場に成長していたわけだ（**表2-3**）。

✣ＪＴＢ創業はインバウンドの祖の国策法人

ＪＴＢ創業は１９１２（明治45）年で、鉄道院運輸部営業課長・木下淑夫を中心に「ジャパン・ツーリスト・ビューロー」として創立された任意法人だ。１８９３年設立の外国人の賓客、観光客をもてなす組織「喜賓会」という、営利目的ではないボランティア組織の精神を引き継いだ法人で、国家戦略の柱として外貨獲得手段としての「外客誘致論」を掲げた。中心となった木下は日本交通公社発展の基礎を作った「ＪＴＢ生みの親」として、現在も畏敬の念をもって親しまれている。

木下は国鉄の営業制度の基盤を構築した人でもあり、非鉄道事業のエキナカ、エキソトの視点を持った鉄道１５０年に貢献した「国鉄人的遺産」の１人だ。私鉄の関西鉄道と競合する名古屋─大阪間で、運賃割引、駅弁のおまけなどの熾烈《しれつ》なサービス競争を展開したことでも有名だ。国鉄に顧客サービスの精神を具体的な形で持ち込んだ実践者でもある。

木下はジャパン・ツーリスト・ビューロー設立にあたり、当時の内務大臣兼鉄道院総裁の原敬に対し、熱心に設立の意義を説き、「資金の半分を鉄道院が出資する」との決断を引き出したという。後に「平民宰相」として人気の首

表2-3　構内営業各種業種の経営分界一覧表

業者＼業種	立売：弁当類湯茶：乗降場	立売：弁当類湯茶：列車内	立売：雑貨類	出店	飲食店：駅食堂	飲食店：喫茶店	自動車	人力車	馬車	手回品運搬	一時預	両替	靴磨	理容	浴場	簡易洗濯	有料化粧室	特産物売店	商店街	映画館	ホテル	列車食堂	特定列車内物品販売
担当すべき業者：日本交通公社					○	○					○	○	○	○	○	○	○	○	○	○	○		○
担当すべき業者：鉄道弘済会			○	○		○					○	○	○	○	○	○	○	○	○	○			
担当すべき業者：日本食堂株式会社	○	○			○	○																○	
担当すべき業者：日本通運株式会社										○													
担当すべき業者：駅弁当業者	○	○	○		○	○																	
担当すべき業者：駅食堂業者					○																		
担当すべき業者：個人業者：百貨店																			○				
担当すべき業者：個人業者：専門業者							○	○	○									○	○	○			
担当すべき業者：個人業者：個人業者				○																			

1946年3月31日通達　　（『日本国有鉄道百年史　第10巻』）

相・原敬は、我田引水をもじった「我田引鉄」路線を突っ走り、これを批判した木下を左遷することになる。病気がちだった木下はその後、第一線から退き、執筆活動に勤しんだが、１９２３（大正12）年、48歳という若さで死去する。没後、木下淑夫遺稿集『国有鉄道の将来』（木下淑夫著、鉄道時報局、１９２４年）が出版された。自動車時代到来を予言し、ローカル線のバス転換の必要性を説き、広軌論を展開するなどの先見の明は現代でも新鮮だ。

ＪＴＢはその後、国内、欧米に嘱託案内所を開設、ネットワークを張り巡らし、事業を拡大し、１９１５年には、外国人観光客用の乗車船券委託販売を開始した。それ以降、国内外の船会社、エージェントの代売業務を拡大させていった。27年には任意法人から社団法人に衣替え、翌年には財団法人東亜旅行社に改組した。さらには財団法人国際観光協会を合併し、財団法人東亜交通公社となった。国策として、大東亜各地域への事業拡大方針に沿って業容を拡大していった。

戦後、45（昭和20）年9月、財団法人日本交通公社に改称し、再スタートを切ったが、戦後の混乱の中で、国鉄乗車券類の割り当て販売に頼った。

しかし、戦後のハイパーインフレ退治のため来日した連合国軍総司令部（ＧＨＱ）の経済顧問・ジュセフ・ドッジは「ドッジライン」と言われる緊縮策を導入し、国鉄の乗車券類の代売手数料の打ち切りも決めた。当時、売り上げの8割を占めていた手数料の打ち切りと政府補助金交付停止で、存亡の危機に瀕した。売り上げの8割というのは国鉄営業の別動隊であり、実態は国鉄子会社と言える。国鉄も重大な問題として捉え、割引制度を考案するなど、知恵を絞り、徐々に、段階的に、実質的な手数料復活を勝ち取り、53年2月に、戦前の水準、手数料は5％に復帰した。

前述した『ＪＴＢグループ１００年史』第9章のくだりで、ＪＴＢ反論の第1の「社の歴史は国鉄の市中機関としての役割を第一義として国鉄とともに歩んできたこと」と述べ、国鉄の市中機関そのものの事業内容だったことを自負していた。代売手数料は国鉄の尽力もあって早く復活したが、このことで、さらに国鉄との関係は緊密化していった。63年の営業部門を分離独立した株式会社日本交通公社（ＪＴＢ）発足後も国鉄は株式を37・５％保有し、調査研究の専門機関となった財団法人日本交通公社と並び筆頭株主となっている。

ＪＴＢトップが理事長制から社長制になったのが55年で、初代社長は国鉄出身の前鉄道弘済会会長・西尾壽男である。国鉄企業グループ人事だ。その後も生え抜き初の社長・石田誕生まで、国鉄の天下り社長が続いたわけだ。人事面からもＪＴＢが国鉄企業グループだったことがわかる。創業時の「ＪＴＢ生みの親」木下淑夫も国鉄官僚だったなどの歴史的経緯を考えると、国鉄、ＪＲ東日本側から見れば、身内であるはずの石田のまさかの態度豹変《ひょうへん》は国鉄改革のどさくさにまぎれた裏切りと考えるのは無理もないこととも言えよう。

✣ コロナ禍でも自主独立死守のリストラ計画

ＪＴＢは２０２２（令和４）年３月、創業１１０年を迎えたが、お祝いどころではない。コロナ禍で戦後３回目の危機の真っ只中にある。危機の１回目は前述のＧＨＱによる手数料廃止で、２回目は国鉄改革での国鉄からの経営独立宣言、３回目がコロナ禍による旅行の自由、移動の自由の消滅だ。２回目の危機は前向きの危機と捉え、乗り切ったが、今回はパンデミックという想定外の危機で、終息時も読めない。

コロナ禍以前にも、旅行業界は薄利な上、ＪＴＢのようなボランティア的な活動を起源に持つ企業はもともと利益率が低い。そこにＯＴＡ（オンライン旅行会社）時代への対応遅れが目立っていた段階でのコロナ禍だ。

コロナ禍前の19年に、世界初の旅行代理店トーマス・クック＆サンはＯＴＡ時代への対応遅れが致命傷となり、破産している。１９４１年、禁酒運動に身を投じていたトーマス・クックが禁酒大会を成功させるため、団体旅行をボランティアで組織した。これが世界初の団体旅行であり、旅行代理店業務の始まりと言われている。団体旅行のニーズが強く、欧州から世界各地に向かう旅行ニーズを喚起させ、手数料ビジネスに発展、ホテルなど周辺の観光事業にも積極的で、世界最初で最大の旅行代理店という揺るぎない地位を築いた。

クック社もＪＴＢもボランティア的な活動を起源にしている企業であり、もともと利益への執念が希薄な点でも共通している。世界の旅行会社はＯＴＡ全盛時代で、コロナ禍前では米国のブッキング・ホールディングス、エクスペディアなど世界大手では取扱高10兆円時代を迎えているが、日本のガリバー企業、ＪＴＢの取扱高はコロナ禍前でも１兆円時代のままで雲泥の差だ。ＯＴＡ時代に乗り遅れているところへのコロナ禍で、旅行需要は蒸発し、一気に経営難に陥ってしまったというのが現状だ。

未曽有の危機に直面したＪＴＢはあえて、コロナ禍のさなか、20年11月、中期経営計画「新交流創造ビジョン」と

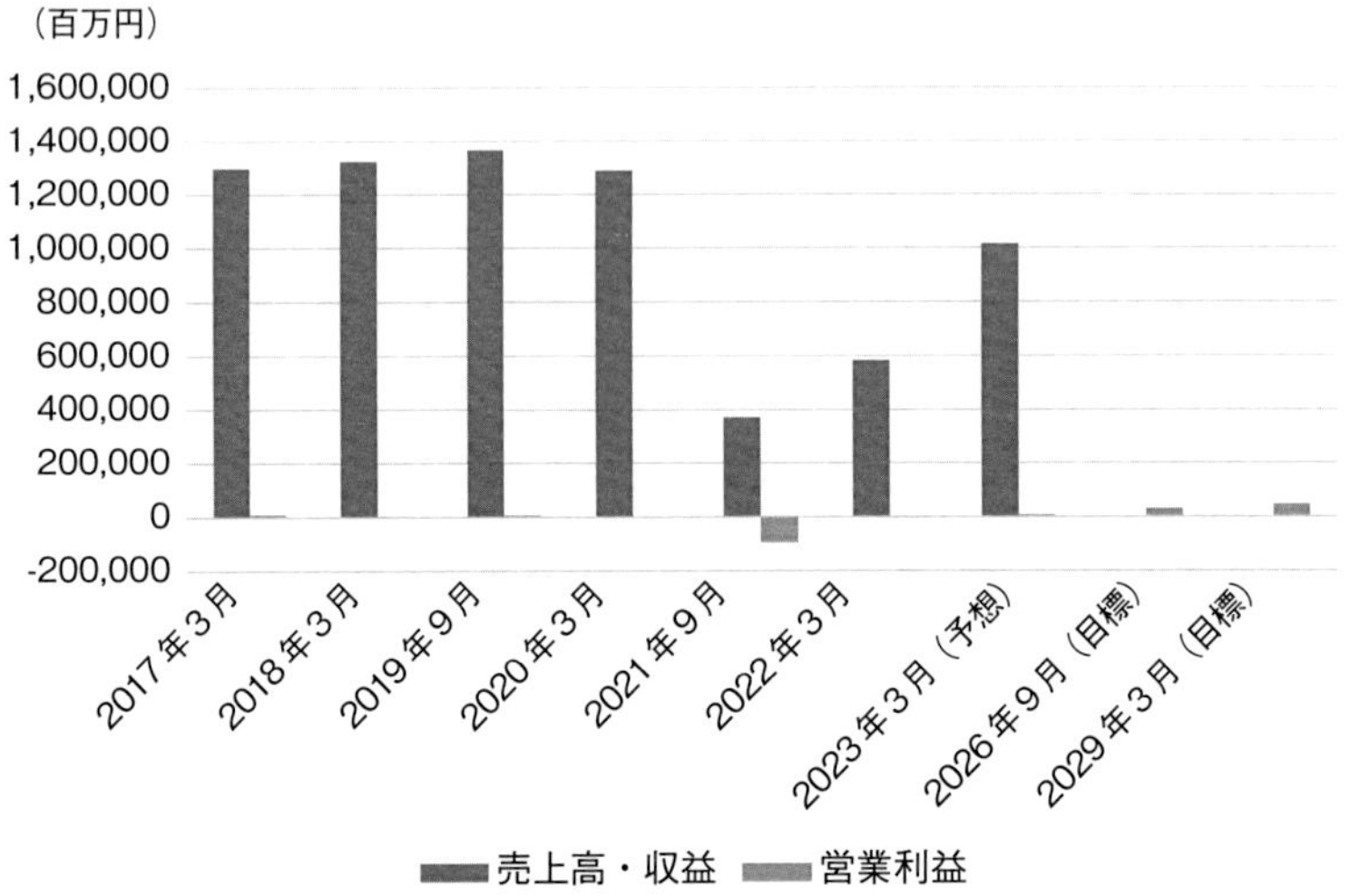

注：2026年、2029年（目標）は営業利益のみ

（JTBの資料を基に作成）

図2-1　JTBの業績推移（2002年～2029年目標）

称する構造改革計画をまとめた。それによると、グループ人員を６５００人圧縮するとともに、年収３割減、国内店舗の25％にあたる１１５店舗削減、海外拠点１９０か所以上削減―など強烈で具体的なリストラ策が柱だ。22年３月期までを「経費構造改革期」とし、21年３月期連結決算では経常赤字１０００億円を見込んだ。22年３月期にはコスト削減で、営業損益段階で黒字化を目指すとした（**図2-1**）。23年３月期からは「回復―成長期」と位置付け、回復期に入る23年春には大学の新卒採用も再開する。

　中期計画ではリストラばかりでなく、成長戦略もしっかり盛り込んでいる。その中で注目されるのがソリューション事業強化だ。ソリューション部門の売上総利益率を20年３月期の20％から、29年３月期には32％まで引き上げる。ソリューション事業での現場力は電通、博報堂などの広告代理店やコンサルティング会社にはない底力を秘めている。とくにエリアソリューションではＪＴＢ協定旅館ネットワークで培った現場力の強さを生かす。25年３月期の営業利益３５０億円達成を目指す。

　コロナ禍たけなわの「経費構造改革期」の21年３月期連結

決算では、売り上げは前年比71％減の３７２1億円にまで落ち込んだ。かつての1兆円企業は恩讐《おんしゅう》のかなたに消え去った。経常赤字７４2億円、最終赤字は１０５1億円と過去最悪の赤字決算となった。

徹底した経費構造改革策として資産売却にも積極的で、舩山時代の01年に、天王洲アイルに移転した本社社屋は３００億円で、いとも簡単に売却した。国鉄企業グループ時代の丸の内社屋からの移転は、国鉄・ＪＲ影響下からの独立の象徴とも言えるプロジェクトで意義深いものでもあった。移転の01年頃から、就職人気もベストテン常連となり、人気ナンバー1になることもしばしばで、コロナ直前の19年ランキングでも人気トップになる媒体もあったほどだ。人気の上昇によって入社希望者の人数も多くなり、「量は質を高める」法則通り、ＪＴＢ社員の質は高い。

福利厚生代行3位の有力子会社のＪＴＢベネフィットもベネフィット・ワンに１５０億円で売却した。旅行と親和性が高い虎の子の子会社も手放す。

同時に、資本増強策にも大胆に踏み込み、日本政策投資銀行、3メガバンク（みずほ銀行、三菱ＵＦＪ銀行、三井住友銀行）に対し、優先株を軸とした第3者割当増資３００億円を実施した。22年5月にはＪＴＢ大株主のＪＲ上場4社に対しても、優先株19億円を発行した。

さらに話題を呼んだのは、資本金を23億４００万円から1億円に減資したことだ。ＪＲ上場4社への優先株発行後も、資本金1億円は維持する。1兆円企業が一気に税法上の中小企業に変身するというプライドをかなぐり捨てた財務戦略には並々ならぬ決意が感じ取れる。

これらリストラの結果、22年3月期には営業損益段階では48億円の赤字だったが、最終損益段階では２８４億円の黒字を計上した。コロナ禍で旅行市場が喪失し、先がまったく見通せない段階での中期計画策定だったにもかかわらず、計画に沿った実績を挙げている。コロナ禍でこれほど見事な復活劇はなかなか見当たらない。新卒の採用も計画通り、23年春に再開する段取りだが、前人気は上々だ。22年4月7日付日本経済新聞によると、23年大卒就職人気ランキング文系総合でＪＴＢは19位に顔を出している。まだ採用具体化前の段階で、ＪＲ東日本24位、ＪＲ東海38位を上回っている。23年３月期には１兆円企業復活を目指す。

これも２度にわたる戦後の危機を乗り越えた経験から、一貫しているのは経営の独立性を死守するというＤＮＡで、どんな自己犠牲を払っても、身売りはしないという覚悟だろう。ロシアのウクライナ侵攻が世界を揺るがしているが、誇り高きウクライナを彷彿させる、独立自尊の精神と言える。電通を脅かすソリューション企業として、完全復活の日は近い。

エキナカの巨人、鉄道弘済会（キヨスク）の解体

１９８７年（昭和62）４月の国鉄分割民営化を契機に、ＪＴＢが政治力を使ってエキナカ企業から脱皮し、独立に打って出たのとは対照的に、エキナカの巨人、鉄道弘済会は国鉄体質のまま、解体を待つことになる。国鉄解体に伴い鉄道弘済会は福祉事業については財団法人鉄道弘済会として全国ネットワークの１社体制で残ったが、収益事業のキヨスク部門についてはＪＲ旅客６社それぞれの子会社として地域分割された。

国鉄マンはいったん失業となった上で、ＪＲという新会社に新規採用されただけに、国鉄とは決別するという意識改革を余儀なくされた。鉄道弘済会の収益部門のキヨスク会社も６旅客会社の子会社としてしだいに意識改革の洗礼を受け、民間企業らしくなっていくが、財団法人鉄道弘済会は福祉部門が全国ネットのまま、意識改革の動機もないまま、国鉄の良さと悪さを併せ持った事業体として、新たなスタートを切った。

鉄道弘済会には複雑な役割が課されていた。高邁《こうまい》な理念を実行する福祉事業と、国鉄関連企業群の統括組織でもあったという二面性の持つ組織だったことだ。昭和40年代には日本国有鉄道法の出資規制下で、国鉄自身が関連企業に直接出資できないことから、鉄道弘済会が肩代わり出資し、出資会社には国鉄本体が人事権を含め実質支配するというダミーの役割をも演じた。不動産バブル、ゴルフバブルに振り回された鉄道弘済会100％出資子会社の弘済建物事件に見られるようなガバナンスの欠陥も発生、「国鉄一家」の弱点を露呈することにもなった。

✣ 戦後何度も存亡の危機

鉄道弘済会そのものは国鉄マンらしい正義感のもとに設立された福祉事業団体で、現在も日本を代表する福祉事業団体であることには変わりがない。国鉄の体質の良さを引き継いだ福祉事業は国鉄時代、ＪＲ時代を通じ、一貫して社会に高く評価されている。

歴史的に見ても、存亡の危機が訪れるたびに、理念を愚直に一途に実行している姿が共感を呼び、生き残ってきた。戦後だけでも国鉄問題が深刻化するにつれ、何度も鉄道弘済会にも危機が訪れている。48年、ＧＨＱは独占禁止法（独禁法）、過度経済力集中排除法に抵触する組織として、鉄道弘済会を東西2分割する構想を前提に調査を開始した。収益活動は独禁法に抵触、救済活動についても国鉄関係者のみの職域福祉団体だというものだ。東京国税局では収益事業益金についても新たな課税対象とすべきかどうかの調査に入った。鉄道弘済会存亡の危機を迎えたわけだ。

当時の理事長・堀木鎌三は「売店の客は一般市民であり、当然市民に対しても救済措置を採らねばならない」（『五十年史』（鉄道弘済会会長室五十年史編纂事務局編、鉄道弘済会、1983年）とし、鉄道弘済会組織維持のため、職域団体だけでなく、一般福祉にも進出するという決断を下した。堀木見解は運輸省、厚生省の支持を得、ＧＨＱも理解を示し、2分割案は消滅した。これも堀木見解を待つまでもなく、高邁な理念に基づく福祉事業、収益事業が愚直に実践され、これを政府ばかりか国民にも支持されていた証と言えよう。

49年、国鉄としてスタート、引き揚げ者の受け入れで国鉄は48年8月時点で、62万3000人の職員を擁するまでになった。戦後のインフレ克服のため、超緊縮策のドッジラインが採用され、国の49年度予算では行政機関職員定員法が施行され、超緊縮予算となり、このあおりを受け、国鉄予算も緊縮予算を強いられた。国鉄の職員数定員は50万6734人に定められ、3次に分け9018人もの解雇を通告した。同年公共事業体として再スタートした国鉄は早速、危機を迎えることになった。国鉄危機にとどまらず、労働運動激化による社会不安を内包する組織としての始まりで、その後も社会不安を抱えたまま、時を重ね、ついには国鉄改革を迎えることになる。

この時、国鉄解雇者の受け皿として、鉄道弘済会は国鉄離職者の受け入れに踏み切るわけだが、その数が半端ではない。49年9月末の職員数7810人に対し、その年だけで3439人も採用した。とにかく国のやることは乱暴で、国鉄危機の影響は高邁な理念の下に設立した福祉事業団体にまで容赦しないという、事業体としての国鉄の存在は無視されていた。

81年には国鉄総裁の諮問機関「資産管理等公正委員会」から「社会福祉事業は国に任せ、鉄道弘済会は解散させるべき」との提起もなされた。国鉄民営化の具体的作業の一環としても存続が危ぶまれていたが、「職域福祉の重要性」を訴え、鉄道弘済会活動が世間でも高く評価されていることもあり、存続が決まったという経緯がある。

国鉄改革時も、86年10月20日の衆議院国鉄改革特別委員会で、最後の国鉄総裁・杉浦喬也は「鉄道弘済会の公益事業については、独立した公益法人として、基金を設け、運用益等により、従来の福祉事業を若干狭めた福祉事業の形で、今後も継続していきたい」と説明した。杉浦は同年11月24日の参議院国鉄改革特別委員会でも「鉄道弘済会の公益事業は公益法人のスタイルで、やはり残していかなければならない。収益事業はこの際、はっきり株式会社に転換し、

6つの株式会社に分割したい」と、福祉事業としての鉄道弘済会の温存を前提に、収益部門を解体する方向を示した。

さらに「分割した収益事業と旅客会社が自らの直営する関連事業と両方とも伸ばすようにうまく調整していきたい」と、エキナカで新事業体の旅客会社と従来の鉄道弘済会が商売敵としてぶつかり合う事態を避け、共存共栄を模索する姿勢を示した。

この4日後、国鉄改革関連8法が成立した。鉄道弘済会は解体されるものの、福祉事業はなんとか残ることが決まった。福祉事業に特化した財団法人鉄道弘済会は資産、ネーミング、陣容、業務も国鉄時代のまま承継し、不動産、有価証券など資産運用で福祉事業の経費を補うことになった。福祉事業そのものも杉浦の「福祉事業を若干狭めた形で」というリストラを示唆した発言を受ける形でリストラに踏み切ることになり、厳しい運営を迫られることになった。

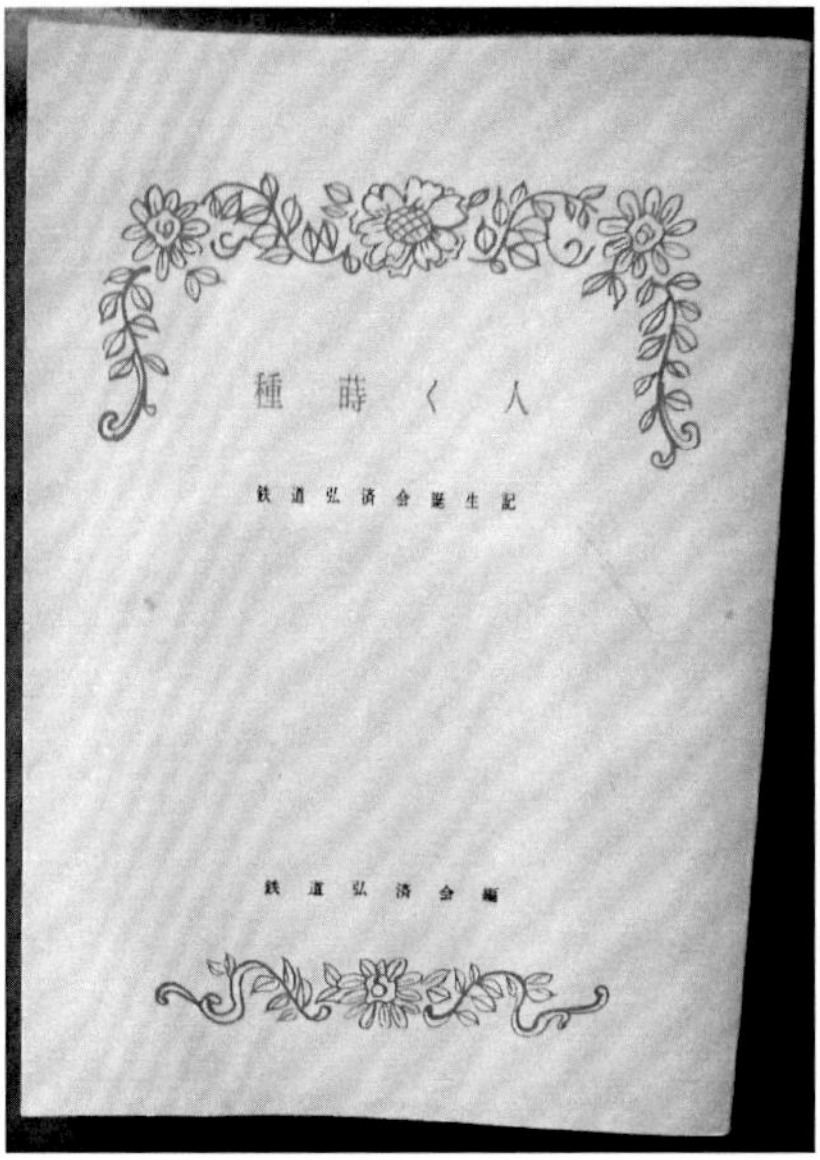

図2-2　書籍『種蒔く人　鉄道弘済会誕生記』（鉄道弘済会編・発行）

✣設立の動機は、心ある国鉄官僚の正義感

財団法人鉄道弘済会は32年、殉職した職員の遺族、障害を負った職員救済のため設立した福祉団体で、片岡謌郎《うたろう》らの尽力により創業した。片岡は苦難の末、設立にこぎつけたが、片岡を評して設立の動機は「正義感」と言い切るのは、元鉄道弘済会会長の佐々木信幸。佐々木は片岡らの功績を記録した『種蒔く人―鉄道弘済会誕生記―』（鉄道弘済会編・発行、1954年）を復刊させた（**図2-2**）。「当時、列車の自動連

結器はなく、連結は手作業で行われていた。連結器に挟まれ、切断障害を負うこともしばしばで、貨車に轢《ひ》かれて死亡する事故も相次いだ。年間数百人が死亡する年もあったようです。遺族や障害者の実情に憂慮し、立ち上がったのが片岡謌郎、堀木鎌三、高橋定一ら、心ある国鉄官僚だ」（佐々木）という。ちなみに鉄道弘済会の「生みの親」が片岡なら、「育ての親」は堀木鎌三というのが定説だ。

鉄道弘済会の『五十年史』によると、「大正４、５年の例でみても、連結手１８１０名に対し、作業中の死傷者数は延べ５３７名にも上った」という。この危険極まりない状態は１９１８（大正７）年、自動連結器導入まで続くことになる。

鉄道弘済会設立を後押ししたのが鉄道公傷者の互助組織、自力更生組織の存在だ。21（大正10）年、神戸に「鉄道公傷者互助会」が組織され、26年には東京で「鉄道公傷者職業組合」が設立されたことだ。「これらの団体が全国的組織となり、わが国身障者の自主的な団体として、また援護事業の先駆として幾多の輝かしい業績を残している」と国鉄総裁・十河《そごう》信二は社会福祉法人全国鉄身障者協会（現鉄道身障者福祉協会、鉄身協）の『四十年のあゆみ』（１９６２年）の序文に記している。

鉄身協は27年、新橋で鉄道職員に対する洋服販売を開始した。同年12月28日付の読売新聞は「他人の慈悲によらず、我々自身の力で生活の独立を図らねばならぬ」との趣旨で、鉄道省後援により組織化された公傷者組合の活動については好感をもって報じている。30年には東京・両国駅で売店営業が実現した。両国売店は予想以上に好評だった。両国売店は「鉄道弘済会誕生の踏み台となった」（『四十年のあゆみ』）という意味ある成功例となった。

✣公傷者救済のためのエキナカ売店

国鉄も公傷者補償について、手をこまねいていただけではない。１９０７（明治40）年「帝国鉄道庁職員救済組い。

合」、18年救済組合の強化を図った「鉄道院共済組合」を設立するなど、年金支給などの措置を採る一方、民間救済団体も設立され、鉄道省がこれに補助金を交付するなど、それなりの努力はしたが、とても生活できる金額ではない。

これら国鉄の業務災害者やその遺族に対する援護事業を喫緊の課題として捉えていたのが、片岡謌郎だ。20（大正9）年に鉄道省に入省した片岡は22年、東京鉄道局上野事務所営業主任となり、公傷者救済方法として、駅売店活用を思い立った。24年、名古屋鉄道局静岡運輸事務所長時代に、エキナカ店舗の実態調査、売店整理の具体策をまとめた。だが既存の売店の背後にいる政治家、地元有力者の反対で具体策は頓挫《とんざ》した。

エキナカ売店の出店といっても、空きスペースに出店するわけではない。好立地の売店には政治家の口利きで出店した売店が多く、これら利権化した売店を退店させ、整理しなければならない。当時、鉄道レール幅の広軌改良の憲政会と我田引鉄の政友会との政争は国鉄内部まで及んでおり、国鉄幹部もへたに退店に同意すると、自らの出世に差し障る。出店業者もその地方の有力者が多く、そう簡単には退店には同意しない。

それでも片岡ら心ある国鉄官僚はひるまない。新聞販売の権利を公傷者に回そうとしたら「駅で新聞を販売するには1部3円の権利がついている。権利金を払え」（『種蒔く人』）との片岡らも知らないグレーなセカンダリーマーケットが存在しているほどだった。泣き落とし、代議士、暴力団まがいの人を連れて既得権を死守しようという人までであり、軌道に乗るまでには苦労が絶えなかったという。

その第1弾として、32（昭和7）年3月31日、上野駅5店、東京駅5店の計10店舗を既存の業者から引き継ぎ、4月1日に営業開始した。鉄道弘済会の『五十年史』によると、引き継ぎにあたり、東京鉄道局旅客掛長・堀木鎌三は「ぼく1人じゃ危ないから屈強な保線区員を何人か選び出し、東京駅で待機していたが、いざそういう決意をみせると、だいたい皆明け渡した」と述懐、緊迫な状況だったことがうかがわれる。このくだりは鉄道弘済会『二十年史』

（鉄道弘済会二十年史編纂委員会編・発行、1952年）によると「暴力団を連れてきてこれを阻止しようとしましたので……」という文言が挿入されている。年史も時が経つにつれ、同じ事象でも表現は控え目になる。54年、『種蒔く人』の刊行時の鉄道弘済会会長の上林市太郎は、はしがきで「暴風雨のなかで、五重塔を建てるよりももっと困難であった」と表現している。佐々木は「国鉄一家と呼ばれた、結束力が強く、家庭的組織、風土が成せるワザがあったからだろう」と草創期の国鉄官僚を高く評価する。

接収したエキナカ売店と立ち売りについては、『日本国有鉄道百年史第8巻』（日本国有鉄道、1971年）によると、「雑貨・菓子類を主とし、弁当類は製造場・調理場の設備を必要とする上に、素人の調理は危険であるとして、既存業者に残されることになった」という。ほかにキヨスク定番商品の新聞・雑誌や饅頭《まんじゅう》、万年筆、下駄など委託販売商品なども扱ったが、後述する駅弁については衛生問題の難しさが決め手となり、鉄道弘済会売店（のちのキヨスク売店）では当面、扱わないことになった。既存業者である駅弁業者はそのまま生き延びることになった。

営業開始と同時に万世橋駅構内に東京支部を設置、32年度中に東京支部管内だけで売店25店を出店した。売り上げは90万円、職員数129人だった。それが10年後の42年度末には売店306店、立ち売り84店など営業箇所403にまで成長した。売り上げは3173万円、職員2987人と、エキナカ大企業に成長した（**図2-3**）。

戦後は高収益の鉄道弘済会売店収益を軸に、さらに成長に拍車がかかり、46（昭和21）年度の売り上げ21億700万円、職員4527人となり、5年後の51年度には売り上げ110億円と100億円の大台を超え、52年度には職員1万652人と1万人超となった。職員数ピークは東京オリンピック開催の64年度で2万8007人にまで膨らんだ。68年度には売り上げ1000億円企業に成長した。50周年の82年度には売り上げ3216億円、職員数は減ったとはいえ、まだ1万7921人もの従業員を抱えていた。売り上げ、職員数とも日本を代表する大企業に成長していたが、世間ではあくまで国鉄付帯のエキナカ企業との位置付けで、株式会社でもないため、ほかの大企業との比較もなされず、「知られざる巨人」への世間の関心は薄かった。

✣日本の義肢装具技術の先駆け

鉄道弘済会売店の高収益に支えられ、鉄道弘済会は日本を代表する福祉事業法人に成長していく。抜きんでた実績を残しているのが、連結器での切断障害者らの要望が強かった義肢・装具の支給、そして、製作、修理、技術開発だ。

図2-3　鉄道弘済会の高架下売店（昭和20年頃）

44年11月、御徒町駅高架下に「東京義肢修理所」を開設した。戦後になってからは52年に国鉄東京義肢研究所の経営を受託し、54年に東京義肢研究所を開設した（**図2-4**）。これと並行して、大阪、門司、秋田、札幌などへと全国展開し、義肢の研究、製作技術向上を図った。現在は荒川区南千住の義肢装具サポートセンターで、義肢の製作から装着訓練、入所設備まで備えた、国内唯一の総合的リハビリテーション施設として、日本の切断・麻痺患者の社会復帰活動をリードしている（**図2-5**）。パラリンピックで活躍した谷真海（旧姓佐藤）の義足製作、アスリート活動を支援している。谷は２００８年北京パラリンピックで走り幅跳び６位入賞している。21年開催の20年東

図2-4　東京義肢製作所

図2-5　義肢装具サポートセンター

京パラリンピックではトライアスロンに出場した。谷をサポートしている義肢装具士の臼井二美男は、20年に義肢装具士として初めて厚生労働省による「現代の名工」に選ばれている。

義肢・装具は国鉄特有の職域福祉部門だが、戦後になって進出した一般福祉部門では、知的障害・自閉症児者の療育支援が日本を代表する事業として高く評価されている。

✣「新幹線の父」十河は知的障害者療育施設設立にも貢献

日本が知的障害・自閉症児者救済に着手したのは遅く、47年12月の児童福祉法制定から。当時の鉄道弘済会会長・十河信二は滋賀県立近江学園を視察し、強い感銘を受け、知的障害・自閉症児者福祉事業発足を決意した。「新幹線の父」十河信二が福祉事業でも大きな功績を残していることは特筆できる。

十河は学園設立だけではなく、人材についても、知的障害児者療育の第一人者、中村健二をスカウトしている。ハードだけではなく、ソフト面でも体制整備するところに、十河の非凡さを垣間見ることができる。近江学園の糸賀一雄指導の下に、53年「日向弘済学園」を千葉県館山市に開設した。72年には成田空港計画に伴う騒音、生活環境悪化の懸念から、神奈川県秦野市に移転、新たに知的障害・自閉症児者、老人などを対象とした総合福祉センター「弘済学園」として誕生した（図2-6）。知的障害児者の定員は２００人を超え、名実ともに日本を代表する施設となった。中村健二の障害児者の個々の能力、個性に応じた実証的な療育システムは弟子の元弘済学園長・飯田雅子らに引き継がれており、現在でも日本の療育システムのリード役となっている。

図2-6　総合福祉センター「弘済学園」

弘済学園の知的障害・自閉症児者がつくる作品展「わたしたちが創る展」は毎年、東京駅構内で開催され、併せて療育相談会も実施している。２０２２年12月開催で、60回目を迎える。同展はもともと「ぼくにもできる展」として、小田急百貨店、新宿ステーションビルなどで開催されていたが、毎年開催会場を探すのに苦労していた。学園の入所者の父兄であったシンガポール大使（のちに中央大学教授）・三宅和助がそごう横浜店から売り場の提供を受け、長く開催していた。そごうの経営不振で、東京駅構内に開催地が移ったものだ。

余談だが、三宅の愛娘が「小沢ガールズ」として国会を賑わせた衆議院議員だった三宅雪子だ。フジテレビの経済記者として兜クラブに所属していたことで、筆者と話す機会がしばしばあった。当時、三宅の弟が自閉症で弘済学園に入所しており「オウム真理教事件の時、ヘッドギアをしていた弟が2度も職務質問され、警察のお世話になった。知的障害者に対する理解があまりにもない」ことに義憤を感じていた。障害者への理解を広く世間に広めようというのが政治家になった動機で、小沢一郎がしばしば障害者施設を訪れたのも三宅雪子の紹介だったはずだ。

ところがマスコミの関心は「博英（ばくえい）」の愛称で人気のあった大物政治家、石田博英の孫という出自の良さ、美人でお嬢さん育ちという華やかさもあって、三宅雪子が政治家として目指した方向とは違う、タレント扱いで話題を呼ぶことになる。弟思いで、高い志を抱き政治家になったが、政治の世界は甘くなく、無念の最期を迎えることになったのは残念だ。三宅雪子の母は長く弘済学園の父母の会会長でもあり、親子2代にわたり、知的障害児者の理解に努力してきた三宅一家の活動には敬意を表したい。

弘済学園の療育活動は国際的にもレベルが高い。91年、米国ロサンゼルス郊外の知的障害児者の施設を取材する機会を得た。福祉財団「ハーバー財団」の入所施設で、専務理事のマックス・J・ゴエスキーは「近代的な施設、優秀なスタッフが揃っているのもロスに進出した日本企業の寄付のおかげだ。日立物流、TDK、日立、日産、トヨタなど。米国でも福祉事業の運営は日本同様、厳しいものがある。施設のやりくりは厳しいが、日本にはこれだけの施設はないだろう」と誇らしげだった。筆者が「日本の国鉄系の鉄道弘済会施設には及ばない」と反論すると、日本通のゴエスキーは「国鉄ですか。国鉄のすごさは鉄道だけではないのですね」と感心されたのが印象的だった。

✣国鉄一家の名物「キヨスクのおばちゃん」の退職

一方の鉄道弘済会の収益事業のキヨスク部門は、国鉄分割民営化に伴い、JR会社同様、地域分割され、6旅客会社それぞれの子会社としてスタートした。86年11月、国鉄改革関連法成立を受けて、鉄道弘済会では同12月10日、「分離・別会社化に関する経営協議会」を設置し、新体制移行への具体策の策定作業に入った。87年３月には北海道、九州、四国のＪＲ３島会社から本州への広域配置転換、希望退職募集などが慌ただしく実施された。

出資は当初、各旅客会社51％、鉄道弘済会49％で、その後、徐々に旅客会社が鉄道弘済会持ち株を買い取る形で出資比率を上げ、最終的には１００％出資子会社とした。

ＪＲ東日本管内の東日本キヨスクで見ると、87年６月創立時の資本金35億円で、従業員数は約１６００人、店舗数は１７５０店体制でスタートした。ある日突然、財団法人が株式会社に変わったが、初年度売り上げ１７９９億円の95％がキヨスク店舗で、仕事の内容も変わらないままだ。本社も鉄道弘済会の中にあり、「意識改革しろ」と言われても、なかなか付いていけない。歴代社長はリストラ、意識改革を繰り返すことが最大の仕事となった。

99年４月、鉄道弘済会が持ち株をＪＲ東日本に譲渡し、出資比率はＪＲ東日本90％、鉄道弘済会10％となった。２００１年10月、ＪＲ東日本コンビニエンスとの合併に伴いＪＲ東日本90・９％、鉄道弘済会が９・１％。そして06年、ＪＲ東日本の１００％子会社となった。

店舗移管については、鉄道弘済会が主要駅店舗をすべて手放すと、収益部門を一気に失うことになるため、新宿、大宮営業所など7営業所を鉄道弘済会に残すという激変緩和措置を講じた。分割民営化１年後の88年４月には7営業所のうち新宿、浜松、広島の３営業所を譲渡し、06年の大宮営業所譲渡を最後に、鉄道弘済会はキヨスク売店事業から完全撤退した。

同年、３代目東日本キヨスク社長の夏目誠は「キヨスクのおばちゃん」として親しまれていたキヨスク販売員を含めたリストラ計画を策定した。もともと鉄道弘済会売店は、鉄道事故などで殉職した遺族の働き口を確保するという福祉から始まっているが、その遺族でもある販売員は「国鉄一家」の名物的存在として親しまれていた。販売員は仕事に熱心で、ラッシュ時の客さばきは芸術的でもあった。

だが、販売員は社員で、人件費が高く、旧態依然としたどんぶり勘定から脱皮し、コンビニ化を図るには販売員の存在をどうするか。「国鉄一家」のしがらみから脱却するため、希望退職募集に踏み切る。同年11月、満40歳以上の対象者は１１０５人。うち４７０人が販売員、すなわちキヨスクのおばちゃんだ。特別加算金の多さが世間で話題になるなど、退職金の大盤振る舞い、４３０人、９割以上の販売員が退職に応じた。特別加算金効果で予想以上の退職者が出たことで、欠員スタッフを募集したが間に合わず、翌07年４月１日時点のキヨスク休業店は首都圏５４５店に対し１７８店と、３分の１以上に及んだ。本社も「20周年プロジェクト」として、07年７月１日付で東日本キヨスクからＪＲ東日本リテールネットに社名変更するとともに弘済会館（２０２１年に建て替えのため取り壊し）内から、ＪＲ東日本本社近くの西新宿に移転した。『ＪＲ東日本リテールネット（旧ＪＲ東日本キヨスク）30年史』（ＪＲ東日本リテールネット編・発行、２０１８年）によると、社長・夏目は本社移転について「ＪＲ東日本１００％子会社となった今、お世話になった鉄道弘済会とあえて決別することにより、社員に残っている財団時代の意識を払しょくしたい」とし、真の目的は意識改革にあったとしている。「国鉄一家」の象徴的存在、キヨスクのおばちゃん、１００％子会社化、本社移転と３点セットで、名実ともにＪＲ東日本の最強、最大の子会社としての地位を確立した。

21年４月１日付で、エキナカ４社が合併し、ＪＲ東日本クロスステーションに生まれ変わった。存続会社がこのＪＲ東日本リテールネットだ。合併するのはＪＲ東日本リテールネットとＪＲ東日本フーズ、ＪＲ東日本ウォータービジネス、鉄道会館のＪＲ東日本系エキナカ４社だ。ＪＲ東海は国鉄改革後の87年７月１日付で発足したＪＲ東海キヨスクのまま今日に至っている。

国鉄分割民営化が招いた日本テレコムの悲劇

ＪＲの内線電話、鉄道電話「ＪＲほっとライン」は今、ソフトバンクの基幹通信網のサービスだということはあまり知られていない。ソフトバンクはＪＲ構内外にある基幹通信網を所有し、「ＪＲ鉄道電話サービス」を展開している。ＪＲとソフトバンクとは親和性が薄く、理念、社風ともに対極にあるイメージが強いが、ここにも国鉄分割民営化の予期せぬドラマが隠されている。

✣ＮＴＴ独占打破への期待を担う

国鉄は全国ネットの基幹通信網インフラも自前で持っていた（図2‐7）。国鉄改革のテーマは鉄道再生がメーンだが、改革シナリオの唯一とも言える有望な成長分野が情報通信分野だった。

１９８７（昭和62）年7月の国鉄再建監理委員会答申では、第2章の旅客会社、貨物会社などの「効率経営形態の確立」の中で「基幹的通信」の項を設け、「分割民営化した場合、会社間の業務用通信や複数会社間を結ぶ情報システムが必要で、旅客会社等が共同出資する会社となる」とし、全国ネットのＪＲグループとしての新会社設立を促している。しかも、「当面旅客会社の業務用通信を行うが将来は一般ユーザーを対象にした事業展開が期待される」という日本電信電話（ＮＴＴ）に対抗する長距離系新電電への参入を期待している。

監理委答申の8か月前の84年10月、情報通信分野の国鉄系戦略子会社として日本テレコムが設立されている。84年12月の電気通信事業法改正に伴う通信自由化を見据えた新規参入で、国内長距離電話としては日本テレコムのほかに

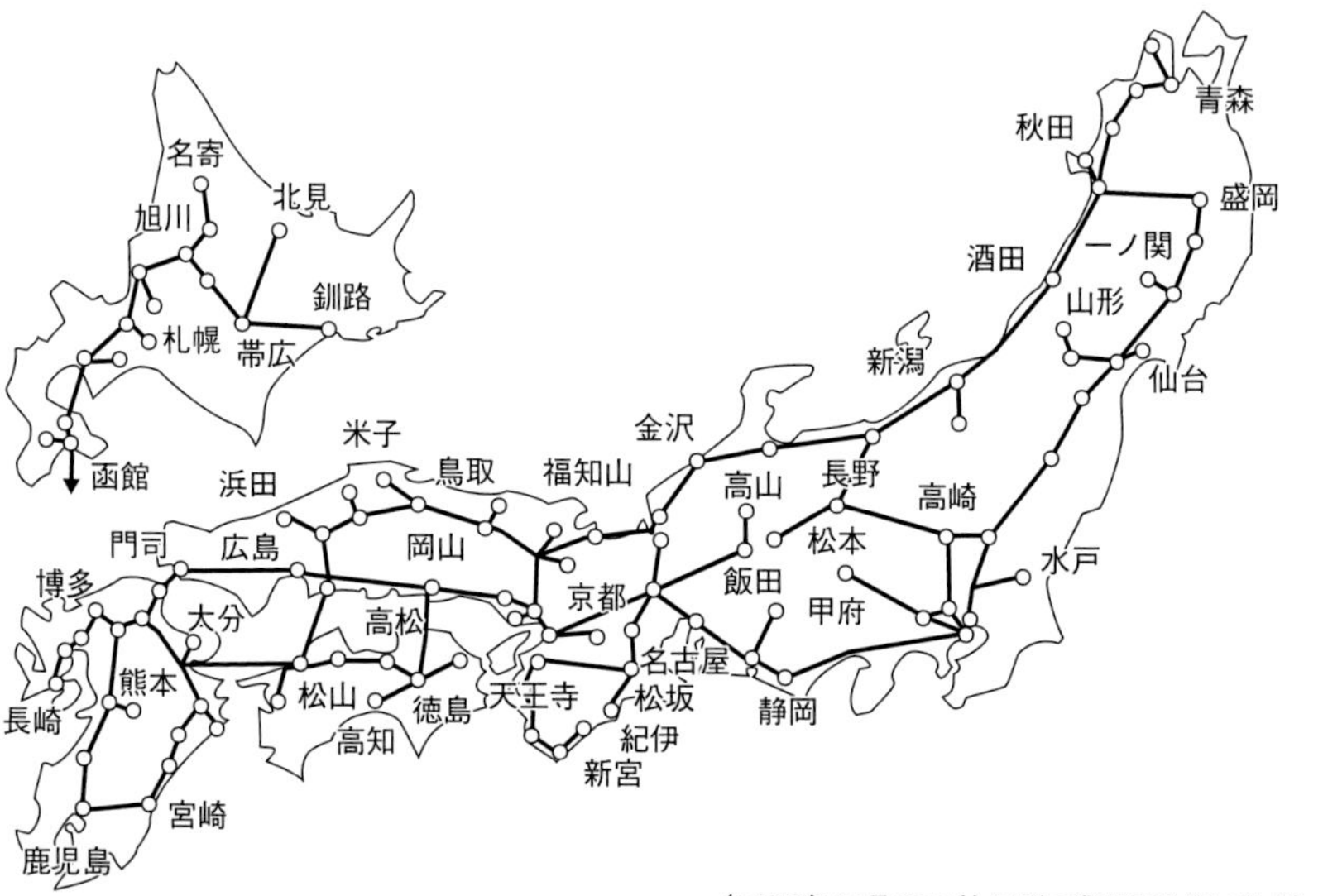

（1986年11月27日付 日刊工業新聞を基に作成）

図2-7　国鉄基幹通信網

京セラ系の第二電電、トヨタ系の日本高速通信が参入している。国際電話では日本国際通信（ＩＴＪ）と国際デジタル通信（ＩＤＣ）、市内電話では東京電力系の東京通信ネットワーク（ＴＴＮｅｔ）も参入し、ＮＴＴの通信独占体制に風穴を開けようというものだ。

日本テレコムは資本金90億円、国鉄出資は持ち株比率３割以上の30億１０００万円で、ほかに商社、銀行など民間に資本を仰いだ。本社は東京・丸の内の国鉄本社内で、社長には前国鉄副総裁の馬渡一眞、会長には日本長期信用銀行会長・杉浦敏介が就任した。

国鉄は自営の通信網がある上、全国に光ファイバー網敷設に適した線路用地を所有している。情報通信の技術レベルも高く、技術者も豊富だ。トップへの大物布陣も、新電電トップ企業への期待の表れと言えよう。まず東京—大阪間に光ファイバー網を敷設し、専用線サービス、一般電話サービスへの進出を計画するなど、強気な設備計画にも説得力がある。

国鉄は日本テレコムとは別に、監理委答申に則って、86年11月の国鉄改革法成立に伴う国鉄改革法第11条に基づき、同12月、鉄道通信、鉄道情報システムを設立した。国鉄改革法第11条とは「国鉄の電気通信、情報業務のうち旅客、貨物事業の一体的運営が適当であるものについては、旅客、貨物以外の法人に引き継がせるものとする」とする条文に基づき、両社は国鉄承継法人第1号の指定を受けた。いずれも国鉄100％出資会社で、旅客会社、貨物会社などに先立つ指定となり、国鉄系通信グループへの期待が大きいことがわかる。

鉄道通信は国鉄の全国ネットの通信網を引き継ぐ基幹的通信会社で、第1種の電気通信事業者。資本金は32億円、従業員は570人規模、社長には国鉄技術陣のトップ技師長の坂田浩一が就任した。営業開始は旅客会社同様、分割民営化時点の87年4月で、マイクロ無線網7070キロメートル、同軸ケーブル1560キロメートル、光ケーブル770キロメートル、一般ケーブル140キロメートルの計延べ9540キロメートルを国鉄から引き継いだ。ほかに電話交換所53、無線中継所165も承継した。初年度から黒字見込みで、国鉄からの承継債務360億円も負う。

鉄道情報システムは旅客情報システム「MARS（マルス）」や貨物コンテナの情報システムなどJR各社の根幹をなす情報システムを引き継ぎ一元管理する、第2種電気通信事業者。全国約1600か所のみどりの窓口から瞬時にレスポンスできるマルスは国鉄が誇る世界一のオンラインリアルタイムシステムと言われている。営業開始は鉄道通信と同じ87年4月。初年度から黒字を見込み、承継債務170億円を引き継いだ。

国鉄分割民営化で、承継債務を引き継いだのはJR本州3社、JR貨物とこの情報通信2社だけ。北海道、九州、四国のJR3島会社は承継債務どころか、経営安定基金という持参金付きで新発足している。この情報通信2社の将来性への期待がいかに高かったかわかる。

✣ JR東日本に次ぐ、JRグループ2番目の東証上場

86年12月の鉄道通信設立当初から、郵政省は国鉄分割民営化後に、先行する日本テレコムと鉄道通信を合併させ、

合併新会社をNTT対抗勢力として、長距離系新電電トップに育てようと主張していた。これに対し国鉄側は鉄道通信については国鉄だけの出資だが、日本テレコムについては国鉄出資が3割強に過ぎない。合併すると、いずれはJRグループが主導権を握れなくなる事態が来るかもしれないことから難色を示していた。将来にわたってのJR自前の情報通信会社にこだわっていたが、強力な新電電誕生の魅力は大きく、郵政省、運輸省、国鉄では営業開始1年前には合併で基本合意した。

87年4月の営業開始にあたり、社長・坂田浩一は「ユーザーがJRグループだからといって、仲間意識に甘えてはいけない」と挨拶している。この時点では「国鉄一家」への逆戻りを心配していたわけだが、結果は心配した「馴れ合い」どころかその真逆で、13年後の2000（平成12）年には鉄道通信と日本テレコムの合併新会社、日本テレコムが外資に買収され、そしてソフトバンクの手に渡るなどと誰が想像したであろうか。

87年4月の鉄道通信は営業開始とともに、JRグループ向けの鉄道電話と専用線サービスを開始した。日本テレコムも同10月予定の市外電話サービスを2か月前倒して8月から開始し、翌年にはエキナカでの公衆電話サービスも開始している。情報通信白書によると、日本テレコムの公衆電話台数はピークが77年度の1213台とわずか。公衆電話サービスはエキナカでもNTTの牙城で、利便性、災害時の通話可能を含め、新電電各社も太刀打ちできない。日本テレコムでは99年、公衆電話サービスから撤退している。

分割民営化から2年後の89年5月、鉄道通信は日本テレコムを吸収合併、新社名を日本テレコムとした。社長には鉄道通信社長の坂田が就任した。有望分野の携帯電話事業にはとくに積極的で、91年からは携帯電話会社、デジタルホン3社（関東、東海、関西）をJR各社の出資をも仰ぎ設立した。

日本テレコムは94年9月には東京証券取引所第2部に上場を果たした。JRグループではJR東日本に次ぐ2番目の上場で、JR西日本、JR東海より早く、期待の新電電にふさわしい成長を遂げた。

当時、新規上場株を上場前に手に入れれば必ず上がるという「入札株神話」が浸透しており、同年7月、店頭市場（後のナスダック市場）公開のソフトバンク株は公募価格1万1100円に対し、初値1万8900円と7割も高く値が付いていた。日本テレコム株は第2のソフトバンク株と期待された上、民営化株人気と相まって、上場前人気はすさまじく、入札加重平均は548万円と想定を大きく上回った。幹事証券の野村證券は公募価格を14％もディスカウントするという異例の措置で、上場初日に臨んだ。大幅ディスカウントにもかかわらず、上場初日9月6日の初値は470万円、引け値は465万円と、一気に公募価格割れという人気離散ぶりで、「入札株神話」は崩壊し、兜町では「テレコムショック」とも言われた。

株式市場では波乱のデビューとなったが、業容の方はその後も順調で、96年9月には第1部昇格を果たした。翌年、日本テレコムは国際電話の新電電会社の日本国際通信（ＩＴＪ）を合併、国際電話にも進出、国内国際電話を扱う新電電としての地歩を固めた。99年には経営不振の日産自動車が携帯電話事業から撤退したのに伴い、デジタルツーカー6社（北海道、東北、北陸、中国、四国、九州）を傘下に収め、6社の社名をＪ-ＰＨＯＮＥに統一した。Ｊ-ＰＨＯＮＥは「写メール」でヒットを飛ばしている。

新電電の攻勢にＮＴＴは99年7月、戦後初の持ち株会社制度を導入し、持ち株会社の傘下にＮＴＴ東日本、ＮＴＴ西日本の2地域会社、長距離国際通信のＮＴＴコミュニケーションズ、ＮＴＴドコモ、ＮＴＴデータを置き、新電電迎撃体制を敷いた。臨調答申では国鉄以前に分割するはずだったが、のらりくらりと分割を逃れ、持ち株会社設立という分割もどきの再編成で、巨人ＮＴＴは情報通信革命の荒波を乗り切ろうという戦略で臨んだ。

同年8月、ＮＴＴ、新電電各社との価格競争激化の中で、日本テレコムは本丸に、外資導入という奇手に踏み切った。米国ＡＴ＆Ｔと英国ブリティッシュ・テレコム（ＢＴ）の要請を受ける形で、第3者割当増資を実施、それぞれ15％の出資を受け入れた。15％としたのは15・1％を保有するＪＲ東日本の筆頭株主維持を前提にしている。結果としてはこれが裏目に出ることになる。

✣外資導入による生き残り策が裏目

ＡＴ＆ＴとＢＴは98年、合弁会社コンサートを設立、米国、英国の最大手同士の大型提携に踏み込んだが、局面打開に至らないまま、今度は有望市場の日本市場に活路を見出そうというものだった。両社ともに米国マイクロソフト、インテルなど新興ＩＴ企業の前に劣勢で、ＩＴバブルのピークがひたひたと押し寄せているさなかでの資本参加だ。バブル乗り切りの策としての起死回生策は不発のまま、01年の世界的なＩＴバブル崩壊を迎えるわけだ。

ＡＴ＆Ｔは世界最大の電話会社だった84年、反トラスト法で分割された。その後、再び成長路線を取り戻し、米国最大手の長距離通信会社となっていた。ＢＴは旧国営企業で、英国最大の通信会社だ。米英の両巨人との提携は社格的にも申し分ない。国鉄保守本流の日本テレコム社長の坂田（提携時は会長）から見れば、これ以上の信頼ブランドの組み合わせはないと踏んでいたはずだ。

ところが、両社は日本テレコムとの提携時の99年にはすでに厳しい経営状態に陥っており、ＡＴ＆Ｔは提携翌年の00年には虎の子のＡＴ＆Ｔワイヤレスを売却するなど、大胆なリストラに踏み切っていた。ＢＴも01年には大赤字を計上、本社ビル売却、携帯事業売却などリストラのさなかだった。

結局、ＡＴ＆Ｔは05年には米国地域電話2位のＳＢＣコミュニケーションズに身売りすることになり、栄光のＡＴ＆Ｔは事実上、消滅する。現在のＡＴ＆ＴはＳＢＣが被買収会社のＡＴ＆Ｔブランドを使用しているだけだ。

坂田はこうしたＡＴ＆Ｔの実態を知った上での提携だろうが、国を支えるインフラ企業で、絶大な信用、歴史ある強力なブランド力に、まさか国鉄はつぶれないという「国鉄神話」を重ね合わせたのではないだろうか。国鉄の内部の通信インフラの根幹にかかわる株主に外資を呼び込むことを躊躇《ちゅうちょ》するはずの株主のＪＲ各社に対しても、「ＡＴ＆

T神話」の存在は説得力があると踏んだのだろう。そのAT&T、BTがまさか数年後に、日本テレコム株をいとも簡単に手放すなど、「国鉄一家」の常識では考えられない。

提携内容を見ても、日本テレコムにとっては国内市場ではNTT対抗策であるとともに、国際市場ではNTT、新電電他社にも先駆けたビジネスモデルを構築しようという野心的なものだった。資本参加に伴い、BTの日本の子会社、BTコミュニケーションズ・サービス、BTネットワーク情報サービス、AT&Tの日本子会社、AT&Tジェンズはいずれも日本テレコムの100%出資子会社となっている。

その一方で、株主のJR各社へのけん制でもあった。同じ全国一本の承継法人の財団法人鉄道総合研究所（鉄道総研）ではリニアモーターカー開発を巡り、JR東海の意見が強まり、鉄道総研自体の主体性は弱まるばかりだった。

国鉄改革後遺症の最たるものの「改革3人組」対立をにらみ、株主がJR各社だけでは日本テレコムの主導権はいずれ握れなくなることも、本丸への外資導入に踏み込んだ動機の1つになったと考えられる。外資との資本提携の段階では、外資をけん制勢力として、坂田はあくまで経営の主導権を握る体制ができたと自信を持っていたはずだ。

ところが、上場を控えたJR西日本にとっては別の事情が働いていた。阪神・淡路大震災で大きな被害を受け、95年3月期決算は赤字必至に陥っていたが、日本テレコム株の益出しで、税引き後黒字を確保し、なんとか特例での上場基準を維持した。震災後、約8000株を売却し、売却益150億円を計上するとともに、全株クロス取引で買い戻すというやり繰りで、日本テレコムの持ち株比率10・2%、第2位の株主は維持した。益出しの恩恵で、96年10月、JR西日本は東証第1部への直接上場を果たす。

JR西日本にとっては上場基準クリアのため持ち株の益出しをしていたくらいだから、さらに高値での買い手が現れれば心は動く。ビジネス的にも感情的にも、一体感のなくなったJR各社がもとの「国鉄一家」に戻ることはないし、国家の中枢を担うJR系情報インフラを確保する意義も希薄になっていった。

懸念していた事態は意外なほど早く顕在化する。AT&T、BTと提携した翌年00年9月、英国ボーダフォンはJR西日本から日本テレコムの持ち株8・6%、JR東海の持ち株6・4%の計15%を2492億円で取得した。筆頭株主のJR東日本15・1%に次ぐ第2位の株主となった。すでにAT&T、BTが各15%出資しているから外資の持ち株比率は45%に達し、事実上外資優位の会社に豹変した。

とくに「改革3人組」のリーダー格だったJR西日本社長・井手正敬は分割民営化の5年後にはJRグループ各社間の人事交流を目論み、新生JRグループ再編を夢見ていた人だ。ボーダフォンへの持ち株売却は経営環境の厳しいJR西日本の財務的には渡りに船だが、日本テレコムがJRグループから離脱するだけではなく、外資の手に落ちる決め手になることには忸怩《じくじ》たる思いがあったはずだ。

続いてボーダフォンはAT&TとBTの持つ日本テレコム株を取得、日本テレコムの持ち株比率は45%に達し筆頭株主となり、日本テレコムはあっと言う間に、ボーダフォン系の会社となった。

01年9月にボーダフォンはTOB（株式公開買い付け）を実施、持ち株比率66・73%となり、名実ともに日本テレコムを子会社化した。この時、JR東日本もTOBに応じた。ボーダフォンと共同会見に臨んだJR東日本社長・大塚陸毅は「日本テレコムはJRの鉄道システムを担う重要なパートナーに変わりはない。今後とも連携は続ける」としたものの株主としてのJRの影響力はほぼ消滅した。国鉄改革法に基づく承継法人第1号としての成功例の役割はいとも簡単に消えるという国鉄改革史上、衝撃的なエポックは淡々と過ぎていくことになる。

✣外資に翻弄された後、行き着いた先がソフトバンク

さらに日本テレコムは、情報通信革命の荒波に翻弄されていく。ボーダフォンは日本テレコムのさらなる解体に取り組む。ボーダフォンが欲しいのは、日本テレコムの固定通信事業ではなく、日本テレコムの持つ、携帯電話事業の

Ｊ－ＰＨＯＮＥだ。02年8月、日本テレコムを日本テレコムホールディングスに改称した。持ち株会社の傘下に固定通信事業の日本テレコムと携帯電話事業のＪ－ＰＨＯＮＥを置いた。固定通信事業と携帯電話事業を２つの会社に切り分け、売りやすくした。翌年10月に、このＪ－ＰＨＯＮＥをボーダフォンに改称した。Ｊ－ＰＨＯＮＥは写メールのヒット商品を有し、若者に人気のブランドで、日本の携帯電話市場を席巻したいボーダフォンが欲しかったのはこちら。並行して固定通信事業の日本テレコム売却話を進めていたボーダフォンは、その翌月の11月にはリップルウッド・ホールディングスへの売却を発表した。売却価格は２６１３億円。手間の掛かる手法を取りながら、狙った獲物の日本テレコムの携帯電話事業だけを手中に収めた。

リップルウッドは日本で悪名高い〝ハゲタカファンド〟として知名度は抜群で、とくに98年の日本長期信用銀行（長銀、現新生銀行）の経営破たん劇ではひんしゅくを買った。８兆円もの公的資金が投入された長銀をわずか10億円で買収し、５０００億円以上の巨額の差益を得たというものだ。当時10億円でもほかに買い手が現れなかったという物件で、巨額の差益はリスクを取った正攻法の報酬と言えよう。

その後、新生銀行として04年には再上場を果たしている。元祖ハゲタカファンドと言われるゆえんは、後に政府の無知、弱みに付け込んだ条項などの存在を世間が知ることになったせいで、余計、リップルウッド嫌いを助長したきらいはある。

リップルウッドは宮崎のリゾート施設、シーガイアを運営するフェニックスリゾート、旧コロンビアなど日本人に馴染みの会社を手掛けることが多かったこともあるが、その手法が安値入札でまずライバルを振り落とした後、瑕疵《かし》を探り出し、さらにディスカウントさせるという強引な手法が日本人の好みに合わないことも、嫌われた要因だ。当時、日本で人気の米国投資銀行ゴールドマンサックスの出身者がトップで、兜町では「強盗ゴールドマン」（東京証券取引所幹部）と皮肉る人もいるくらい、ゴールドマン出身者の活躍が目立った。ただ市場のルールに則ってリスクを取り、金融危機の乗り切りに貢献したことも事実であったことも忘れてはならない。

この元祖ハゲタカファンドが03年11月、２６００億円でボーダフォンから買収した日本テレコム株を翌年にはソフトバンクに３４００億円で売却した。リップルウッドはここでも1年で８００億円の差益を得て、抜け目のないところを見せる。日本テレコムは迷走を繰り返した果てに、現在のソフトバンクに辿《たど》り着く（**図2-8**）。

新幹線、在来線を含め国鉄の沿線に敷いた光ファイバーなどの国家の中枢を担う鉄道まわりの情報通信インフラが、いとも簡単に外資の手に落ちるという現実を、国鉄・ＪＲ関係者は想像したことがあっただろうか。

国鉄分割民営化というのは、国家の中枢を担う情報インフラをも売り渡すリスクを内包していたわけだ。上場している旅客会社も１００％民間資本で、いつ外資の手に落ちることがあっても不思議はない。国鉄唯一の希望の星だった日本テレコムの悲劇は、国鉄改革の負の部分であったことには違いない。

株式市場に一度公開した株式というのは、ロットがまとまると転売されやすくなる。かつての総会屋はコツコツ株式を集め、ある程度ロットが大きくなると、当該の会社に揺さぶりをかけるとともに転売のチャンスを探る。総会屋の介入、仕手株（意図的に操作された株）への道を避けるため、安定株主対策をするのが普通だった。安定株主対策は浮動株解消策でもあり、公正な株価形成をゆがめるとし、今は安定株式を減らし、浮動株を増やすことが善となっている。

仕手株はなくなり、総会屋もいなくなったが、今度はアクティビスト（物言う株主）が登場し、コンプライアンスとかＳＤＧｓとか理論武装し、きれいごとを並べ、当該の会社を揺さぶる。これらの株主は株価を吊り上げるのが目的だから、かつての仕手、総会屋と大差はない株主も多い。総会屋が理路整然と攻めてもビジネスモデルが誰の目にも明らかなので説得力はないが、投資銀行が高邁な理論、数式を並べると、なんとなく納得してしまう。ロットがまとまると、アクティビストなどの介入するリスクが高まることは仕手株と何ら変わりはない。日本テレコムがＡＴ＆

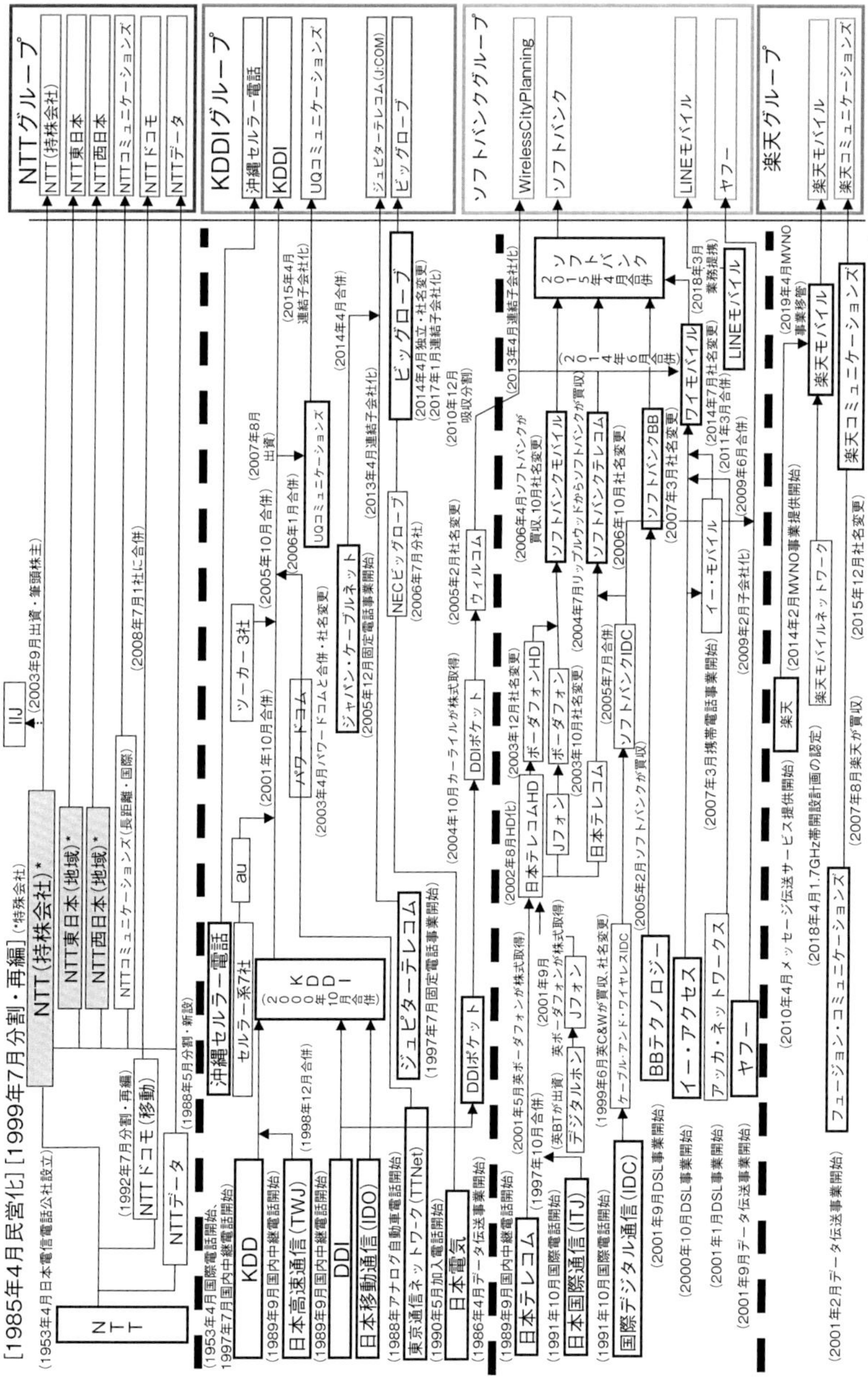

(総務省「令和２年情報通信白書」)

図2-8　国内の電気通信業界の主な変遷

T、BTに第3者割当増額を実施し、まとまったロットを渡したところからすべてが動き出している。AT&T、BT、ボーダフォン、リップルウッド、ソフトバンクと世界一流のプレイヤーに翻弄されたという教訓は重い。

日本テレコムは「国鉄一家」の一員のまま、世界の情報通信市場、ひいては「板子一枚下は海の底」という有名な格言が今に息づく資本市場に飛び込んだ。国家意識、倫理観の意識もない市場から見れば、「国鉄一家」は赤子の手をひねるようなものだ。

それにも増して、日本テレコムには国鉄から優秀な情報技術者がごっそり、移っている。皆、JRグループのインフラを担うという意識で、移ったはずだ。彼らは外資に翻弄され、市場に振り回され、その都度、去就を迫られた。結果として、「国鉄一家」の美徳を生かせないまま、散り散りになっていった。JRグループに中途採用された人も多いが、ソフトバンクまで行き着いた人だって、社風の違いに苦労したことが想像される。日本テレコムを失った痛手は情報インフラだけでなく、人材面でも大きいものがある。

かつての外食日本一の日本食堂の地域分割

✣「国鉄一家」の良さと弱点を併せ持つ

日本食堂（現JR東日本クロスステーション・フードカンパニー）の分割には、国鉄系企業の構造問題が凝縮されている。国鉄系企業は創業の複雑な背景、仕組み、役割など、経営トップからガバナンスまで「国鉄一家」そのものの会社だ。国鉄本体が分割民営化して社員を含め、新会社としてスタートしたのとは、似て非なる会社だ。

国鉄職員はどのＪＲ会社に採用されるか、それとも国鉄清算事業団かと緊張の日々を過ごし、選別された上、新規採用されるという手順を踏んでいる。自ら、国鉄は事実上倒産したという現実を体感し、新たな会社で出直すという意識改革せざるを得ない状況に追い込まれた。

これに対し日本食堂は国鉄分割民営化に伴い、１９８７（昭和62）年６月から地域分割が始まったという点では２か月遅れの分割というだけで、形式的には大差ない。まず北海道がにっしょく北海道、九州がにっしょく九州としてそれぞれ分離独立した。承継債務はゼロ。翌年６月には西日本、東海地区が分離独立し、それぞれ、にっしょく西日本、ジェイダイナー東海としてスタートした。いずれも日本食堂の役員が社長に就任した。西日本、東海が資産とともに債務も引き継いだのは国鉄本体の分割方式と同様だ。

ジェイダイナー東海へは、大阪までの新幹線の列車営業、新幹線東京駅で弁当営業、エリア内の店舗、新橋グッティなど10店舗が譲渡された。東京・浜松町の調理所についてはジェイダイナー東海と日本食堂が折半で区分保有する。にっしょく西日本についても、新幹線、エリア内営業は東海同様で、譲渡店舗46店となった。分離独立した４社はエリア内のＪＲ旅客会社の子会社となり、親会社、子会社ともに新会社としてスタートした。

ところが残る日本食堂についてはＪＲ東日本傘下に仕分けされ、旧日本食堂の４割、人員では３分の１に縮小する形でのスタートで、株主構成も、雇用関係も、国鉄時代と何も変わらない。日付が変わったとたん、営業エリアがＪＲ東日本エリア内という規模が縮小しただけだ。しかも、日本食堂の再スタート当時のＪＲ東日本の出資はゼロだった。国鉄本体が出資を禁じられていた時代の１９３８（昭和13）年設立の会社で、そのまま旧国鉄実質支配の関連企業として、分割民営化を迎えたためだ。

当時の株主構成は筆頭株主が日本鉄道共済組合で出資比率は33・７％、次いで鉄道弘済会16・７％、精養軒の岡本省三、岡本喜美子が各10・７％、財団法人日本交通公社８・３％、伯養軒の大泉雅弘４・６％などで、その他個人株主も多いという複雑な構成となっていた（**表2－4**）。

日本食堂は国鉄改革で、ＪＲ東日本傘下に仕分けされたのは承知しながらも、日付が変わっただけで即、ＪＲ東日本の意のままになれと言われても、なかなか素直になれない。国鉄改革をめぐり国体護持派と改革派の暗闘もあって、勝ち組、負け組の仕分けが話題になり、〝国鉄ＤＮＡ〞そのものである日本食堂が負け組にシンパシーを感じるのは無理もないところだ。

✣ 分割民営化時はＪＲの持ち株ゼロ

このエキナカの外食分野を独占する日本食堂に対し、ＪＲ東日本初代社長の住田正二はライバル企業を設立する戦略に打って出た。89年1月、ＪＲ東日本１００％出資のＪＲ東日本レストランを設立、自ら会長に就任するとともに、社長には味の素の田中二郎（出向）を招いた。味の素の外食ノウハウを生かしながら、競争原理を導入、日本食堂の意識改革を促すとともにエキナカ市場を活性化させようというものだ。

エキナカの限られたスペースを巡る身内のライバル企業の登場で、日本食堂社内に緊張感が走った。当時の日本食堂社長の加賀谷徳治は元国鉄常務理事で、実力者だ。住田とのソリも合わないこともあり、新生ＪＲの意向には素直に従わないが、置かれた立場は百も承知だ。国鉄改革を旧態依然の企業体質を変える好機とも捉え、日本食堂独自のリストラに取り組むことになる。

持ち株ゼロでスタートしたＪＲ東日本も日本食堂をどう扱うかは難題だったが、国鉄改革のスキームに則れば、日本食堂株取得は当然ということになる。だが、株価が高いことが障壁となった。好スタートを切ったＪＲ東日本もまだ資金繰りには余裕はない。90年、日本鉄道共済組合株を引き継いだ国鉄清算事業団所有株のうち、出資比率22・6％分をＪＲ東日本が取得、ようやく筆頭株主に躍り出た。

株価の評価が高いのは予想以上に国鉄系企業が資産を持っているからにほかならない。日本食堂は国鉄のダミー的企業でもあり、株価の算定方式は純資産方式と類似業種方式を併用したが、土地持ちで株価は１株１２００円と額面の24倍の高値を付けた。旅客会社は分割民営化で鉄道用地以外は時価で承継しているが、分割民営化の波を受けていない国鉄系企業は一等地の土地、株式をそのまま簿価で保有しており、含み資産は大きいものがある。もっぱら鉄道再生に専念し、エキナカ、エキソトを視野に入れる余裕のなかった国鉄改革の仕掛けを垣間見ることができる。この含みの大きさが日本食堂の場合、良い形で顕在化するが、後述する弘済建物の不祥事は悪い形でスキャンダル化することになる。

表2-4　日本食堂の株主一覧（創業時）

株主名	持株数（株）	所有率（%）
日本鉄道共済組合	4,275,865	33.7
財団法人鉄道弘済会	2,114,680	16.7
岡本省三	1,363,380	10.7
岡本喜美子	1,363,380	10.7
財団法人日本交通公社	1,060,870	8.3
大泉雅弘	583,155	4.6
大泉信太郎	460,660	3.6
株式会社伯養軒	236,375	1.9
その他個人株主等	1,241,635	9.8
合計	12,700,000	100.0

（『日本食堂60年史』）

その後、92年にはＪＲ東日本出資比率60・6％と過半数を超えた。96年同70・3％、鉄道弘済会17・4％、財団法人日本交通公社8・7％などで、ようやく名実ともにＪＲ東日本の子会社となった（**表2-5**）。

もう１つの長引いた要因は個人株主の譲渡が難航したためだ。個人株主筆頭の21・4％を持つ精養軒の岡本家や伯養軒の大泉家は、日本食堂創業6社（みかど、精養軒、東洋軒、東松軒、共進亭、伯養軒）の1社でもある。そのほかの個人株主も、日本食堂発展に貢献してきた関係者で、新生ＪＲになったから持ち株を手放すのは当然と言われても、なかなか納得できないし、今後の取引を考えても、その見返りも期待外れというのが本音だろう。

個人株主が多いのは、その設立の経緯に由来する。日本食堂は

表2-5　日本食堂の株主一覧（1996年現在）

株主名	持株数（株）	所有率（%）
東日本旅客鉄道株式会社	8,556,580	70.3
財団法人鉄道弘済会	2,114,680	17.4
財団法人日本交通公社	1,060,870	8.7
東日本キヨスク株式会社	195,945	1.6
株式会社鉄道会館	150,865	1.2
株式会社JR東日本都市開発	100,860	0.8
合計	12,179,800	100.0

（『日本食堂60年史』）

1938年10月、食堂車の業務改善、サービス改善のため、主要食堂車6社の列車食堂部門を合併した民間企業として発足した。同年4月、国家総動員法が公布され、食材事情が厳しくなる中で、統制色が一段と強まっていたことが日本食堂設立の背景にある。発足時は民間企業だが、実質的には戦時体制へ向けての政府管轄下の会社で、日本食堂設立には鉄道省旅客課長だった堀木鎌三の貢献が大きい。堀木は鉄道弘済会創立の貢献者の1人で、鉄道弘済会の「育ての親」と言われているのは前述した通りだ。

設立時には社長は空席で、専務に就任した精養軒の岡本正次郎が実質トップとなった。39年2月初代社長には鉄道省旅客課長の菊池信次が就任した。同6月には国鉄共済組合（代表者＝鉄道大臣）が、みかどの後藤鉄二郎の持ち株を譲り受け、持ち株37・1％を所有する筆頭株主に躍り出て、名実ともに国家管理色の強い会社となった。

みかど所有株の共済組合への譲渡について、みかどの80年史『みかど八十年を顧みて』（みかど株式会社社長室編、1986年）によると、みかど創業者の後藤鉄二郎は「国策の遂行に協力することこそ国民の義務であり、国に報ゆる『銃後の赤誠《せきせい》』である使命感を真剣に考察して、旅客課長堀木氏の意図のとおり譲渡すること決行しました」と、「国鉄一家」の心意気を見せたと、その経緯を詳述している。鉄道ばかりでなく、エキナカ企業も国と不即不離の信頼関係にあったことがうかがわれる。

こうした信頼関係が戦前、戦中、戦後と平時有事にかかわらず、良きにつけ悪しきにつけ、しがらみを抱えながら、綿々と続いていた行き着く先が国鉄分割民営化だったと言えよう。

社名は「日本列車食堂」とする案も有力だったが、食堂、小売りなどへの進出を考慮し、「日本食堂」にしたという。鉄道のオンレールだけでなく、エキナカへの進出を先取りしていたことが日本食堂発展の礎となった。国鉄旅客の供食すべてを賄おうというもので、構内食堂への進出も、創業の年の38年と早い。北海道稚内港駅の桟橋待合所の駅構内食堂が第1号で、第2号が39年、広島駅構内の広島駅食堂に出資する形で進出、その後も全国各地の駅構内食堂に出店した（**図2-9**）。戦後はさらに経営多角化を進め、列車食堂と車内販売、駅構内での飲食店舗、弁当販売の3部門を柱とした国鉄旅客サービスの一環として飲食事業を展開していった。64年に開催された東京オリンピックから70年大阪万国博覧会へと国家的イベントも追い風となり、ついには外食トップに躍り出た。

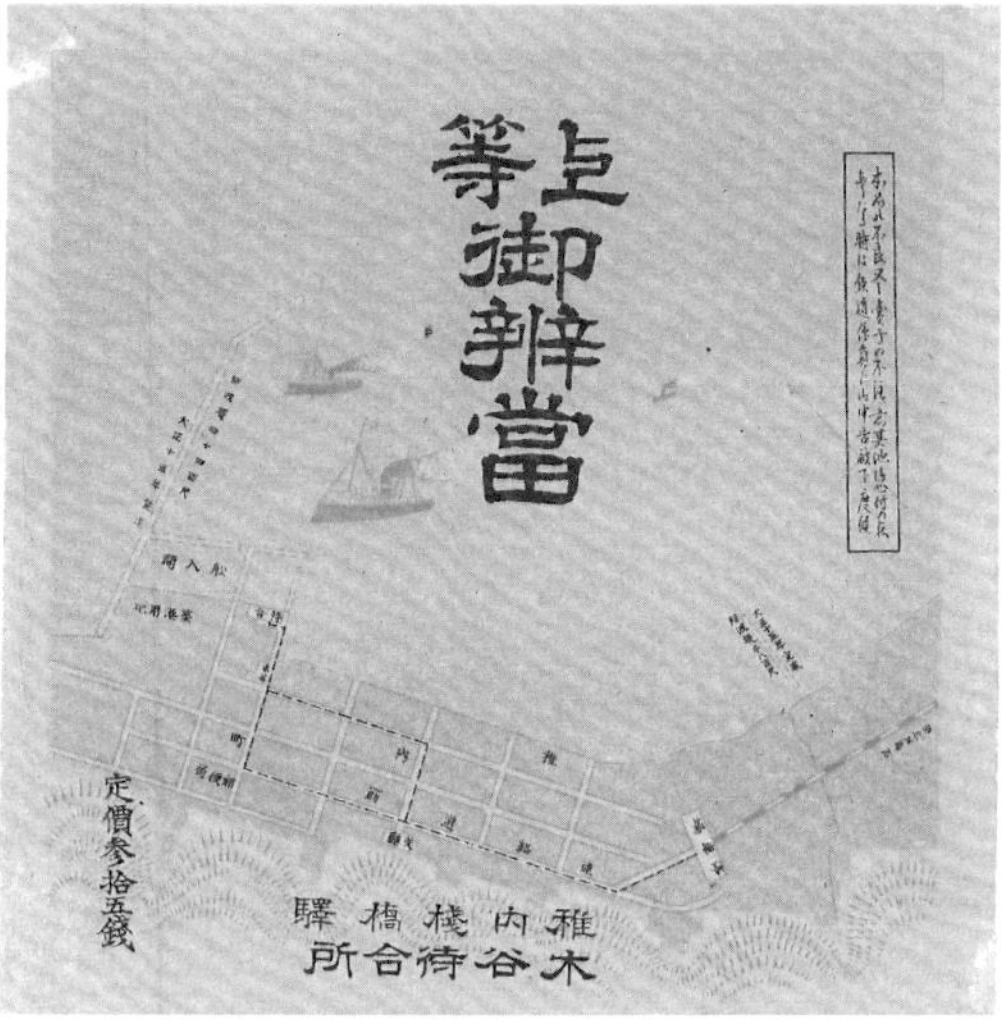

（提供：泉和夫氏）

図2-9　稚内構内桟橋待合所の上等御弁当の掛け紙

外食業界ランキング（ホテルレストラン誌調べ）によると、売上高76年度４１１億円、77年度４２０億円、78年度４３３億円と3年連続外食トップをキープした。翌年は小僧寿しチェーンに抜かれ2位に。以降、ファミリーレストラン、ファストフードなど外食ブームの本格到来に加え、コンビニエンスストア人気に押され、ランキングは大幅後退を余儀なくされた。84年には「外食トップ10」ランキングから脱落した。

昭和50年代前半の外食ブームの本格的な到来までは、外食の主流は鉄道旅行の際、利用する食堂車、駅弁、構内食堂などが主だった。国鉄利用の外食がそのまま日本全体の外食利用に反映されていたわけで、いかにエキナカ市場が巨大だったかを示す証左と言えよう。

✣食堂車トップ謳歌とその後の衰退

もともと鉄道供食の必要は長時間乗車から始まった。鉄道の発達とともに、「旅の食」の質も高まっていく。鉄道が開通した1872（明治5）年に、早くも始発駅の新橋駅構内に料理店が開業している。その後、車内販売が開始され、駅弁が導入、そして食堂車に発展した。それぞれが同時並行で、競争しながら、独自に発展した。駅弁は外から持ち込む中食だが、列車内に供食設備を備えた食堂車があれば、旅の食は懐《ふところ》具合を考えなければ万全と言える。旅行中に食堂車で景色を眺めながら食べるというのは贅沢《ぜいたく》そのもので、富裕層中心に食堂車人気は急速に高まっていく。「富裕層は食堂車、それ以外は駅弁」という図式だ。

食堂車は1899年6月、民間鉄道の山陽鉄道が急行列車に連結したのがその始まりで、営業にあたったのは神戸の自由亭（その後のみかど）だ。官設鉄道では1901年に東海道線の新橋―国府津間、沼津―馬場（現膳所）間、京都―神戸間、私設鉄道の日本鉄道では03年6月に上野―青森間で、それぞれ食堂車が導入された。

食堂車導入から7年後の06年3月、鉄道国有法施行に伴い、食堂車も国鉄として一本化したが、09年には国鉄は直営をやめ、すべての食堂車について、請負営業制度に改めた。

食堂車で食事するというのは一種のステータスで、料理が洋食のフルサービスから始まったことを見ても、庶民には高嶺の花の存在だった。当時の食堂車の写真を見ると、女性は上品で優雅な服装に身を包み、一目で上流階級とわかる雰囲気を醸し出している（**図2-10**）。

要人には食堂車ファンは多い。キッコーマン会長の茂木友三郎もその１人だ。２００６（平成18）年２月、キッコーマン本社で筆者に対しこう語った。「学生時代から汽車に乗るのは好きだったが、とりわけ食堂車に郷愁を感じる。たしか、特急はとは日本食堂が運営し、特急つばめは帝国ホテルが運営していたはずだ」と、食堂車の常連だった昔を懐かしむ。キッコーマンはかつて鉄道保有に関係していたこともあり、鉄道への愛着は強い。

その後、戦時体制下に入り、食堂車どころではなくなり、１９４４年４月の国家総動員法施行前の同３月に食堂車は全面休止となる。

（『日本食堂60年史』）

図2-10　食堂車

復活は戦後となり、ＧＨＱ専用の食堂車から復活した（**図2-11**）。国内旅客向け再開は49年で、戦後の旅の大衆化とともに、食堂車も富裕層から大衆化し、一気に普及する。

再開後の食堂車は日本食堂独占体制が続き、サービス低下など独占の弊害に批判が高まり、53年８月、帝国ホテル、次いで都ホテル、新大阪ホテルの参入が認められた。58年11月には特急こだまの新投入に伴いビュフェ車が登場、一段と大衆化が進んだ。

国鉄事業局発行の『関連事業の歩み』（日本国有鉄道事業局編、１９８１年）によると、61年10月のダイヤ改正では食堂車受け持ち列車数は計51往復で、内訳は日本食堂41、帝国ホテル４、都ホテル４、新大阪ホテル２、日本食堂がその８割を占めた。68年のダイヤ改正では、計１３５往復で、内訳は63年に参入した鉄道弘済会33・５、日本食堂88とともに国鉄関連企業が９割を占め、民間企業は相変わらず少なく、「国鉄一家」の寡占状態が続いた。

（『日本食堂60年史』）

図2-11　進駐軍専用食堂車

日本食堂は国鉄系企業の既得権益の恩恵を受け、昭和40年代後半まで、日本各地への鉄道網の発達とともに特急列車や急行列車に連結されている食堂車やビュフェの営業、車内販売などにより、売り上げを大きく伸ばしていった。

ところが、72年11月の北陸トンネルの火災事故で30人もの犠牲者を出した上、火元になったのが食堂車だったことを契機に、特急から食堂車は廃止された。さらに昭和50年代に入るとマイカーの普及や高速道路の整備などに加え、新幹線の延伸や開業、列車のスピードアップなどにより、列車内での食需要が減少し、食堂車削減の動きが顕著になった。ストライキ多発、順法闘争、さらには国鉄運賃値上げなどにより「国鉄離れ」も加速、食堂車人気の離散につながった。

85年3月のダイヤ改正で九州方面のブルートレインと北海道を除く在来線の食堂車が廃止され、翌年には北海道からも食堂車は姿を消してしまった。さらに93年3月、九州方面のブルートレインからも食堂車が廃止となり、食堂車は事実上の撤退を余儀なくされた。

JR発足後は装いも新たに、豪華寝台列車が登場した。88年3月のダイヤ改正で登場した上野─札幌間の寝台特急・北斗星で、個室寝台やロビーカー、食堂車を連結した、日本初の豪華寝台列車とも言われた人気の列車で、日本食堂が担当した食堂車グランシャリオも人気を博した。北斗星は改造車両だったが、99年には新造のカシオペアが登場し豪華寝台列車ブームとなった。ブームを先導した北斗星も15年に運行終了、カシオペアも16年定期運行からは撤退している。北斗星もカシオペアも、食堂車は日本食堂（後の日本レストランエンタプライズ、ＮＲＥ）が担当したが、採算を取るのは難しく、経営の柱にはなり得なかった。

✣ 車内販売もじり貧

鉄道供食サービスのもう一方の柱、車内販売も、列車乗車時間の減少とともに、衰退の道を歩んだ。駅ホームでの弁当類の立ち売りは駅の風物詩でもあったが、58年11月、東海道本線特急・こだまが固定式窓を採用し立ち売りが不便になったことで、かわりに列車に乗車して弁当類の販売する会社を許可することになった。日本食堂と共同出資の形で、61年前後に各地に車販会社が設立されたが、乱立気味で、車販会社同士の競合も目立ち、採算は悪化していった。87年の国鉄分割民営化時には38社に達し、94年10月から車販会社の統合による体制再構築を図った。１列車１業者の原則とし、車内販売の効率化、沿線弁当会社の弁当販売を拡大しようと目論んだ。それでも経営悪化は続いたため、日本食堂は車販会社８社の株式を引き取る形で、施設を含めた車販業務の一元化に踏み切り、97年、一元化は完了した。一元化しても、依然、車内販売の採算は厳しく、15年３月開業の北陸新幹線・長野―金沢間開業では直江津以西エリア担当のＪＲ西日本は車内販売を辞退し、車内販売はＮＲＥに一本化している。

ＮＲＥの車販業務は19年設立のＪＲ東日本サービスクリエーションに移管し、ＪＲ東日本１００％出資のＪＲ東日本サービスクリエーションが車内販売、案内サービスのほか、車内改札という車掌業務の一部も受け持っている。ＪＲ東海系のＪＲ東海パッセンジャーズでも車販業務のほか、新幹線の車掌業務を実施、両社とも、運輸付帯サービス、ＪＲからの業務委託事業を基本とするスタンスだ。

ＪＲ西日本では同様に、ＪＲ西日本フードサービスネットが車内販売活性化策に取り組むが、コロナ禍の折り、車内販売で採算を取ることは難しい。ＮＲＥはかつて主力だった鉄道供食サービスの食堂車、車内販売から事実上撤退し、駅弁など弁当、食品製造、外食を３本柱とする外食産業に変貌した。

21年４月にはエキナカ４社を合併し、ＪＲ東日本クロスステーション（ＪＲクロス）が誕生した。合併した４社は旧鉄道弘済会のＪＲ東日本リテールネットが存続会社で、ほかにＪＲ東日本ウォータービジネス、鉄道会館と旧ＮＲＥのＪＲ東日本フーズ。ＮＲＥはＪＲ東日本のエキナカ再編成の一環として、２０１９年ＪＲ東日本フードビジネスを吸収合併し、ＪＲ東日本フーズに社名変更している。ＪＲ東日本フーズはＪＲクロス傘下のフーズカンパニーとなり、法人としては消滅した。

✣ エキナカ改革の仕上げ、ＪＲ東日本クロスステーション誕生

ＪＲクロスはＪＲ東日本のグループ経営ビジョン「変革２０２７」の「ヒトを起点とした新たな価値・サービス創造」の具体策として、駅の価値最大化を目指す一環という理念の下に誕生した。その一方で、歴史あるリテール、フーズ、鉄道会館、ウォーターのエキナカカンパニー４社の組織統一、意思統一を図り、ＪＲ発足時から懸案であった、エキナカ改革の総仕上げを実現しようというものだ。

限られたエキナカ一等地を巡り、エキナカ老舗同士の競合が目立ったが、これを一本化し、今度はカンパニーを越えたクロス施策を展開することで、「相互乗り入れ」効果を狙う。クロス施策は出店、店舗配置の最適化、バックヤードの共有化、エキナカ入金施設の共同利用、イベントスペースの創出―など、着実にエキナカ企業ならではの統合効果を生んでいる。駅弁がエキナカコンビニ・ＮｅｗＤａｙｓでも手に入るなど、顧客の利便性は高まっている。コロナ禍の影響で、ＪＲクロス決算は20年度、21年度と営業赤字を余儀なくされたが、22年度は営業黒字達成を目指す。ＪＲ発足から35年の歳月を要したエキナカ改革は国鉄系企業グループの国鉄改革の総仕上げでもあった。

第3章

国鉄改革をエキナカから考える

国鉄危機は「国家の危機」

国鉄改革は複雑多岐にわたり、ややこしい。鉄道再生に特化した見方を採るか、エキナカ視点を含めた事業体として見るかで、見える景色はまったく変わってしまう。ここでは事業体、そして経営体としての再生を図った政府の意図を踏まえ、国鉄改革はどんなものだったかおさらいしてみよう（**表3-1**）。

国鉄改革を解くキーワードは第1に「分割」、第2に「現実的対応」だ。1981（昭和56）年3月設置の第二次臨時行政調査会（第二臨調、会長＝土光敏夫、通称土光臨調）は「増税なき財政再建」を掲げ、国民の支持を背景に、答申では国鉄の分割民営化ばかりでなく、日本電信電話公社（NTT）についても分割民営化を答申した。NTTに対しては厳しい対応を迫ることなく、全国一本の民営化が実現したが、なぜ国鉄には厳しい解体作業を迫ったのか。ここに時の政府の危機意識を垣間見ることができる。国鉄をこのまま放置すると財政危機、金融不安顕在化のきっかけとなりかねない。国鉄は今にも爆発しそうな弾薬庫のような存在だったわけで、財政赤字タレ流しの元凶・国鉄赤字の止血が国家的命題だった。

82年7月の土光臨調（以下臨調と表記）答申でも、85年7月発表の国鉄再建監理委員会答申でも、もっぱら鉄道再生問題に特化して論じられてきた。しかし政府の本音は鉄道再生を論じる以前に、国鉄が国の「財政危機の縮図」「雇用危機の縮図」であり、「国鉄危機は国家の危機」と位置付けていた。国鉄改革は国家レベルの危機打開のための国鉄解体・再構築作業で、同時に鉄道再生を図るという難事業であったことを忘れてはならない。この政府としての危機感がすべての前提にある。

表3-1　国鉄の分割民営化に至る経緯

1949年6月	国鉄が公共企業体として発足
1964年度	東海道新幹線開業 国鉄が単年度赤字を計上 →1980年度以降は毎年1兆円を超える赤字
1969年度以降	4次にわたる再建対策を実施 第1次再建対策（1969～1972年度） 第2次再建対策（1973～1975年度） 第3次再建対策（1976～1977年度）※途中で～79年度に変更された。 第4次再建対策（1979年度～）
1981年3月	第二次臨時行政調査会（臨調）設置
1982年7月	第二次臨時行政調査会「行政改革に関する第3次答申」（基本答申） （国鉄の5年以内の分割と民営化、その推進体制として国鉄再建監理委員会の設置が盛り込まれた）
1983年6月	日本国有鉄道再建監理委員会が発足
1985年7月	日本国有鉄道再建監理委員会「国鉄改革に関する意見」
1985年11月	運輸省「新しい貨物鉄道会社のあり方について」
1986年2月	国鉄改革関連5法案　閣議決定
1986年3月	国鉄改革関連3法案　閣議決定
1986年9月	国鉄改革関連8法案　国会審議（～11月）
1986年11月	国鉄改革関連8法　成立
1986年12月	国鉄改革関連8法　公布
1987年4月	国鉄の分割民営化

（国土交通省）

もう一つ、国鉄労働争議に起因する雇用不安、社会不安の懸念だ。75年11月のスト権スト（ストライキ権奪還ストライキ）を見ても、鉄道貨物は地に落ちたし、国鉄離れは深刻な問題となっていた。労働組合、政治家の介入の前に、経営自主性はないに等しく、国鉄改革に伴う余剰人員問題は一歩誤れば国家レベルの雇用不安、社会不安を引き起こす懸念すらあった。

✣はじめに分割ありき

そのための手段のキーワードの第1が「はじめに分割ありき」だ。「地域分割」は当然で、次にできれば「労働分割」だ。国鉄サイドが最後までこだわった「民営化、その先の分割」ではない。国鉄改革はこうした国家レベルの思惑と破たん国鉄の事業再生を併せワザで実現しようという過去に例をみない大改革で、「戦後最大の大改革」と言われるゆえんだ。国鉄改革の成否は国の思惑から見れば、87年4月、ＪＲ発足の株式会社化時点、鉄道再生から見れば、ＪＲ７社完全民営化にメドがついた時点という2段階で判断する必要がある。国家レベルの危機については国鉄を震源地とすることが避けられた点では成功、鉄道再生についてはまだ道半ばと言えよう。

　そもそも土光臨調の「増税なき財政再建」というのは、国民には心地良く響く政策だが、よく考えてみると、低成長下で財政を均衡させるには増税か、歳出削減しかない。増税ができず、歳出削減も無理とすれば、国鉄危機問題を「行財政改革の目玉」とすることで、国民の支持を集めようとする、極めて政治的な手法であり、選挙対策でもあった。

　臨調答申から3年後の85年7月、国鉄改革の具体的な処方箋を書いた国鉄再建監理委員会（監理委委員長＝亀井正夫）は「国鉄改革に関する意見—鉄道の未来を拓くために—」を答申した。政府に対し国鉄改革を「国政上の最重要課題」と位置付け、その断行を求めている。当然、国鉄の経営体については、明確に破産会社として位置付け、厳しいリストラを要求するとともに、長期債務処理などの財務面では大胆に切り込んでいる。監理委答申は本文１５２ページにわたり、国鉄事業再生の縷々《るる》訴えているが、国家レベルの危機打開と同時達成の鉄道再生シナリオだから、時には鉄道再生としては矛盾点が多いことも特徴と言える。

　改革の第2のキーワードは「現実的対応」。臨調設置以降、国鉄分割民営化実現まで一貫していたのが、この「現実的対応」路線だ。移り気な世論をにらみながら、鉄道再生の理想と現実の狭間で、政治家のエゴ、大蔵省（現財務省）、運輸省（現国土交通省）など官庁の省益のカベ、労働組合同士の確執、労使を巻き込んだ国鉄内部権力争い—など、入り組んだ政治、経済、社会問題を一つ一つ解きほぐしながらの作業を強いられる。時には妥協し、時には理不尽な結果も受容し、時には強権発動する。その都度その都度、軌道修正を加え、限られた期限に軟着陸させるという難しい芸当を実現しなければならない。「風見鶏の宰相」と揶揄《やゆ》された首相の中曽根康弘には打ってつけの舞台装置が整っていたとも言える。脆《もろ》さが露呈すれば、一気に財政危機、雇用危機、社会不安に直結するという危機認識がすべての根底にあった。

毎年1兆円以上の国鉄の赤字を止血するためにも「分割民営化」、そして「現実的対応」は避けては通れない。国鉄は公共企業体のため、会社更生法などは適用できないから、国鉄改革関連8法など新法を制定し、国鉄債務は新会社と特殊法人国鉄清算事業団に仕分けされた。破たん企業と同様、徹底したリストラ実施が求められるが、破たん企業との決定的な違いは、膨大な財政投融資資金が投入されていることで、問われるはずの金融機関の貸し手責任が一切問われない。更生法では当然なこととしての債権カット、金利タナ上げも回避され、民間債務もすべて約定通り返済されることになった。と号債（縁故債）の年9・2％という高利率の債券もすべて償還され、縁故債はデフォルト懸念から一気にプラチナ債券に一変することになった。破たん企業処理では考えられない柔軟かつ理不尽なスキームでもある。一歩誤れば金融不安に陥る可能性があるためだ。あくまで財政危機への発火点となることを避ける「現実的対応」と言えよう。

この理不尽な「現実的対応」がＪＲ発足後、金融機関が競って営業攻勢をかける「ＪＲ詣で」を生み、立ち上がりの好調を下支えした。財政危機への弾薬庫のリスクは回避されたが、債務問題がその後も引きずり、解決したわけではない。

87年4月時に25兆５０００億円だった国鉄清算事業団債務は事業団解散時の１９９８（平成10）年度10月には利子が利子を生み、28兆３０００億円とむしろ増えてしまった。事業団解散に伴う国鉄債務処理では、一般会計が24兆円を、日本鉄道建設公団（現鉄道建設・運輸施設整備支援機構、鉄道・運輸機構）が4兆円を、それぞれ引き継ぐことなどで決着した。２０２１（令和3）年3月末で国鉄債務はまだ15兆９３００億円も残っているが、一応国鉄債務の呪縛からは開放されている。

✣国鉄の二の舞が懸念される日本銀行

国鉄の課題先送り体質は「日本国」そのものの体質で、国鉄が「日本の縮図」と言われたのもそのためだ。問題の本質は承知しているが、改革をやろうとしても既存の力、抵抗勢力の力は強く、改革は中途半端に終わる。内科的治療では済まなくなり、外科手術の必要も理解はするが、なんとか外科手術だけは避けたい。それではいけないと、また再建策に取り組むが何度やっても同じ。今の日本は以前の国鉄と同じ悩みを抱えている。

国鉄危機以降、財政危機はさらに深刻化し、コロナ禍で、財政再建の話は吹き飛んでいるが、国はさらなる危機を迎えている。安倍晋三内閣、菅義偉内閣を引き継いだ岸田文雄内閣はナゾの「新しい資本主義」で財政危機を吸収していこうとしているが、そんなことは何度やっても同じなことは国鉄危機を学習してみれば明らかだ。

国鉄に代わる新たな弾薬庫として日本銀行が登場している。日銀の独立性が懸念され「昔国鉄、今日本銀行」の図式だ。日銀総裁・黒田東彦の「異次元緩和」での国債買い上げは、事実上の財政ファイナンスとも言われている。

米国連邦準備理事会（ＦＲＢ）、欧州中央銀行（ＥＣＢ）が利上げ、金融引き締めという金融正常化に踏み切る中で、日銀だけが未だに中央銀行の資産を膨らますという奇策を続けている。安倍内閣、菅内閣に続き、岸田内閣も22年5月31日に成立した補正予算の財源は全額国債で、政府・日銀相携えての低金利政策推進策だ。この結果、日銀の総資産は膨らむばかりで、リーマンショック前の07年に１００兆円だったのが、22年3月末には７３６兆２５３５億円と7・3倍にも膨らんだ。短期金利は上昇し、日銀が銀行から預かっている当座預金５６３兆円に付利１％を付けるとすれば、５兆円以上の利払いが発生する。日銀の純資産は4兆７０２４億円だから、わずか付利１％を課すことで、民間企業で言えば債務超過に陥ってしまう。まさに崖っぷちのバランスシートとも言えそうだ。

ＦＲＢの保有資産はリーマンショック前の９０００億ドルから14年に4兆ドル超に膨らみ、18年にはテーパリング

（資産縮小）を開始し、19年には4兆ドル台を割ったが、コロナ禍で再び急増、22年3月では8兆9000億ドルに達している。リーマンショック前からは10倍という急増ぶりだ。

インフレ進行で、欧米の金融緩和は終焉《しゅうえん》し、金利上昇に転じているが、日銀だけが動けない。金融正常化という選択肢を持てず円安を享受せざるを得ない。ECBがマイナス金利からゼロ金利に戻すことに動き出しても、日銀は追随する気配はないし、追随できるだけの体力もない。

財政危機のもう1つの指標が国の債務残高に対する国内総生産（GDP）の比率だ。国際通貨基金（IMF）推計によると、21年は日本が256％で、国の債務がGDPの2・5倍以上になる。先進国では断然トップで、日本より悪いのはベネズエラぐらいで、途上国を含め世界2位となる。09年のギリシャ危機で話題になったギリシャでも198％で、日本よりましだ。イタリア154％、米国133％、フランス115％、英国108％、ドイツが72％などだ。指標はコロナ禍で悪化し、欧州連合（EU）では、財政健全度の目安「60％以内」の目標達成を先送りしているが、金融正常化に転じたのを機に財政健全化に向け動き出す気配も見せ始めている。

黒田日銀の台所事情で、利上げもできない、量的引き締めもできないという自縄自縛状態に陥っている。財務事務次官・矢野康治が雑誌『文藝春秋』の21年11月号に寄稿した「タイタニック号のように、財政破たんに向け突進している」ことが現実として近付いている。

✣したたかな政府。鉄道再生論議に終始しエキナカ論は回避

臨調・監理委側も最初から分割を打ち出したわけではない。臨調答申では「分割民営化」を明確に打ち出したのに、監理委発足当初は分割を明快に打ち出さず、日和見《ひよりみ》を決め込んだ。分割を公式に打ち出したのは発足1年後の84年8月の「緊急提言」で、答申1年前だ。それほど政府・臨調監理委側の意見固めに労力を要し、かつ慎重を期した

案件だ。

分割の意味は企業として効率的な形態にするために分割が有効だという経済的側面と、労働組合の力を削ぐための分割との2つの側面がある。経営形態としての地域分割論議が盛んで、監理委は「分割後、旅客流動の9割は地域内で完結する」など、経済上の分割メリットをさかんに強調していたが、地域分割は労働分割の導入に過ぎない。労働分割があって初めて雇用が安定し、企業としての経営自主性回復が可能という、「まずは労働分割ありき」だったと、臨調第4部会長、監理委員長代理だった慶應義塾大学教授・加藤寛は96年12月、筆者のインタビューに対し、こう述懐していた。首相・中曽根も後日談として、同様の発言を繰り返している。

分割に伴う余剰人員対策で一歩、間違えれば社会不安を起こす懸念もあった。中曽根自ら「ひとりも路頭に迷わせない」という有名な大見得を切り、監理委答申の半月後に政府の余剰人員雇用対策本部長に自ら就任したことも、労働分割という荒療治が雇用不安、社会不安につながりかねない懸念があったことの証左と言えよう。国家レベルのミッションの存在が、国鉄改革をより複雑なものにした。

監理委答申にはエキナカ視点の欠落も大きな特徴で、複雑さに拍車をかけている。法制上の厳しい制約があったとは言え、鉄道と同じ150年の歴史を有し、すでにエキナカは実質、巨大市場に成長していたことも承知の上だ。監理委答申では関連事業に触れたのはわずか9行。「駅の集客機能、鉄道用地の高度利用の可能性に着目して流通業や通信事業に至るまで、新たな着想の下に、多角的弾力的な事業活動を展開する」というだけ。複雑怪奇な国鉄改革の仕掛けから見れば、「現実的対応」と言えなくもない。

第1章で取り上げた「駅空間」の潜在力については「高度利用の可能性」の一言のみ。国鉄用地敷地については国鉄事業団用地とJR用地との仕分けでは事細かくこだわり、鉄道用地は簿価での承継を承認したが、社宅など鉄道用地以外は時価承継となった。JR東日本の東京千代田区の四番町社宅などはJR発足時点で、含み損が発生するなど、厳しい仕分けに徹した。

これに対し、駅空間についての精査は回避している。地価への関心に比べると雲泥の差だ。国鉄末期の86年7月からJR発足後の87年11月まで、当時の建設相だった天野光晴がぶち上げた東京駅超高層化ビル構想も駅の高度利用、容積率緩和策の底力を織り込んでの構想だった。駅空間については平面利用と違い、短期間での計数化が不可能であり、当時の東京都も容積率緩和策には消極的だったことで、不透明な含みはカウントできないし、あえてカウントしないという「現実的対応」を見せた。世論も国鉄用地の地価については厳しい目を向けていたが、理解しにくい不動産の含みについては関心の外だったことも幸いした。

国鉄関連子会社の持つ不動産の含み、駅構内のエキナカの資産、権利などについても、分割された地域のJRの裁量に委ねた。構内営業の老舗、駅弁業者についても後述するように、運輸省・監理委の方針がギリギリまで決まらず、駅弁業者がヤキモキしていたくらいで、政府は鉄道だけで手一杯のまま、JR発足を迎えることになる。

✣キーワードは「現実的対応」

鉄道事業の分割への道は難航を極めた。分割を巡り、国鉄内部は混乱し、政府側も臨調・監理委、大蔵省、運輸省との三すくみの構造が事態を一段とややこしくしていた。

国鉄側は当初、民営化にも消極的で、分割には絶対反対。百歩譲っても、民営化まで。監理委が熱心に分割の経済メリットを説いて歩いたものだから、国鉄側は全国一本の鉄道運営の利便性、経済メリットを強調し、鉄道素人の監理委を論破することに躍起になった。

国鉄側が分割反対に固執したのは監理委が国家行政組織法に基づく8条委員会だったことで、監理委の力を甘く見ていた感は否めない。公正取引委員会のように行政処分権を持つ3条委員会か、8条委員会かで揺れに揺れ、83年6

月国家行政組織法8条に基づく諮問委員会で決着した。国鉄側では8条委員会というのは総理府傘下の審議会であり、省庁に意見を述べる補助機関に過ぎない。当時、分割民営化には消極的だった運輸省は最終的には影響力行使可能とみていた。

これに対し臨調・監理委員会側は監理委発足の段階で「総理は答申を尊重する義務を負う」という文言の織り込みに成功した。この限りなく3条に近い8条委員会となり、委員会は〝鵺《ぬえ》〟のような存在として、終始、改革の論戦をリードすることになる。鵺とは顔がサル、胴体がタヌキ、下半身がトラ、尾はヘビなどと言われる架空の動物で、一面から見ればタヌキに見え、別の面からはトラにも見える。国鉄側から見れば8条委員会で、監理委側から見れば実質3条委員会ということになる。「鵺の手法」は国鉄改革の謎を解くカギの1つで、後述する整備新幹線にも多用されている。

臨調側はしたたかだ。力づくで、分割を推し進める手法は採らない。分割への着地に向け、柔軟な姿勢、修正姿勢を見せながら、現実的に一歩一歩、進める手法「現実的対応」に徹していく。国の財政を脅かす国鉄債務問題、社会を脅かす労働運動の勢力を削ぐ労働分割問題と鉄道再生を同時達成するには分割民営化は譲れない。国鉄内部の混乱を承知の上で、着地を探るスタンスはそれだけ労働分割が国家的命題で実現の困難さを象徴しているかのようだ。

監理委の審議の過程で、運輸省は分割への政府の意志の固さに気付くとともに監理委が運輸省のグリップを超えた機関と実感し、しだいに分割民営化に転換していくという「現実的対応」を見せた。これに対し国鉄側は監理委に直接、人を送り込んでいないこと、親国鉄の政治家を動員すればなんとかなるという甘さとが相まって、政府の判断を見誤ったとも言える。政治介入で破たんに追い込まれたのに、また政治頼みという愚を重ねた。

運輸省の方針転換を横目で見ながらも、国鉄側は鉄道の特性から見ても分割だけは避けたい。そもそも国鉄がここまで悪くなったのは「国鉄だけのせいなのか」との開き直りの気持ちもある。

国鉄破たんの遠因には、公共企業体という公社制度自体にある。国営鉄道だったのが、47年、連合国軍総司令部（GHQ）の命令により公社制度に変更した。公社としての公共性と企業としての公共性を同時に追求しようと理想的な経営体を模索した。ところが、この公共企業体としての利点であるはずの経営形態が政治家、労働組合の介入を許し、経営の自主性を奪ってしまった。設備投資、運賃の決定、総裁人事には国会の承認が必要で、賃金の決定には公共企業体等労働委員会（公労委）の裁定が必要なため政治家、労働組合との妥協を余儀なくされた。責任体制があいまいで、経営の自主性もない。ピーク時には年2兆円近い赤字を出しながら、1兆円超の設備投資を強要される。「こんな私に誰がした」という心境と言える。こうした惨状を「一億総タカリ」と呼んだのは交通評論家の角本良平で、いち早く分割民営化を主張した人だ。

それでも地域独占、交通市場での独占状態があるうちはまだ先送りが可能だった。クルマ社会の到来に加え、航空機の利用も拡大し、貨物、旅客ともに競争力が減衰していった。旅客は55年度のシェア55％が、86年度には23％に。貨物は同52％が5％とツルベ落しだ。国鉄は65年度に赤字転落、71年度には償却前利益で赤字に転落した。

✣幻の国鉄自主再建計画。鉄道再生に特化すれば再建可能

国鉄自身も69年度から4次にわたり再建計画を策定してきた。75年12月策定の第3次再建計画では2兆5000億円の過去債務棚上げ、運賃大幅値上げなど抜本策が盛り込まれた。76年2月には大蔵省元事務次官だった高木文雄が国鉄総裁就任、財政支援を軸とした国鉄再建機運が芽生えたが、政治介入、労組介入の前に、なすすべなくかえって事態をこじらせる結果に終わった。

81年度を初年度とする最後の「経営改善計画」では、最終年度の85年度には要員42万4000人から7万4000人減の35万人体制とする計画だったのが、84年5月の修正計画では85年度には32万人体制という不退転の人員削減策

表3-2　基本方策収支試算

項目＼年度	1984年度	1990年度
営業収入	31,700億円	40,000億円
営業経費	42,300億円	39,800億円
営業損益	△10,600億円	200億円
営業外収入	4,700億円	5,600億円
営業外経費	11,200億円	5,200億円
営業外損益	△6,500億円	400億円
損益	△17,100億円	600億円

注：1984年度は予算を基にした概数値　（1985年2月 国鉄）

に取り組んだ。収支改善では「一般営業損益」「幹線損益」で同年度黒字計上を目標とした。いずれも増収、経費節減、合理化など国鉄自身の企業努力を純粋、如実に示す、わかりやすい数値目標だ。

計画前の80年度の幹線損益４１７５億円、一般営業損益４８７５億円とそれぞれ赤字だったのが、86年８月発表の国鉄監査委員会最終報告によると、幹線損益は１年前倒して黒字化し、一般営業損益は目標通り85年度から黒字化を達成した。同年度は幹線利益３１８９億円、一般営業利益３４０６億円を計上した。結果としてはこの見事な収益改善が罪作りとなり、国鉄経営陣としては政治案件を排除し、もっぱら鉄道再生問題に注力できれば、自力で更生可能という自信が芽生えたのかもしれない。

85年１月には幻の再建計画となる「経営改革のための基本方策」を発表し、全国一本での民営化を打ち出した（表3-2）。国鉄経営陣はこうした人員削減、合理化などリストラ実現で、現行組織の延長線上でも再生可能と判断し、せめて民営化から入り、うまくいかなければ地域分割を探る2段階方式での妥協を模索する。分割強行となると、荒れた国鉄内部を収束できず労使は持たないというのが本音だろう。「国鉄一家」を守るには労働組合となんらかの妥協点を見出したい。

ところが事態は自助努力の限界を超え、国鉄自らの再建計画では実効あるものになり得ないほど、悪化していた。賃金については仲裁裁定に委ねるという先送り、面従腹背型時間稼ぎの再建計画だと断定された。政府側の強硬姿勢に、第９代国鉄総裁・仁《に》杉《すぎ》巌《いわお》以下首脳陣は総辞職を余儀なくされ、最後になるはずの再建計画は日の目を見ず葬られた。

✣国鉄DNA「供給責任」意識は揺るがない

合理化すれば民営化はともかく、分割は避けられると信じて、血のにじみ出るような努力をし、結果も出した。鉄道を列車ダイヤ通りに動かすという「供給責任」意識は強烈だ。「供給責任」を土台とした「国鉄一家」意識は、宗教的ですらある。あの悪名高かった労働組合も「国鉄一家」意識は強い。ダイヤ通り動かすという「供給責任」を逆手に取ったのがスト権ストだったと言えよう。鉄道を止めるといえば、何でも要求が通るかのような甘えの戦術、「親方日の丸」体質が結果としては墓穴を掘ることになる。スト権ストで「市場原理」を学んだ国鉄動力車労働組合（動労）と、その後も旧態依然の姿勢を崩さなかった国鉄労働組合（国労）との闘争体制の違いがその後、明暗を分けることになる。

東京電力も「供給責任」を果たそうという完全主義が不幸を呼んだ。電力の「供給責任」を突き詰めれば、停電を起こさないという心意気だ。夏の冷房対策と高校野球のために電力のピーク対策としてコストの高い余剰電力を溜め込む。鉄道運賃も電力料金も総括原価方式で決まることからできる「供給責任」対策だが、「供給責任」に対するプライドは共通のものがある。国鉄は戦後の労働運動の拠点化しており、国鉄経営者も鍛えられたが、東電は反政府運動としての原子力発電反対運動に翻弄された。

極端にたとえれば、原子力発電に関係ない工場内の電球が切れても反原発運動に利用される。国鉄であれば、マスコミも労組も気にしない事象を、原発問題では事細かくマスコミに利用される。東電経営者は根気強く、反政府運動家であろうと、反社会の人、マッチポンプ体質の新聞記者でも全方位で、「原子力の安全は完璧」をきめ細かく説得して回った。「安全は完璧」を標榜《ひょうぼう》したことで、事故に備えることは自己矛盾に陥るとの論理が生まれ、事故への備え、天災への供えを躊躇《ちゅうちょ》することになる。真面目過ぎた優等生ならではの自己矛盾が、結果として東日本大震災の不幸につながる。

完璧を目指した東電の不幸を思えば、欠陥丸出しの国鉄は国民に愛された存在だっただけに、鉄道再生作業にも国民の目は温かい。

「国難」は脱却したが、「鉄道再生」は道半ば

✣ 改革シナリオは2段階、2層構造

国鉄改革のスキームは堅牢《けんろう》かつ柔軟で、「現実的対応」に特徴があることは前述した通りだ。加えて、分割・民営化されたＪＲ７社の経営は上部構造と下部構造に分かれた２層構造になっている。このことが複雑にしている。政府の責任で処理する下部構造と、ＪＲの責任で処理する上部構造とそれぞれ法律でキッチリ仕分けしてある。

仕掛けは分割民営化したＪＲ７社の経営の自立を図るという上部構造と、各社別には切り離せないＪＲ共通の下部構造の２層構造からでき上がっており、その矛盾を調整するために、３つの収益調整措置を構築した。上部構造では７つのＪＲが経営自主性を発揮し、お互い切磋琢磨《せっさたくま》しながら上場を目指す。下部構造は国鉄時代のしがらみを引きずったスキームだ（**図3-1**）。

収益調整措置はＪＲ本州３社の新幹線の収益を調整する「新幹線保有機構」と「経営安定基金」、ＪＲ貨物の線路使用料「アボイダブルコスト」の３つだ。

どれも一歩間違えば、ＪＲ経営の根幹を揺るがし、国鉄改革を振り出しに戻してしまう。国の機関と協調しなが

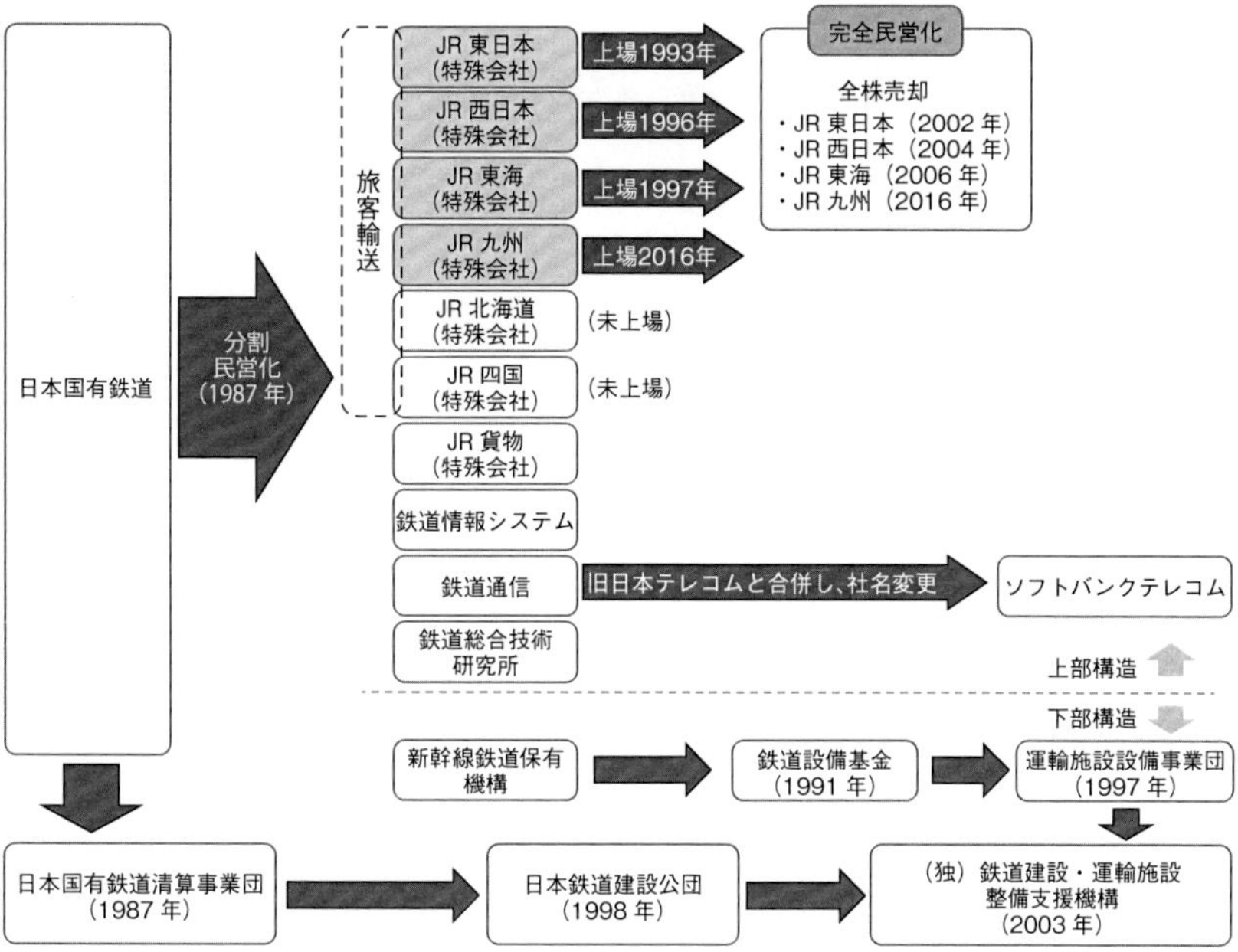

(国土交通省の資料を基に作成)

図3-1　国鉄改革後の組織形態

ら、民間企業間の競争の中で現実的な着地を図っていく。上部構造のJR各社は上場後も下部構造とは〝地下水脈〟でつながっている。その典型例が国鉄債務を引き継いだ本州3社とJR貨物の債務は上場後10年間、07年度までお互い債務保証していたことにも見られる。

JR各社の黒字の仕掛けもガラス細工のような脆《もろ》さを内包している。監理委は85年8月、84年度国鉄決算を基に、旅客6社の収支を試算したが、単純に収支を試算しても黒字はJR東海のみ。これも新幹線保有機構へのリース支払いを加味すると、赤字に転落する。これをベースに精査した85年9月にまとめた発足後5年間の経営見通しでは輸送需要は横ばい、年率3―5%の運賃値上げを前提にして、JR各社そろって初年度経常利益1%計上が可能になった。黒字基調が定着するのは5年後を想定する。

あえてギリギリの黒字計上に追い込むという薄氷を踏むような仕掛けを採用したのは、世論の支持がいつまでも続くかどうかわからないという政治的背景も大きく影響した。国鉄からスムーズにＪＲに移行させることは中曽根内閣の命運を左右する重大案件だ。ＪＲの経営先行きに懸念が強い世評の中で、とにかく立ち上がりだけでも成功の形をつくることが絶対条件だ。86年7月の衆参同時選挙で自民党が圧勝し国鉄改革を成功に導いたが、ＪＲ移行がスムーズでなければ、元の木阿弥《もくあみ》だ。失敗は許されない。世論の支持を背景に、ＪＲ立ち上がりは特殊法人新幹線保有機構など3つの収益調整措置の貢献で、財政危機、金融危機、そして社会不安は杞憂《きゆう》に終わった。

収益調整措置のなかでも、改革の成否のカギを握っていたのが新幹線保有機構だ。監理委の苦悩が凝縮された仕掛けと言える。新幹線保有機構には改革のスキームであるＪＲ経営体の上部構造と本州3社の収益調整措置の下部構造がビルトインしている。監理委があれだけ分割の経済メリットを強調しながら、新幹線は分割しきれない。世界に誇る既存の4新幹線資産の持ち主は国という自己矛盾を抱えたまま分割民営化はスタートした。

新幹線保有機構は2年ごとに輸送実績などに基づきリース料配分を再計算し、本州3社が同時に売り上げ経常利益率1％を生み出すための収益平準化装置だ。ＪＲ経営そのものの収益まで、下部構造でつながっていることになり、とても独立した民間企業とは言えない。リース料といっても、通常のリース料だと設備の維持・更新は資産保有者の責任だが、新幹線資産は新幹線保有機構の保有で、新幹線維持更新・改良工事は運行する本州3社の責任という異例な仕掛けだ。欧州では一般化している、上下分離の公有民営方式で、日本での先駆け的な意味合いもあった。

❖ＪＲ本州3社間の収益調整措置。新幹線保有機構の解体

4新幹線は儲かりすぎの東海道新幹線と、大赤字の上越・東北新幹線とでは収益格差が激しい。新幹線ごとに分割したのでは東海道新幹線を割り当てられた会社が黒字、あとは赤字会社になってしまう。そこで、ドル箱の東海道新幹線の儲けでほかの新幹線の赤字を埋めるかという国鉄得意の「内部補助」を国レベルで実践するのが新幹線保有機

構だ。国鉄を悪くした原因の1つに東海道新幹線、山手線の儲けでローカル線赤字を補填する「内部補助」の体質にある。保有機構はその「内部補助」を国家レベルで、法律をもって下支えした自己矛盾機関でもあるところに、監理委の苦悩がある。

監理委の苦悩のしわ寄せを一身に背負ったのがＪＲ東海だ。ＪＲ各社は初年度からギリギリの黒字目標だから、実際は黒字計上ができないかもしれない。そうした不安を抱えた中で、ＪＲ東海には確実な黒字の仕掛けが仕組まれていた。東海道新幹線は国鉄最終年度86年度の営業係数39で、１００の売り上げに対し61が利益という国鉄のドル箱だ。これに名古屋圏の都市鉄道、東海地域のローカル線をプラスされた会社で、単なる地域分割された会社とは違う。

ＪＲ東海は収入の8割以上を新幹線が占める東海道新幹線運行会社で、ビジネス需要が多く、需要の下方硬直性が強く、収入も読みやすい。しかも、ＪＲ発足時点で東海道新幹線は開通から24年も経過しており、減価償却も進み、償却資産は少ない。この償却資産が少ないことがまた好都合で、売り上げ、すなわち粗利益に通じる図式だ。発足後、ＪＲ各社の立ち上がりが懸念される中で、最低でもＪＲ東海は黒字という政治的言い訳が可能になる。

ＪＲ東海は政府レベルの国鉄改革の成否の思惑を握るモデル会社を演じることになる。ＪＲ東海に続きＪＲ東日本が黒字化を達成すれば、政治的には当面、「国鉄改革は成功した」と言うことができる。

ところが、ＪＲ東海にとっては迷惑な話で、新幹線は本州3社の収益調整措置だから、営業努力は必ずしも反映されない仕組みだ。東海道新幹線が好調であればあるほど、2年後との収益調整で利益は本州他社に流れる。償却資産が不足しているから、設備投資は利益からか新たに資金を借り入れる必要が生じる。とくに東海道新幹線は発足3年で輸送量が25％も増え、うれしい悲鳴ではあるが、ＪＲ東海の経営については喜んでばかりいられない。

こうした好調ならではの構造欠陥を是正するため、ＪＲ東海では発足初年度から新幹線資産買い取りへのシナリオを描き始めた。まずリース料の固定化という形で新幹線資産価格の逆算に成功した。国鉄改革スキームの下部構造の収益調整機関に風穴を開け、上部構造のＪＲ東日本、ＪＲ西日本との利害調整の上、新幹線資産買い取りを実現した。リース料固定化の段階で、まさか新幹線資産買い取りの仕掛けが潜んでいたとは、誰も考えない。一連の「葛西戦略」の迫力あるところだ。ＪＲ発足、わずか３年半で新幹線資産は譲渡され、新幹線保有機構は解体されることになる。

新幹線保有機構は「ＪＲすべり出し順調」という政治的役割を果たした上で、絶好調なるがゆえの欠陥が出てきたとなれば、国鉄改革のキーワード「現実的対応」で解決を図ることはやぶさかではない。ＪＲ東海は国鉄改革の下部構造にアプローチすることにより、国鉄改革のスキーム変更に成功し、飛躍のきっかけを作った成功事例と言える。

既設４新幹線は91年10月、譲渡価格合計９兆２０００億円で売却された。新幹線資産の内訳は簿価部分６兆２０００億円、国鉄改革時、評価益部分１兆９０００億円、譲渡時評価益分１兆１０００億円だ。この実質的な「のれん代」に相当する１兆１０００億円分が整備新幹線建設に充当されることになる。元本１兆１０００億円は利率年６・55％、元利均等払いで、期間60年、支払いは２０５１年まで続く。利息を含めると、本州３社合計で４兆３０００億円も支払うことになる。当時、「世界一高価な国有資産の払い下げ」と話題になったが、それでもＪＲ東海が一番安い買い物をしたというのがアナリストの一致した見方だ。

✣国鉄承継会社ＪＲ東日本に対し、鉄道インフラベンチャーＪＲ東海

新幹線買い取り後、新たなビジネスモデルを構築した新生ＪＲ東海と国鉄承継会社としてのＪＲ東日本とは、似て非なる鉄道会社として、歩みを進めることになる。ＪＲ東日本は上部構造の経営自主性を追求し、完全民営化した鉄道インフラ会社として、また分割されたＪＲ各社と協調して鉄道再生に取り組む。監理委のシナリオ通りの理想的な

鉄道再生の「王道」を歩もうとしている。JR東日本は国鉄を悪くした政治からは一定の距離を置く。経営陣は叙位・叙勲も実質返上し、政界、官界ともに不即不離の関係を築く。

鉄道インフラを軸に電鉄型経営を進め、民間企業として社会的活動の証ともいえる日本経済団体連合会（経団連）、東京商工会議所（東商）などの財界活動にも積極的に取り組む。11年、3代目社長の会長・大塚陸毅《むつたけ》が経団連副会長に就任した際、初代社長・住田正二は「良くなれましたね」とことのほか喜んでいたのが印象的だった。臨調から監理委員会、JR東日本と一貫して国鉄改革に取り組んだ住田にとっては、JRが民間企業として経済界に認知された証として意義深いものだったようだ。

16年には4代目社長の会長・清野智《せいのさとし》が東商副会頭に、18年には5代目社長の会長・冨田哲郎が経団連副会長に、そして22年6月、冨田が副会長から経団連実質ナンバー2ポスト、審議委員会議長に就任、財界での揺るぎない地位を築いている。いずれは財界総本山の経団連会長を送り出す時代が来る。

これに対し、新生JR東海は東京―大阪の大動脈輸送を二重系化するビジネス特急に特化した会社を目指す。東海道新幹線が生み出すキャッシュフローを軸に、中央新幹線を「国鉄遺産」の超電導リニアで結ぶ新技術に挑戦するベンチャー企業でもあるが、JR東日本とは逆に、鉄道一本に特化した鉄道インフラ会社だ。政界、官界を積極的に活用し、国鉄改革の下部構造をうまく取り込み、国鉄改革のスキームと一味違うビジネスモデルを構築した。叙勲についても前向きで、初代社長・須田寛と2代目社長・葛西敬之《よしゆき》の2人が旭日大綬章を受章している。旭日大綬章は旧勲一等旭日大綬章で、経団連会長クラスが受章するもので民間人としてはトップクラスの栄誉だ。

リニア中央新幹線計画では財政投融資資金を活用した借り入れも実現している。高金利時代に国鉄を悪くした財投資金は今、低利でお得だ。18年5月に借り入れた7500億円の利率は年0・9％。16年度、17年度合わせ3兆円もリニアに投入することにも成功した。財投導入により、大阪開業の最大8年前倒しにも取り組んでいる。財投借り入れに伴う大阪開業前倒しもＪＲ東海名誉会長・葛西の「葛西戦略」から見れば、政治家の深層心理を読み込んだ想定内のシナリオだろう。

新幹線保有機構のリース期間30年後は譲渡が想定されていたから、新幹線譲渡は国鉄改革のスキームの延長線上の見方も成り立つが、ビジネスでは30年か3年半かでは次元が違う。時間はビジネスの基本だから、ＪＲ東海はやはりベンチャー企業理念を併せ持った鉄道インフラ企業として生まれ変わったと見た方がわかりやすい。

企業の創業者、中興の祖という視点から見れば、高齢でも権力の座にあっておかしくはない。カリスマ経営者の方が株価パフォーマンスは良いとのデータもあるくらいだ。シリコンウエハー世界一の信越化学工業の会長・金川千尋は96歳になる。90年の社長就任以来、32年間もトップの座にあり、雑誌『日経ビジネス』（２０２２年１月24日号、日経ＢＰ）では中興の祖ランキングで１位に選ばれている。92歳になるスズキの相談役・鈴木修も、21年に相談役を退くまで、43年間もトップの座にあった。京セラの創業者、稲盛和夫は22年８月24日90歳で死去したが、終生カリスマ経営者で死去時も名誉会長の職にあった。引退したはずの日本電産の創業者・永守重信も、22年４月、社長を１年で更迭して会長兼ＣＥＯ（最高経営責任者）としてトップに返り咲いた。オリエンタルランドの会長兼ＣＥＯ・加賀見俊夫も86歳になるが、社長就任以来、27年も実質トップの座にある。山崎製パンの社長・飯島延浩も社長就任から43年が経つ。

ソフトバンクの会長兼社長・孫正義は、誰も聞いていないのに「60歳で引退する」と公言し、後継者をスカウトしたが、譲るのをやめ、21年の株主総会では「80代でもやれるかも」と発言している。創業家、ベンチャーの権力構造を持つ会社は権力者の気分しだいということになる。１００％民間企業とはそういうものだ。

くどくど言ってきたが、要は国鉄型の官僚組織を引き継いでいる正攻法のＪＲ東日本とカリスマ経営者を擁したＪＲ東海はＪＲ発足35年を経て、同じ鉄道会社だが、お互い似て非なるビジネスモデルを構築してきたということだ。

ビジネスモデルの違い、100%民間企業としての割り切りは新たな懸念も生む。01年国交省は本州3社のJR会社法適用除外にあたり、今後とも国鉄改革の趣旨を踏まえた経営を実施するよう指針を定めた。JR他社との連携・協力、利用者の利便性の確保―などだ。国鉄時代には「供給責任」という上から目線ではあるが、全国レベルで利用者の利便を考えていた。これがまったく別の会社となると、「利用者利便」という共通言語も各社で意味の取り方が微妙に違う。JR各社間をまたがるサービスについて、新たな課題を抱えている。鉄道ネットワーク優先という鉄道の時代ははるか昔の話で、JR各社間のビジネスモデルの相違は、改めて国交省に指針作成の必要を迫ったわけだ。

✣新幹線売却代金で、整備新幹線凍結解除という矛盾

国鉄改革の成否を握っていると前述した新幹線保有機構は解体に伴い、整備新幹線問題でも一役買う。整備新幹線は82年の臨調答申、それを受けた閣議決定で、計画は凍結された。当然、3年後の監理委答申でも凍結継続と思われた。ところが、監理委答申では「地域住民の要望がきわめて強いが、新会社経営に大きな影響を及ぼす」としながらも、結論としては「慎重に判断する必要がある」と歯切れが悪い。答申翌月の85年8月、政府・与党は「整備新幹線財源問題検討委員会」を設置、凍結解除に向け動き出した。結局、JRスタートの3か月前に凍結解除を閣議決定した。

整備新幹線に関して、政治は臨調・監理委員会答申を無視したような動きを平然と取る。これが政治という割り切り方も国鉄改革には必要ということも現実だろう。整備新幹線予算の見方も、着工予算とも見えるし、調査費計上とも見えるという鵺の手法も駆使し、難題をこなしていく。整備新幹線問題は監理委側も国鉄改革成功のためには理不尽な妥協もいとわないという「現実的着地」を図る典型例と言えよう。

整備新幹線は財源の問題に尽きる。整備新幹線本格着工の財源は新幹線保有機構から捻出することになる。新幹線

リース料の固定化で、高崎―軽井沢間のフル規格化が、1兆1000億円の買い取りの上乗せで、3線5区間の本格着工が、それぞれ可能になった。新幹線保有機構は整備新幹線の主要な財源として登場することになる。1兆1000億円の仕掛けで、施設は国有で、運営はJR各社という上下分離方式採用となり、下部構造の整備新幹線問題が上部構造のJR経営に介入させない仕組みも可能になった。

整備新幹線を運営するJR各社の利用料が受益の範囲内という、儲かりもしないが損もしないという範囲に収まったこと、新幹線開業に伴い、並行在来線の経営がJRから切り離されること―などで、国鉄を悪くした元凶の1つと言われた、整備新幹線はしがらみ問題から一応、開放された。JR東日本初代社長・住田正二は当時「1・1兆円は整備新幹線問題への手切れ金」と言い切っていた。

鉄道好きの国民性もあって、新幹線計画に反対する人は少ない。鉄道問題として、より政治的な集票ツールの役割の方が強い。欲しがっている地方でも、緊急を要している地域は少ない。ただ欲しいというだけで、財源は他人事だ。鉄道というのは、列車を走らせないと収入は一切、得られない。そうであれば経済的には1線ずつ順番に早く完成させる必要があるが、整備新幹線に関しては同時並行的に、どの線も工事が動いていることに政治的な意義がある。地域住民にとっても政治家にとっても計画が存在すること、計画が進んでいること、工事が動いていることが大事だ。

整備新幹線の新規着工3区間は12年度に着工したが、西九州新幹線（武雄温泉―長崎間）については22年9月23日に開業するものの、北陸新幹線の金沢―敦賀開業は23年春から24年春に1年延期されている（**図3-2**）。札幌開業は35年度開業予定だったのが、5年前倒し30年度となっているが、それでも8年も先の話だ。東海道新幹線が着工からわずか5年半で完成したことから見ても、財源がないとは言え、緊急度は低い。

JR各社は整備新幹線の建設問題から開放されたが、国鉄改革のスキームとしては新たな難題を抱えることにな

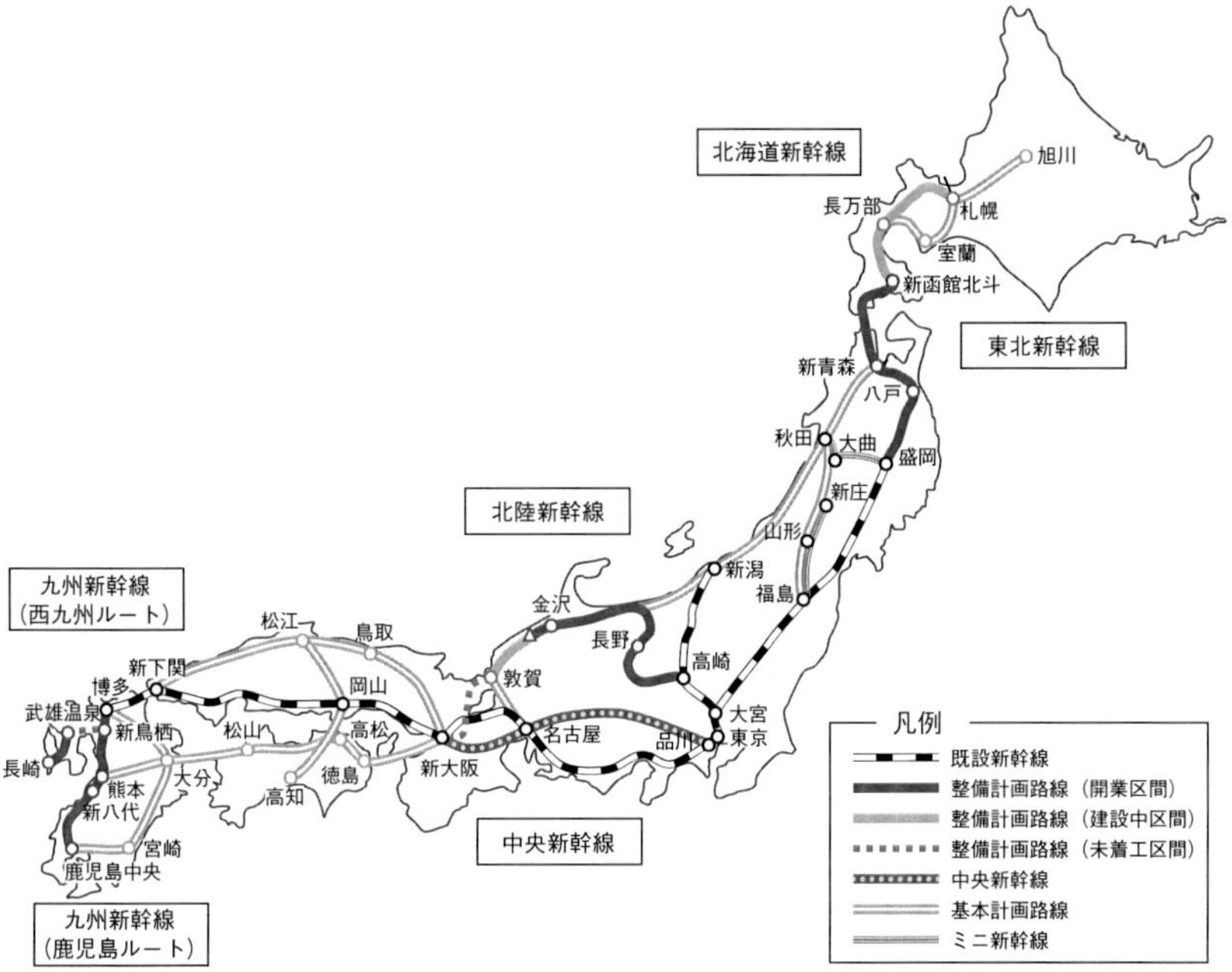

（国土交通省）

図3-2　全国の新幹線鉄道網の現状

る。並行在来線がＪＲの経営から切り離されたことで、今度は並行在来線の受け皿となる第３セクター鉄道などにＪＲ貨物の線路使用料問題がのしかかる。

ＪＲ貨物の線路使用料はアボイダブルコスト（アボコスト、回避可能コスト）で計算される収益調整措置だ。アボコストとは貨物列車が走行しなければ発生しないコストで、ＪＲ貨物は最低限の費用負担でＪＲ旅客各社の線路を使用できる。アボコストに含まれない線路の修繕費は旅客会社の負担となるが、線路の損傷の大部分は重い貨物列車が走ることにより生じる。ＪＲ各社の不満は募るが、改革時の約束事のスキームなので、受け入れざるを得ないのが実情だ。

ところが整備新幹線建設に伴い、ＪＲの並行在来線を譲り受けた第３セクターとなると話が別だ。当然アボコストの対象外で、アボコスト適用では第３セクター経営は成り立たない。このため国交省は鉄道・運輸機構に貨物調整金制度を導入した。JR貨物がJR旅客各社に払っているアボコストによる線路使用料と、実際に必要な線路使用料の差額を助成する制度だ。貨物調整金は整備新幹線建設に伴うコストということで、財源は整備新幹線財源から捻出する。アボコスト問題はJR貨物の完全民営化に向けて、JR各社ばかりでなく、第3セクターの難題としてものしかかり、抜本的な見直しを迫られている。

鉄道共済年金の追加負担問題は上部構造のJR経営から切り離され、政府の責任で処理する仕分けだったが、JRの経営にも波及した。JR東日本の2代目社長・松田昌士《まさたけ》は頑なに上部構造のスキームを守ろうとした論陣を張り、新生JRの先頭に立って「憲法違反論議」まで持ち出し抵抗した。松田はJRグループのリーダーとして、自己犠牲の精神で、政府への抵抗を試みた。JR東日本の社長の座も投げ打つ覚悟を見せたことで、国鉄改革3人組の同士、JR西日本社長・井手正敬《まさたか》、JR東海社長・葛西も付いて来ると思ったのだが、井手、葛西は距離をおき、肝心のJR東日本会長の住田も松田独走に渋い顔をしていた。松田はJR北海道に行くと公言していたのにJR東日本に行ったことで、3人組の関係もしっくりいかず、その関係修復の心積もりもあったはずだが、松田のひとり相撲に終わった。結局は、下部構造のしがらみの一部受け入れを余儀なくされた。

政治的圧力で応分の負担論に押された例と言えるが、もともと国鉄改革が政治案件であることを考えれば、改革の上部構造と下部構造が行き来するのも改革の「現実的対応」の一環で、一応の決着を見たと言えよう。

✣最大の誤算、「金利の概念」の欠如

国鉄改革のスキームの最大の誤算は「金利の概念」の欠如だ。先行きの金利を読めなかったし、金利より資産インフレの方が高いとの共通認識だった。あらゆる事態を想定して答申を書いた監理委も、「金利の概念」そのものを欠如していたと言えよう。金利低下はいつまでも続かないというのが大勢で、「金利の概念」の欠如はそう気にしては

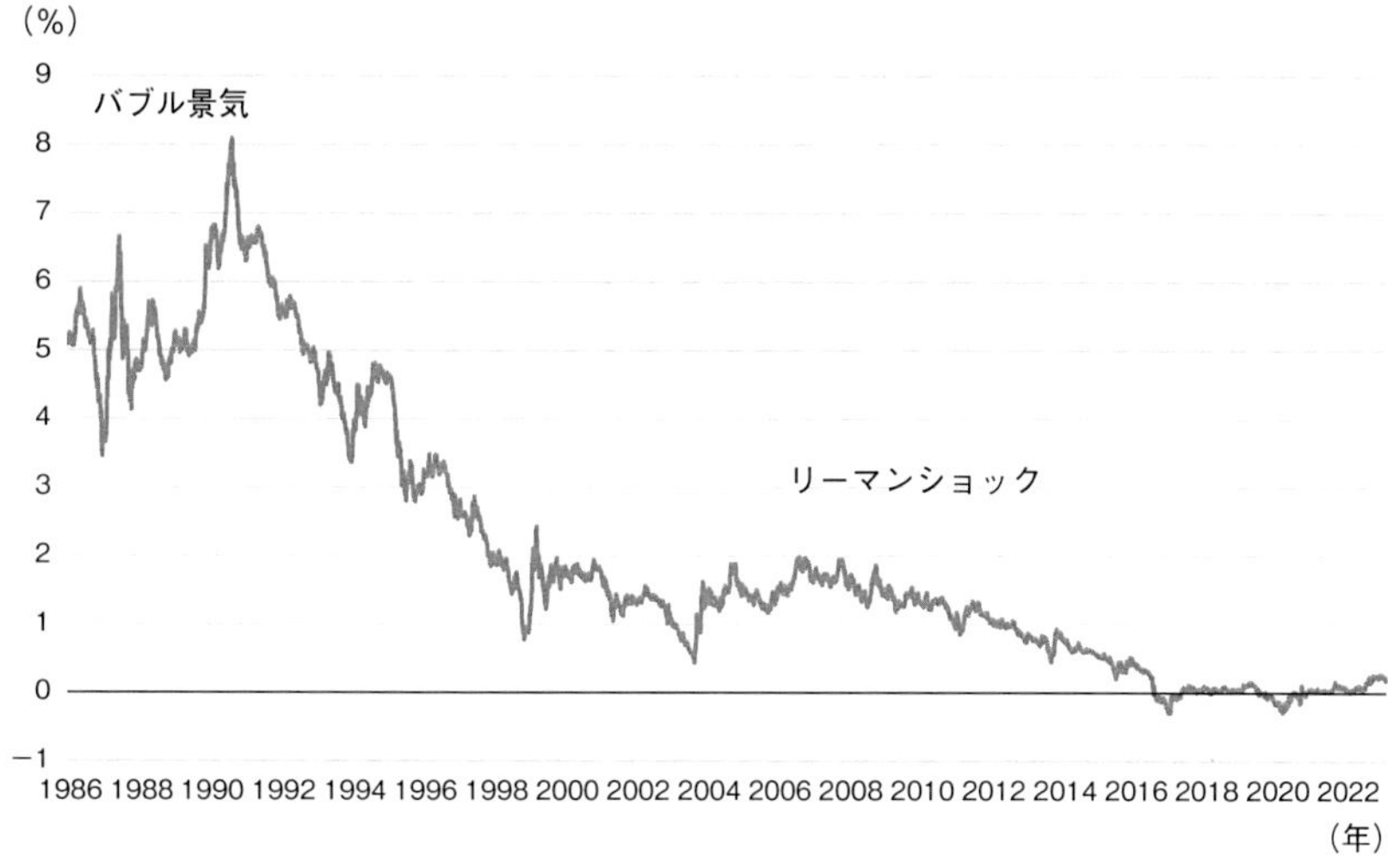

(財務省の資料を基に作成)

図3-3　長期金利（10年物国債）の推移

いなかった。国鉄清算事業団理事長だった西村康雄は96年11月の筆者のインタビューに対し、「バブル経済に向かっていた分割民営化時点で、金利処理のあり方を言い出す環境にはなかった」とし、「金利の概念」欠如を承知の上での不安を抱えてのスタートだったことを認識していた。

運輸省は「金利の概念」の欠如について、時を追って深刻に捉えていたのは確かで、経営安定基金の運用益の下支え措置、基金積み増し措置、無利子貸付など一連のＪＲ３島会社救済策はその一環と言えよう。現在では「金利の概念」の欠如はありえない。１２０年ぶりに改正した、20年４月施行の民法でも、法定金利を年５％から３％に下げた。低金利時代に対応しただけではなく、３年ごとに金利を見直す条項を入れる「金利の概念」を導入している。

問題の経営安定基金は当初７・３％運用でスタートした。それまでの10年間の長期金利の平均を採用した。その後の一貫した金利低下で、現在の長期金利（10年物国債）年０・２５％程度を見ても隔世の感がある（**図３-３**）。運用益の減少がＪＲ３島会社苦境の最大の要因となった。

ＪＲスタート時点では経営安定基金はよく考えられた妙案

だった。ＪＲ北海道、ＪＲ九州、ＪＲ四国のＪＲ３島会社は鉄道事業と金融事業が経営の2本柱という世界にもまれに見るビジネスモデルの会社となった。鉄道事業の営業赤字を前提に、鉄道の赤字を金融事業の黒字で補い、収入の１％の経常黒字を計上するよう設計された。ＪＲ北海道も発足当初から「赤字だ赤字だ」と騒がれていたが、あくまで鉄道事業という一事業部門の赤字であって、もう一方の本業、金融事業と合わせてみないと判断を誤ることになる。当時は現実的なビジネスモデルであったことは誰も疑っていなかった。

民間でも、本業を副業が支える企業は多い。朝日新聞社は新聞業と不動産業の2本柱というのが経営の実態だろう。不動産というのも、一等地の国有地払い下げの不動産運用を軸としているから経営効率は良いが、朝日新聞社を「不動産会社」という人はいない。不動産運用で経営を安定させていたからこそ、かつて「朝日神話」というような世論を誘導する戦略が功を奏していたとも言えよう。

「金利の概念」の欠如にめげず、上場にこぎつけたのが後述するＪＲ九州だ。見事というほかない。発足当初から電鉄型経営を徹底することにより、活路を見出した。ＪＲ他社が「供給責任」の呪縛、鉄道の呪縛に苛《さいな》まれる中、国鉄改革スキームを逸脱せず、自主自立路線を歩む。ＪＲ３島会社の鉄道事業については、ＪＲ北海道はＪＲ東日本、ＪＲ四国、ＪＲ九州はＪＲ西日本のそれぞれ影響下に入るとも見られていた。それは人事の影響を受けるということでもある。

国鉄改革は労働組合を挟んで、「国体護持派」と「改革派」の権力抗争でもあった。臨調路線の「改革派」が勝利し、「国鉄一家」体制を維持しようという「国体護持派」は破れた。

何しろ分割民営化という力ワザで「国鉄一家」が解体され、幹部人事の割り振りが成されたのだから、わだかまりが残る。「勝ち組」と言われている改革派中心に振り分けがなされたわけだが、勝ち組の改革派も全国に散っていった。幹部の振り分けが短期間に意外にすんなりいったのは、「いずれ人事交流あり」との想定を期待していたせいもある。

人事交流期待を胸に、JR3島会社に行ったが、交流が実現しないことで、後に物議を醸《かも》したこともあった。改革派のリーダーだったJR西日本社長・井手は96年12月の筆者のインタビューに対し、「5、6年後に人事交流する話はあったが、それも別の会社になったのだから無理な話で、あきらめてもらうしかない」と苦しい胸の内を明らかにしている。JR発足時のトップ人事で、政府の分割精神貫徹方針は貫かれていたわけだ。政治的意思として、労働分割に臨んだ政府が幹部人事にだけ甘い顔をするはずがない。あくまで破産会社扱いだ。国鉄幹部より政府側の役者が1枚も2枚も上だった。国鉄改革には勝ち組は存在しないということだ。JR九州はこうした改革後遺症の心理的影響、わだかまりの影響を受けないためにも、電鉄型ビジネスモデルにまい進したとの見方もできる。

経営安定基金を前向きに活用したJR九州に対し、後手に回ったのがJR北海道だ。国鉄改革で仕組まれた3つの収益調整措置のうち経営安定基金、JR貨物のアボコストの2つの調整措置がダブルでマイナスに効いている。アボコストでは貨物列車走行のウェートが高い上、寒冷地でレールの傷みは大きく、修繕に伴う人件費もJR北海道持ちで、真面目にやればやるほど、ジリ貧の将来が待っている。

収益調整措置も35年経った今、不都合が生じているのだから、政府主導で改革スキームを交通体系全体の問題として見直す必要がある。ローカル線問題も改革のスキームに則り、経営自立を前提とするなら、ローカル線廃止に一直線に向かうのはやむを得ない話だ。

17年2月末、参院予算委員会で、当時の財務相・麻生太郎が「黒字のJR東日本がJR北海道を合併することもアイディアの1つ」と答弁、物議を醸したが、あり得ない問題提起をして、世論を喚起することも政治的には意味あることだ。すかさず民進党議員から「合併発言に関する質問趣意書」が提出されるなど、波及効果は大きい。上場会社のJR東日本の直接支援が難しいのは承知の上での発言だったが、政治は時にあらぬ方向に向かうこともある。理不尽な政治介入を許さない点でも、100％民間企業というのは意味がある。外資に買われるリスクも大きいが、政治介入リスクの方がより大きいことは歴史が示す通りだ。

整備新幹線売却代金のうち「のれん代」1兆1000億円分が主に整備新幹線建設に充当されたことは政治リスクそのものの解決策だった。利率は固定で年6・55％、期間60年で2051年まで支払いが続く。利息を含めると、本州3社合計で4兆3000億円も支払うことになる。

新幹線完成の前倒しが可能になったというのも政治問題だ。本来、2つの収益調整措置、さらにはローカル線問題などの国鉄改革の仕上げに主に充当すべき資金ではなかったのか。国交省は国鉄改革の仕上げに資金を回す努力をしているが、とても足りない。政治リスクとして、解決を図らなければ、戦後最大の大改革は成功したことにはならない。

エキソトに活路を見出したJR九州の上場

JR九州の上場は〝会計の魔術〟によるものだ。その魔術を可能にしたのが初代社長の石井幸孝《よしたか》で、石井は国鉄改革の呪縛からの解放、電鉄型経営の徹底―により活路を見出した。国鉄改革の呪縛解放なかりせば、電鉄型経営の実行は難しいし、電鉄型の成功なかりせば〝会計の魔術〟実行は不可能という図式だ。

国鉄改革の呪縛からの解放は、国鉄改革経験者でなければできない手法であり、経営の自主自立が難しいと言われていたJR3島会社の1社を自主自立させ、さらには上場企業にのし上げた力量は高く評価されている。

石井はJR九州発足から社長10年、会長5年と15年にわたり経営トップにあった。JR東海のカリスマ経営者、葛西敬之の社長在任期間は9年で、葛西がポストにかかわらず、2022（令和4）年5月に死去するまで終身君臨していたことを思えば、石井の在任期間の長さは驚くにはあたらない。

石井は自らの著書『人口減少と鉄道』（朝日新聞出版、２０１８年）の中で自身のことを「ＪＲ九州の創業者」と位置付けている。創業者・石井がまず経営の前提としての国鉄改革の精神的呪縛からの解放に取り組んだのは前述した通りだ。

✣創業者社長・石井の国鉄改革の呪縛脱却商法

石井が目指した近畿日本鉄道を模範とする電鉄型経営は、国鉄ＤＮＡのしみ込んだＪＲマンにとっては難事だ。近鉄の非鉄道事業については旅行、鉄道車両、百貨店、不動産などが一流ブランドで、観光列車でも先んじていることを学ぼうとした。ＪＲ発足時３０００人もの余剰人員を抱えさせられたＪＲ九州としては、余剰人員活用策としての関連事業進出だが、国鉄からＪＲに変わっても、「鉄道至上主義」が揺るがないのはＪＲ他社同様だ。

ＪＲ九州がＪＲ他社との違いを見せたのは、有能なキャリアを関連事業に送り込んだことだ。有能なキャリアは子会社に出ても優秀だ。鉄道至上主義のＤＮＡが埋没しているＪＲ他社を横目に民間のビジネスマインドを醸成しながら、独自の電鉄型経営を摸索したことが功を奏した。石井の割り切りは確実に成果を生み、「国鉄一家」、本州3社の影響を受けないＪＲ九州独自の企業風土をつくり上げた。その成果が豪華列車であり、首都圏でのホテルであり、レストラン経営でもあった。収益的には鉄道が副業とも言えそうな鉄道会社に成長した。

発足30年を迎え、ＪＲ九州の5代目社長の青柳俊彦は17（平成29）年8月8日、東京・内幸町の日本記者クラブで記者会見した。

「最初の10年は汗を流して、自分たちの責任でやろうとし、思いつくことをなんでもやった。自動車販売など失敗もあった。まず本業の鉄道については第1に高速化、第2に乗りたくなる鉄道にチャレンジすることに知恵を絞った。乗りたくなる鉄道とはデザイン、サービスで他社との差別化を図り、お客様が乗りたくなるという鉄道だ。

次の10年は九州新幹線開業効果もあり、発足20年でなんとか鉄道では他社との差別化効果が出るようになった。乗りたくなる鉄道としては『D&S列車』（デザイン&ストーリー）をひっさげ、7本あったお座敷列車は赤字なので徐々に廃止し、ついには全廃した。04年からはデザイナーの水戸岡鋭治さんがデザインし、特急以上に楽しい列車で、かつ時速130キロメートルのスピードを出せるストーリー性に富んだ列車を作った。いずれも好評で現在11番目の楽しい列車として『かわせみやませみ』を投入した。

13年投入の『ななつ星in九州』についてはJR東日本の『四季島』、JR西日本の『瑞風』という日本の豪華寝台列車時代の先鞭《せんべん》を切ったことは嬉しい次第だ。観光地めぐりではない、鉄道の旅を満喫できる旅で、移動を楽しむ、車窓を楽しむ。そしてずっと鉄道車内にいても満足できる列車を目指した。人間国宝の陶芸家である14代目・酒井田柿右衛門さんがななつ星に残した作品は遺作になった。

発足30年に向かう、その次の10年は鉄道と事業が相乗効果を生む施策を積極的に展開した。鉄道、駅からの人の流れをビジネスとする駅ビル、飲食業、不動産、住宅などで、これまでに駅ビル5、ホテル12をつくった。おかげで売り上げに占める鉄道比率は発足当初の81・8％から16年度は39・2％になった」

など、非鉄道事業の収入比率が6割を超える急成長が上場達成の原動力となったことを語った。

創業者社長・石井から5代目社長の青柳まで、なんでもありの商魂は商圏を際限なく拡大し、東京進出、さらには海外まで挑むことになる。22年4月、6代目社長に就任した古宮《ふるみや》洋二も入社式で「成功の反対は失敗ではなく何もしないことだ」と積極果敢な挑戦を新入社員に促している。首都圏でもマンション、ホテル、オフィスビル、飲食、ドラッグストアまで手を広げている。

石井の自主自立路線の何でもありの精神を具現化したのが、豪華列車・ななつ星の生みの親、4代目社長の唐池《からいけ》恒二だ。唐池はマスコミの寵児となり、現在でもＪＲ九州一の有名人だ。「ななつ星」誕生の原点となったのが、ＪＲ発足2年後に投入し、唐池がネーミングした「ＳＬあそＢＯＹ」だったという。唐池はななつ星誕生の24年も前に、秘策を懐に温めていたわけだ。筆者もＳＬあそＢＯＹに試乗する機会に恵まれ、記念品に試乗の盾までいただいた。今もなんとなく本棚に飾ってあるが、唐池の思いの込めた列車だったとは思いもよらなかった。

✣〝会計の魔術〟による東証第1部直接上場

ＪＲ九州の上場問題が具体的に動き出したのが、14年10月の国交省の「ＪＲ九州完全民営化プロジェクトチーム」の設置だ。国交省の動きは早い。３か月後の翌年1月には「完全民営化に向け、ＪＲ会社法改正案を提出することが望ましい」旨の「プロジェクトチームとりまとめ」が公表された。ＪＲ会社法改正法案を、その翌月の2月27日の第１８９回国会に提出した。

東京証券取引所第1部直接上場の基準からＪＲ九州の決算を見ると、上場前の15年度は営業利益２０８億円、経常利益３２０億円で、「直前2期合計で経常利益5億円以上」という形式基準は楽にクリアしている。上場基準の利益基準には営業利益基準はなく、経常基準だけ。営業利益でも、直前2期14年度１２８億円、15年度２０８億円で、増益基調をキープしている。

ただ鉄道事業については14年度１３２億円、15年度１０５億円とそれぞれ赤字だ。鉄道事業の営業赤字を非鉄道事業の営業黒字が見事に埋めている。

上場基準にある経常利益では経営安定基金運用益が加わるから、さらに利益を積み増し、形式基準では堂々たる、余裕の上場となっている。

上場基準がＪＲ本州3社上場時と比べ、緩和されていることも幸いした。ベンチャー企業の上場の場、東証マザーズ市場では赤字の企業の上場も可能だ。急成長で資金がいくらあっても足りず、上場に伴う公募増資などで、自己資金を調達させるのが狙いだ。それに比べると、ＪＲ九州の上場は上場時の資金調達はない。１００％株式を保有する鉄道・運輸機構が全株式売り出しによるものだから、公募による株式供給増で、上場時に株価が急落する心配もない。上場は国鉄分割民営化の成功の証、民間企業として認知された証としての上場だ。国としても４０００億円の売却収入を得たというメリットは大きい。

表面上の問題は少ないが、上場には多くの問題を孕《はら》んでいる。上場の実質基準では物議を醸している。最大の懸案は経営安定基金だ。経営安定基金は国鉄から承継した鉄道事業の赤字を経営安定基金運用という金融事業の黒字で補うという仕掛けで、発足当初７・３％運用から始まった。だが金利は下げ続け、現在の長期金利（10年物国債）年０・２５％程度で、基金運用益を経営の柱としたＪＲ３島会社のビジネスモデルは危機に瀕《ひん》している。基金を取り崩すことにより上場を可能としたことは、国鉄改革が仕上げに向けて一歩踏み出したものと考えることもできる。

経営安定基金の呪縛から脱却させる〝会計の魔術〟により上場が実現という、前代未聞の上場企業初のケースである。上場にあたり基金は取り崩され、ある日突然、全額ＪＲ九州の懐に入ったという国鉄改革ならではの施策だ。ＪＲ九州は鉄道事業と金融事業が経営の２本柱の会社から、鉄道事業、非鉄道事業を２本柱とする普通の民間企業となったわけだ。

ＪＲ３島会社の残るＪＲ北海道、ＪＲ四国は国が鉄道事業、経営安定基金をサポートする補助金などにより、どうにか息をついているのが現状だ。

✣経営安定基金取り崩しの魔術

堅牢《けんろう》な国鉄改革のスキームから脱却し、新しいビジネスモデルを構築したのはＪＲ東海に続くものだ。ＪＲ東海は

ＪＲ本州3社間の収益調整機構である新幹線保有機構を解散に持ち込み、改革のスキームを変えることで、国鉄改革の呪縛から離脱したのは前述した通りだ。呪縛から解放されたＪＲ東海は新規事業・リニア中央新幹線をひっさげ、新しいインフラベンチャーとしてのビジネスモデルを構築している。

ＪＲ九州は経営安定基金という堅牢な国鉄改革スキームから脱却することで、電鉄型でかつＪＲ九州独自のビジネスモデル構築を目指している。ＪＲ九州は鉄道の全国ネット優先の「鉄道至上主義」の会社から脱却した。まず経営体として自立ありきを前提として、名実ともに独立を成し遂げた会社がたまたま鉄道会社だったという割り切ったことが功を奏した。

〝会計の魔術〟の仕掛けはこうだ。15年5月13日の第１８９回国会国土交通委員会で、国交相の太田昭宏は『『経営安定基金』はＪＲ九州固有の資産で、国への返納を議論する性格のものではない」とし、財務省サイドの返納論を一蹴した。

さらに「基金の果たしている機能を実質的に確保しながら進める」と、鉄道ネットワークについてはこれまで通り維持させることを約束させた。「基金が果たしている機能」を担保するのが4条にわたる指針だ。

民営化後も鉄道ネットワークの適切な維持に努力する、運賃についてＪＲ他社との連携、駅施設の整備、中小企業への配慮―などで、先に上場した本州3社に課されている4条と同様な措置だ。

同委員会で、ＪＲ九州社長の青柳は「九州での鉄道ネットワーク維持は鉄道事業を中核とする当社にとって、重要な役割と認識している。ネットワーク維持と鉄道の活性化に努めていく」と、民営化後の鉄道維持を約束した。

基金３８７７億円振り替えの内訳は、新幹線貸付料の一括前払い２２０５億円、無利子借入金一括償還８００億円、鉄道資産への振り替え８７２億円。新幹線貸付料は04年3月開業の新八代―鹿児島中央間の33年度までの年20・4億円の分と、11年3月開業の博多―新八代間の40年度まで年81・6億円の分の合計。新幹線貸付料は開業から30年間、ＪＲに生じる受益相当額を算出している。その30年分を一括前払いした。当然、34年度以降は改めて算出する義務が生じる。

無利子貸し付けは「国鉄清算事業団法の債務処理等に関する法」によりＪＲ会社法適用会社を対象とするもので、ＪＲ九州はＪＲ会社法から外れるに伴い返還するものだ。鉄道資産への振り替えは老朽車両から新車両に代替するための資金などだ。

さらに車両や信号設備などの鉄道固定資産のほぼ全額の５２１５億円を減損処理し、鉄道固定資産は16年３月期には6億円まで減少、この減損処理の結果、１０５億円を織り込んだ鉄道事業の当期利益は４３３０億円の赤字となった。減損処理は鉄道ネットワーク全体で実行したことで、ななつ星、新幹線車両、新型通勤車両もその対象となっている。減損に伴い、特別損失を４３３０億円も計上し、発射台をマイナスまで沈めこんだ、まさに〝会計の魔術〟の上場だ（**図3-4**）。上場初年度の16年度決算は鉄道事業２３０億円の黒字で、鉄道事業だけで15年度比３３５億円も利益改善という様変わりの決算を予想した。目いっぱいのドレスアップで、華々しく資本市場にデビューを果たした。

上場後１期目の16年度連結決算は期待以上の好決算で、営業利益は上場直前期の15年度比の倍、５８７億円、経常利益は同倍の６０５億円、当期純利益は４４７億円。当期純利益は４３３０億円の赤字から４４７億円の黒字という驚異の変貌決算となった。

ＪＲ九州の非鉄道最大の稼ぎ手で「知られざる国鉄遺産」でもあるのが不動産の活用策で、駅の立体利用、空中権利用、地下利用に活路を見出している。ＪＲ九州の駅ビル再開発は１９９８年小倉駅、00年長崎駅、04年鹿児島中央駅、11年博多駅、15年大分駅、そして博多駅ビルの拡張へと続く。博多駅ビル「ＪＲ博多シティ」は九州新幹線・鹿児島ルート全線開業と同時に開業した延床面積20万平方メートルという日本最大規模の駅ビルだ。このＪＲ博多シ

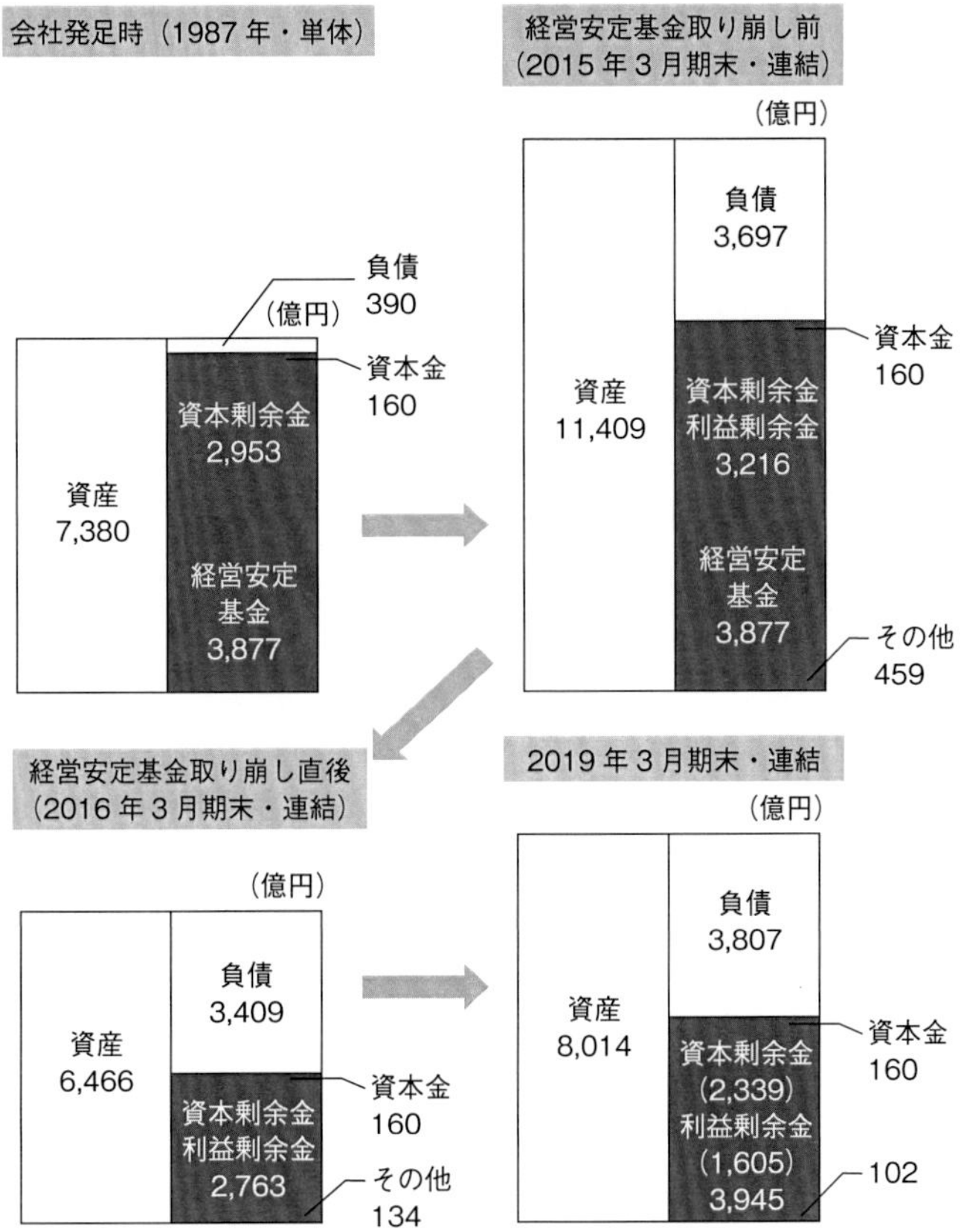

図3-4　JR九州の経営安定基金取り崩し図

ティ拡張計画が19年9月に発表した「博多駅空中都市計画」だ。博多駅の線路上空を立体的に利用するという東京駅周辺の再開発顔負けの計画で、福岡市が主導しているのが大きな特徴だ。

　福岡市は再開発促進事業「博多コネクティッド」プロジェクトを始動させた。博多駅地区を天神地区に並ぶビジネス街に育成しようという計画で、28年までに駅から半径５００メートルの８００ヘクタール地域を対象とした20棟のビルについて、容積率緩和策を軸に建て替えさせようというもの。容積率を現在の最大８００％から最大１３５０％に拡大する。駅空間という「知られざる国鉄遺産」の顕在化と行政支援が相まって、不動産の有効活用が可能になり、不動産事業のさらなる成長が期待されている。

✣将来の鉄道ネットワーク維持に課題

黒字化したものの鉄道事業の懸念は続く。減損処理後の赤字ローカル線の今後はどうなるのか。上場初年度の好決算発表後の17年7月末、ＪＲ九州は鉄道の「輸送密度」（1キロメートル当たりの1日平均利用者数）を詳細な区間別に公表した。ローカル線の悲惨な運輸実態を初めて明らかにした。6割の線区がＪＲ発足時より減少しており、指宿枕崎線、日南線、豊肥線などとくに急減している線区について、沿線の自治体と検討会を設置したいと発表した。

業績好調下での撤退シフトかとの疑念も生じ、ローカル線廃止問題が急浮上し、世論の反発が強まる中で、前述の17年8月8日の日本記者クラブでの会見で、ＪＲ九州社長・青柳が言いたいのは、上場の手柄話ではなく、むしろこちら。赤字ローカル線問題だ。青柳は「交通機関はかつての鉄道だけの時代から自動車メーンの時代になり、社会資本として考えた場合、道路予算2兆円、港湾予算1兆円の時代に、鉄道予算は１０００億円に過ぎない。ノスタルジックな考えだけで鉄道を残すというのは社会にとって果たしてプラスなのだろうか」と問題提起した。

その上で「安全を前提にコスト削減を図り、できる限りネットワークを維持したいが、人口減少の中でどう鉄道を残していくか。上場後に補助金をいただくわけにはいかない。ローカル線をすべてＪＲが面倒を見るということではなく、社会資本として住民の方とも話していかなければならない。

九州は災害が多い。鉄路自体は強くできているが、今回の7月5日の九州北部豪雨は私が輸送課長をやった時代からみても、想定をはるかに超える被害だ。とくに流木の被害は想定していない。橋を復旧するにしても、流木に耐えられる橋となると、その費用は莫大なものになる。どう復旧するかはこれからの問題だ」と、ローカル線の線区別輸送実態の悲惨さを訴え、理解を求めた。

〝会計の魔術〟上場はサステナビリティ経営から見ても課題は山積している。国鉄から承継した鉄道資産のほとんどを減損処理したため、減価償却費は成り立たない。鉄道ネットワーク維持更新には利益から新たな資金を捻出しなければならない。更新に備えて毎年、減価償却費見合いの更新コストを積んでいかねばならないが、そうはなっていない。つまり会計的な視点からは将来、鉄道からの撤退を前提にした減損処理との見方もできる。鉄道の赤字を経営安定基金運用益で埋めるというＪＲ発足時のビジネスモデルは消滅したから、将来、ローカル鉄道からは撤退か、内部留保プラス、国、自治体の税などで維持更新するかの二者択一の必要に迫られる時期が来る。

ＪＲ東海は減価償却済みだった東海道新幹線の維持更新費用を利益から捻出しなければならないという矛盾が新幹線買い取りの進んだ１つの理由だった。利益の実態はかさ上げされていたわけだ。ＪＲ九州の場合はその逆だ。減損により維持更新費用を不要にする〝会計の魔術〟で利益を捻出するというかさ上げを実施している。将来、赤字ローカル線については撤退がしやすい環境になってきたとも言える。

✣上場後、早速、投資ファンド買い占めの洗礼

市場でも〝会計の魔術〟上場への見方は強弱が対立しており、売り買いの思惑が交錯する。〝会計の魔術〟上場に伴い、さっそく、アクティビストと呼ばれる投資ファンドの餌食となった。アクティビストは株価つり上げが唯一の狙いというシンプルなビジネスモデルだ。16年12月にはＪＲ九州株５・１％の保有が明らかになり、17年3月には６・１％まで買い増した。19年5月、米国投資ファンド、ファーツリー・パートナーズの投資責任者であるアローン・スターンは「自社株買いと社外取締役選任、指名委員会等設置会社移行を要求し、目標株価７０００円」などと会見した。

公開価格は１株２６００円、上場初値は３１００円と滑り出しは順調。格付けも大手格付け機関、Ｒ＆Ｉによる

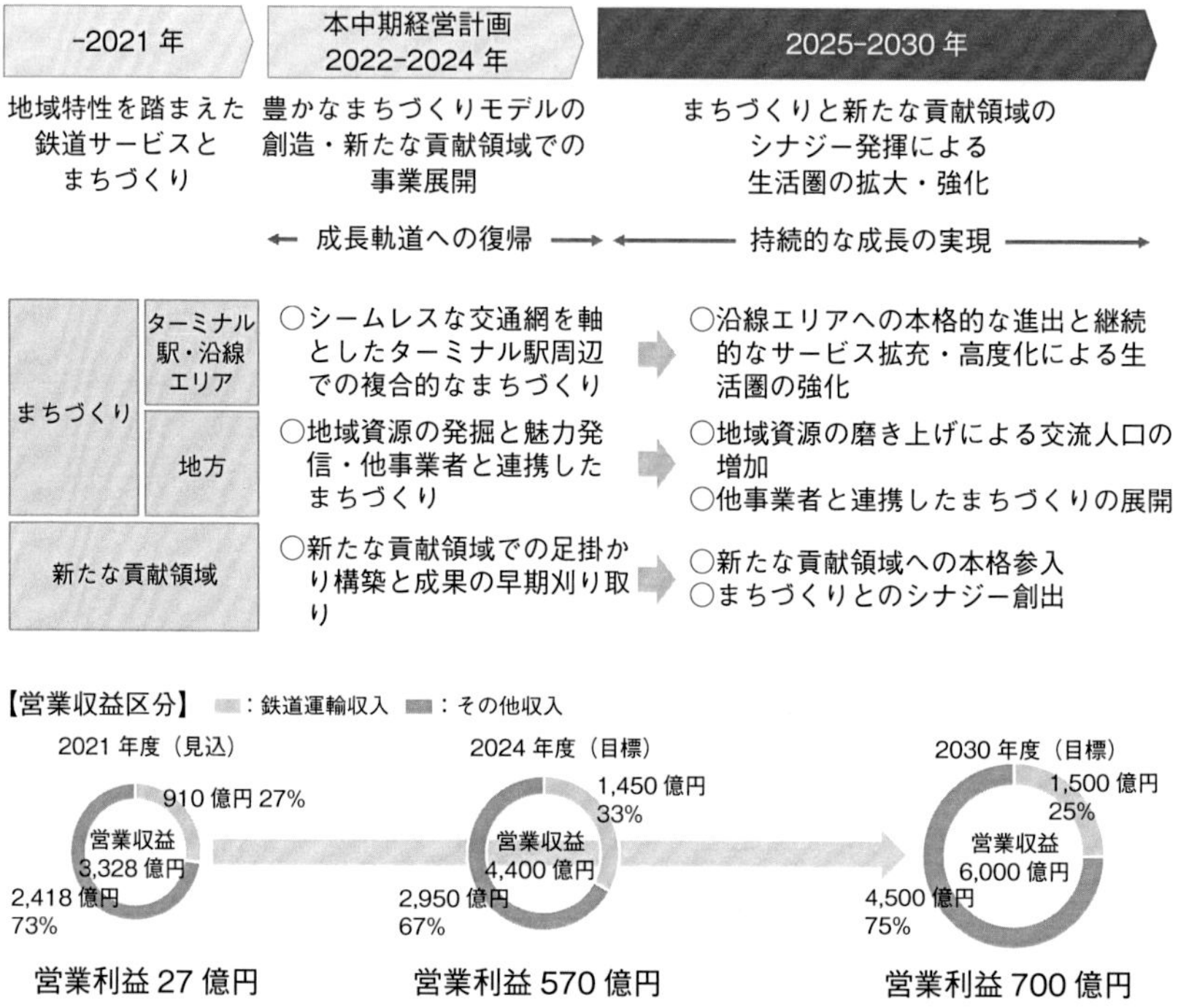

（JR九州「JR九州グループ中期経営計画2022-2024」を基に作成）

図3-5　JR九州の長期ビジョン実現に向けたステップ

と、「AAマイナス（ダブルAマイナス）」の安定的という評価で、お化粧した姿が高い評価を得た。「Aプラス（シングルAプラス）」の東京急行電鉄、小田急電鉄より上位だ。経営実態の評価よりお化粧した表面数字が優先される理不尽さを時には気にしないのも資本市場の特徴だ。

　ファーツリーの提案はいずれも拒否したものの、自社株買いは規模縮小した形で実施を余儀なくされた。追随するファンドはなく、20年8月4日、ファーツリーは持ち株比率を6・1％から3・06％まで引き下げたと発表した。外資の手に落ちる可能性に、JR九州ばかりでなく、国鉄改革関係者は危機感を募らせたが、財務基盤の奥が浅いことが判明し、追随するファンドはなく、西武鉄道の二の舞にはならずに済んだ。

とにかくＪＲ九州としては国鉄改革スキームを逸脱せず、完全民営化によりＪＲ会社法の呪縛から解かれる。経営の自由度は高まり、ＪＲ他社が「供給責任」の呪縛、鉄道の呪縛に苛まれる中、自主自立路線を歩むことができる。国鉄改革の仕上げに向けての施策と考えれば、〝会計の魔術〟によるドレスアップ上場、背伸び上場とも言われても、なんら不思議はない上場だ。ＪＲ九州は鉄道の償却資産を保有しない鉄道会社で、稼ぎ手は不動産、流通など非鉄道事業というＪＲ系初のユニークな電鉄型経営の上場会社誕生と言える（**図３-５**）。

ただ主力の不動産事業についても懸念は残る。たしかに博多駅では容積率緩和というボーナスが大きく、プロジェクトのリスクは小さくなる。しかし、東京での不動産事業展開となるとどうだろう。生き馬の目を抜くような不動産業者と激突することになる。開発案件も博多駅のような容積率緩和というアドバンテージはなく、容積率緩和を織り込んだ市場価格で仕入れなければならない。すでに東京での不動産事業はコロナ禍もあって厳しい試練に晒《さら》されている。

国鉄改革仕上げのカギを握るＪＲ北海道

ＪＲ九州が国鉄からの因習を断ち切り、鉄道専業意識から脱却し、経営体として自立、上場を果たしたのは前述した通りだ。これとは対象的に、ＪＲ北海道は「鉄道王国」を担うという国鉄意識が抜けないままスタートし、経営体としての自立に程遠い形で、今日を迎えている。

国鉄改革での国の意思は、まずＪＲの経営体としての自立だ。自立を前提に鉄道の再生を図るというものだ。順番を間違えてはいけない。現在進行中のＪＲ北海道、ＪＲ四国、ＪＲ貨物への国の支援策も、経営体としての自立のために支援を先決にしていることでも明らかだ。

しかし「国鉄一家」のDNAを引き継いでいるJRマンは、経営の自立と鉄道の再生を同次元なものと思い込んでいる。その典型がJR北海道だ。1987（昭和62）年のスタート時は鉄道の営業赤字を経営安定基金の黒字で穴埋めし、経常黒字を達成するという国鉄改革のスキームも順調にスタートし、黒字発進となった。ところが低金利時代の到来による経営安定基金の運用減と、JR貨物の線路使用料、アボコストの構造的欠陥によるコスト増―という国鉄改革の2つの収益調整措置の機能不全に悩まされている。

収益調整措置には3つあり、その仕掛けはJR7社の経営自立を図るという上部構造と、各社別には切り離せないJR共通の下部構造の二層構造から成り、下部構造と上部構造の矛盾を調整するための措置だ。3つの収益調整措置とも、構造欠陥が顕在化し、新幹線保有機構は解散という形で解決し、残る2つが持ち越されている。JR東海が東海道新幹線資産を買い取ることで、新幹線保有機構解散に成功し、高収益会社に転換したのに対し、JR北海道は経営安定基金、線路使用料のアボコストという残る2つの収益調整措置が経営の下部構造にビルトインされたままだ。JR九州は経営安定基金を取り崩し、改革の呪縛から解放され、上場を果たしたが、JR北海道とJR四国は安定基金もそのままだ。

3つのうち2つの構造的欠陥がJR北海道の肩にのしかかっているのだから、JR北海道が苦しいのは当たり前だ。国も承知している。安定基金では金利低下に伴う運用益減少を埋め合わせることを軸に対策を講じているが、抜本策にはなり得ていない。金利低下がまさかJR発足後35年も続くとは誰も思っていなかった。国の対策が小出しなのもやむを得ないところだ。JR貨物のアボコストは見切り発車の国鉄改革の弱点を晒しだしたかのように、複雑で解決策がなかなか見出せない。回避可能のコストを負担するだけで、重い貨物列車通過で損傷の激しい線路修繕費はJR旅客会社負担という矛盾はいかんともし難い。JR貨物負担となれば、JR貨物の経営が立ちいかなくなり国鉄改革のスキームは崩れることになる。こちらも抜本策が急務だ。

✣国鉄改革の2つの矛盾が重くのしかかる

ＪＲ北海道はＪＲ東海、ＪＲ九州のように自ら考え、発想を切り替える必要があったが、経営の自立と鉄道の「供給責任」「鉄道維持の公共性」を果たすことが同次元だから、矛盾した2つの収益調整措置に順応する形で努力する。国鉄改革のスキーム遵守を前提に、金利問題、アボコスト問題の不備を訴えるに留めてきた。

ＪＲ東日本と盟友関係にあり、人的関係も良好なことが割り切りを躊躇する要因の1つとなっている。承継資産、人材に恵まれたＪＲ東日本は政界、官界と不即不離の関係を築く。ＪＲ東日本は政府レベルの国鉄改革と鉄道再生を同時に追求する底力がある。

経営自立と鉄道再生の同時達成に加え、2つの矛盾する改革のスキームを遵守するという、二重のハンデを抱えての経営はどうみても無理がある。ＪＲ東日本と置かれた立ち位置が構造的に違うにもかかわらず、盟友ＪＲ東日本が改革のスキーム通りに〝王道〟を歩んでいることへの遠慮もあって泣き言は言いにくい。「国鉄一家」のＤＮＡの矜《きょう》持《じ》を守り、ＪＲ東日本同様の改革の王道を選んだことに今日の矛盾があり、すでに事態はＪＲ北海道だけでは手に負えないところまで来ている。

それでも、ＪＲ発足当初はそれで良かった。国鉄改革の〝憲法〟とも言われた改革のスキームに則って、王道の経営を続けてきた。とくに経営安定基金は国鉄再建監理委員会の自信の作だ。国鉄再建監理委員会委員長・亀井正夫は87年7月の監理委答申の会見の席上「これならいけると確信を持てた。乗客の激減さえなければ大丈夫」と、経営安定基金創設で、懸案のＪＲ3島会社のローカル線問題解決に自信のほどを示した。

国鉄改革での鉄道事業再生のひな型は電鉄会社で、都市型の鉄道だからローカル線とは根本的に事情が違う。電鉄のモデルをローカル線に持ち込むことが不可能なのは百も承知だ。国鉄末期には都市型鉄道の電鉄に類似している三大都市圏でさえ、衰退の一途を見せていたのだから、正攻法ではローカル線が消滅に向かうのは時間の問題だった。

地方交通線の具体的な撤退シフトは80年の国鉄再建促進特別法成立にまで遡る。国鉄線245線、営業距離2万3320キロメートルのうち地方交通線と位置付けたのが175線、1万160キロメートルに及ぶ。なかでも、輸送密度4000人未満線区の特定地方交通線83線、3160キロメートルをいわゆる「赤字ローカル線」と呼んだ。83線は1990（平成2）年までにバス転換か第3セクター鉄道に転換済みだ。輸送密度4000人未満だが、代替道路未整備など例外要件を満たした線区を含め92線、7000キロメートルが地方交通線として存続した。

JRの発足した87年度には輸送密度4000人未満の線区が全線区の36％を占めていた。それがコロナ禍前の2019（令和元）年度41％、コロナ禍の影響が直撃した20年度には57％と半数以上を占めるに至っている。

とくに北海道の落ち込みは激しく、20年度は総営業2250キロメートルのうち輸送密度500人未満が47％、2000人未満が38％で、全線区の92％が4000人未満、という惨状だ。国鉄改革時のバス転換など鉄道廃止方針に則れば、JR北海道は全線区の9割以上が廃止検討対象となる。

近年のローカル線の衰退ぶりを振り返れば、経営安定基金創設というアイデアは悪いものではなかった。前述したように鉄道の営業赤字を運用益という金融黒字で埋めるのに見合う基金を「持参金として持たせた」（亀井）という奇策ともいえるもので、この妙案がなければ国鉄改革は成立しなかっただろう。あくまでもローカル線維持に見合う運用益を持たせるのだから、輸送密度が2000人未満の線区でも廃止は簡単にはできないというプレッシャーを含んだ仕組みだ。

JR北海道の基金はJR発足直前に、当時、国債の過去10年の平均利回り年7・5％で逆算し、6200億円としていたのをあえて想定金利を年7・3％に下げ、6820億円とさらに620億円積み増すという温情を見せた。積み増ししたのは国自身に先行き金利低下が続くとの不安がよぎったのかもしれない。

✣経営安定基金のスキームは破たん

今思えば、経営安定基金には落とし穴があり、2年据え置きで償還10年、つまり7・3％分の運用益が保証されるのは2年分だけ。その後、徐々に償還され、10年経てば全額自主運用になる。国鉄改革は10年を一区切りとしており、国鉄清算事業団法が10年の時限立法で、経営安定基金も10年経てば、国の呪縛から解放されることになっていた。完全民営化を目指すのだから、当たり前と言えば当たり前の措置だ。当初2年間は年498億円の運用益となり、発足初年度470億円の営業赤字予想を十分埋めることができる計算となっていた。改革のスキームを守りながら、JR東日本同様の王道を行く、経営自立と鉄道再生の同時達成が可能なはずだった。

順調な滑り出しを受け、90年、JR北海道は中期経営計画をまとめた。94年度のグループ年商2500億円が目標で、うちJR北海道単体の運輸収入835億円、グループ企業収入1350億円とグループ企業収入が半分以上を占めるというJR九州顔負けの「総合サービス企業」への脱皮を目論んでいた。当時、初代社長の大森義弘は筆者のインタビューに対し「鉄道で成長していくことは時代錯誤だ。これからは鉄道を軸とした関連事業を展開していく」とし、エキナカ、エキソトを強化し、配当そして上場を目指していた。

JR東日本同様の「王道」への道はその後の金利低下の常態化で、改革のスキームに裏切られたにもかかわらず、発想の転換の余裕もなく、中途半端な改革を繰り返す。ハンデが大き過ぎてかつ多過ぎて、経営組織、鉄道の現場、労働組合問題も「国鉄一家」のDNAを引きずった「国鉄遺産」で、日常をこなすことで精いっぱいとなる。国鉄末期のように、経営側が労働組合を制御できなくなるような状態に陥り、貧すれば鈍する国鉄体質に先祖返りしたような状態が続く。ついには内向きの人員削減、修繕費削減最優先のツケが大事故の頻発につながり、社会問題として現実化する。

ローカル線問題も、鉄道の営業赤字を経営安定基金の運用益で埋めていけたなら、ＪＲ北海道はなんとか維持を目指しただろう。経営安定基金での「金利の概念」の欠如問題に加え、貨物鉄道のアボコスト問題がのしかかり、にっちもさっちもいかなくなっている。改革のスキームは経営の自立あってのローカル線問題だから、結果は自明の理だ。

ＪＲ北海道がようやくローカル線問題に本格的に手を付けたのが16年11月だ。「当社単独では維持することが困難な線区」を正式発表している。維持困難な線区は全線２４５７・７キロメートルの50・３％にあたる１２３７・２キロメートルに達するという衝撃的なものだ。15年度の輸送密度を基準にしたもので、輸送密度２００人未満も３線区ある。札沼線、根室線、留萌線の計１７９・４キロメートルで、バス転換などを目指す線区だ。札沼線は20年４月にバス転換、留萌線も全線廃止で合意、バス転換の方向で検討中だ。

輸送密度２０００人未満の線区は宗谷線、根室線、室蘭線、釧網線、日高線、石北線、富良野線の計９２５・７キロメートル。運行と施設保有を分離する上下分離方式で、鉄道維持を検討しようという線区だ。15年の集中豪雨で被災した日高線については21年４月にバス転換している。夕張支線がいち早く19年にバス転換したのは例外中の例外だ。

輸送密度２０００―４０００人となると、ＪＲ北海道全線のうち74％に達する。国鉄時代の廃止候補の基準は輸送密度４０００人以下の線区（代替輸送道路未整備などは基準から除外）だからＪＲ北海道の場合、３分の２が廃止検討対象となる。

改革のスキームに則れば、経営自立のためには不採算事業からの撤退は有力選択肢の１つだ。大企業の工場が企業城下町を形成していても、経営を脅かす存在になれば、工場撤退を止めることはできない。岩手県釜石市釜石工場の高炉を廃止した新日本製鉄などはその典型例だ。企業の最大の地域貢献は雇用だから、地域に与える打撃が大きい。

雇用面から見れば、工場撤退よりローカル線廃止の方が地域への打撃は小さい。

✣日立電鉄線に学べ

極端に採算が悪化しているローカル線を維持していることの方が、民営化した会社としてはおかしい。茨城県日立市を企業城下町とする日立製作所の例を見ればわかる。子会社、日立電鉄の日立電鉄線（常北太田―鮎川間、18・1キロメートル）を05年3月に廃線とした。日立は、00年のJR会社法改正に伴う許可制から届け出制への変更は千載一遇のチャンスという選択肢だろう。同年3月のJR法改正で需給調整規制の廃止により、鉄道事業への参入の簡素化とともに、廃線の際、許可制から事前届け出制に変わった。廃止1年前に届け出すれば、事業継続の義務は法律上なくなる。撤退が容易になった改正でもあった。

日立電鉄線は1928年の開業以来、通勤通学の足として61年には年717万人が利用した。廃線申請の直前の2002年には177万人、廃線の前年の04年では年139万人まで減少していた。1日当たりの輸送密度で見ると、長く3000人前後で推移したが、バブル崩壊後は日立のグループ会社などの工場撤退、規模縮小で、02年には1516人まで減少、廃線前年には1303人まで落ち込んでいた。

反対運動は根強く、廃線後も復活運動が続いたが、日立電鉄は「橋梁、設備の老朽化が進み、安全運行が維持できない」とし、鉄道ロマン、感情論に押されることなく、頑なに経営の視点から廃止方針を貫いた。日立電鉄同様、トンネル、橋梁など設備面で安全運行を理由にすれば、JR全体で見てもトンネルは00年度で耐用年数60年超が61％、橋梁では64％を占める。ローカル線のほぼ全線で、同様の理由により日立電鉄線に続いて廃線を申し出ることも可能だ。国交省はむしろ廃線、バス転換などモード転換を促す法改正に踏み切ったとも言える。

日立は07年のリーマンショック後、09年3月期決算で、未曽有の赤字を計上、経営再建の旗手として、当時子会社に転出していた川村隆を本社に呼び戻し、会長兼社長に就任させた。川村は期待に応え、「選択と集中」政策でV字回復を達成、経営難を見事に乗り切った。2012年3月期には純利益ベースで過去最高を達成し、13年には早々に相談役に退いた。川村の手腕は評価され、経団連会長待望論も強かったがこれを固辞したことで、さらに名声を高めた。「選択と集中」を推し進める日立グループから見れば、鉄道は単なる一事業で、どう考えても採算ベースにほど遠い。どんな工場より衰退の道を歩み、雇用面での影響も小さく、単なる一事業と考えれば将来がないのだから、躊躇なく撤退というのは当然の選択だろう。

函館市出身の川村は16年、JR北海道で「赤字事業の見直しにはひるんではならない」と講演した。鉄道を単なる事業の一部門と考える日立にとっては、日立電鉄の鉄道は役割を終えたと言い切れる。公益財団法人北海道倶楽部の会長でもある川村は、いち早く石勝線夕張支線のバス転換を実現させた夕張市長・鈴木直道（現北海道知事）を高く評価する。北海道倶楽部は主に首都圏在住者の北海道応援組織で、川村の前任がJR発足時、JR北海道入りがウワサされていた2代目JR東日本社長・松田昌士というのも何かの縁か。

JR北海道も日立電鉄を見習い、開き直って、ローカル線廃止に向け、動かざるを得ない（表3-3）。JR北海道がこだわった鉄道の「供給責任」、鉄道維持の公共性の段階はとっくに過ぎている。説明にも応じない自治体があるとも聞くが、そうであればJR北海道は廃止基準の届け出制に則り、具体的手順を示すべきだろう。ビジネスは時間との戦いだ。日立の例を見るまでもなく、民間企業なら当然の選択だ。JR北海道は国の機関、鉄道・運輸機構の100％出資とも言うが、これは国鉄改革仕上げに向かっての暫定措置であって、鉄道・運輸機構が株主権を行使する仕掛けにはなっていない。

再三繰り返すが、ローカル線維持はあくまで経営安定基金の運用益でローカル線赤字を埋めるという「内部補助」が前提となっている。前提が崩れたのだから、運用益を生まない経営安定基金であれば、取り崩すことも視野にいれ

表3-3　JRの経営判断で廃止されたローカル線の一覧

事業者	路線	廃止区間	営業km	廃止年月日
JR西日本	七尾線※4	和倉温泉－輪島	48.4	1991年9月1日
JR北海道	函館線	砂川－上砂川	7.3	1994年5月16日
JR北海道	深名線	深川－名寄	121.8	1995年9月4日
JR西日本	美祢線	南大嶺－大嶺	2.8	1997年4月1日
JR東日本	信越線	横川－軽井沢	11.7	1997年10月1日
JR西日本	可部線※5	可部－三段峡	46.2	2003年12月1日
JR西日本	富山港線※6	富山－岩瀬浜	8.0	2006年3月1日
JR東日本	岩泉線※1	茂市－岩泉	38.4	2014年4月1日
JR北海道	江差線	木古内－江差	42.1	2014年5月12日
JR北海道	留萌線	留萌－増毛	16.7	2016年12月5日
JR西日本	三江線	三次－江津	108.1	2018年4月1日
JR北海道	石勝線	新夕張－夕張	16.1	2019年4月1日
JR東日本	山田線※1、2	宮古－釜石	55.4	2019年3月23日
JR東日本	大船渡線※1、3	気仙沼－盛	43.7	2020年4月1日
JR東日本	気仙沼線※1、3	柳津－気仙沼	55.3	2020年4月1日
JR北海道	札沼線	北海道医療大学－新十津川	47.6	2020年5月7日
JR四国	牟岐線※7	阿波海南－海部	1.5	2020年10月31日
JR北海道	日高線※1	鵡川－様似	116.0	2021年4月1日

2022年2月3日現在
（特定地方交通線のほか、整備新幹線の開業に伴い経営分離された並行在来線および貨物線の廃止を除く）
注：※1　廃止時点において、被災により運休していた路線
※2　三陸鉄道へ経営移管した路線
※3　BRTに転換した路線
※4　経営形態変更（JR西日本：和倉温泉－穴水間は第三種鉄道事業）
※5　廃止した区間のうち可部－あき亀山間は2017年3月に再開業
※6　一部区間をルート変更のうえ、富山ライトレールにより2006年4月に再開業
※7　阿佐海岸鉄道からの要望により経営移管した路線

（国土交通省の資料を基に作成）

るとか、とにかく必要なのは抜本策だ。経営安定基金取り崩しは一時的には過去のマイナスを埋めることはできても、そのあとの稼ぐ力が見えないのだから、現実的ではない。

✣ 新幹線札幌開業メドに経営自立を目指す

鉄道の役割がじり貧の中で、道路の役割は大きくなる一方だ。北海道の高規格幹線道路の供用延長はＪＲ発足時１６７キロメートルだったのが、00年度には１１８３キロメートルと7倍だ。ローカル線をさらに追い込む形で、自動車道整備は続く。豊富な財源を持つ道路と比較にならない予算しかない鉄道とでは結果は明らかだ。

今、何が大事かというと、まず政府は前述の２つの収益調整措置の抜本的な構造改革の手を打たねばならないし、同時にＪＲ北海道自身が現実的な経営自立のストーリーを実行していかねばならない。ＪＲ北海道はコロナ禍前だが、18年7月、国交省の監督命令を受けて、『「経営自立」をめざした取り組み』という長期ビジョンと中期経営計画をまとめている。

監督命令は「北海道新幹線札幌延伸効果が発現する31年度に経営自立をめざすことを命じる」という期限を切っての具体的なものだ。監督命令に伴い鉄道・運輸機構の特例業務勘定から資金援助する。とりあえず19年度から2年間で４１６億円の資金支援が実現した。

30年度を目標とした「長期経営ビジョン未来２０３１」は31年度連結最終利益の黒字化を目指す（図3-6）。持続可能な交通体系を構築し、新幹線収支改善、運賃値上げなどで、経営再生を図るためには開発・関連事業の拡大による事業構造の変革、輸送サービス変革、鉄道オペレーション変革―の３つが経営戦略のベースだ。具体的にはコスト削減はむろん、鉄道事業では新千歳空港アクセス輸送強化、観光列車投入などで、開発関連事業では札幌駅新タワービル開発、ホテル・マンション事業拡大などの増収策に力を入れる。ホテルでは道内ナンバー１を目指す。開発・

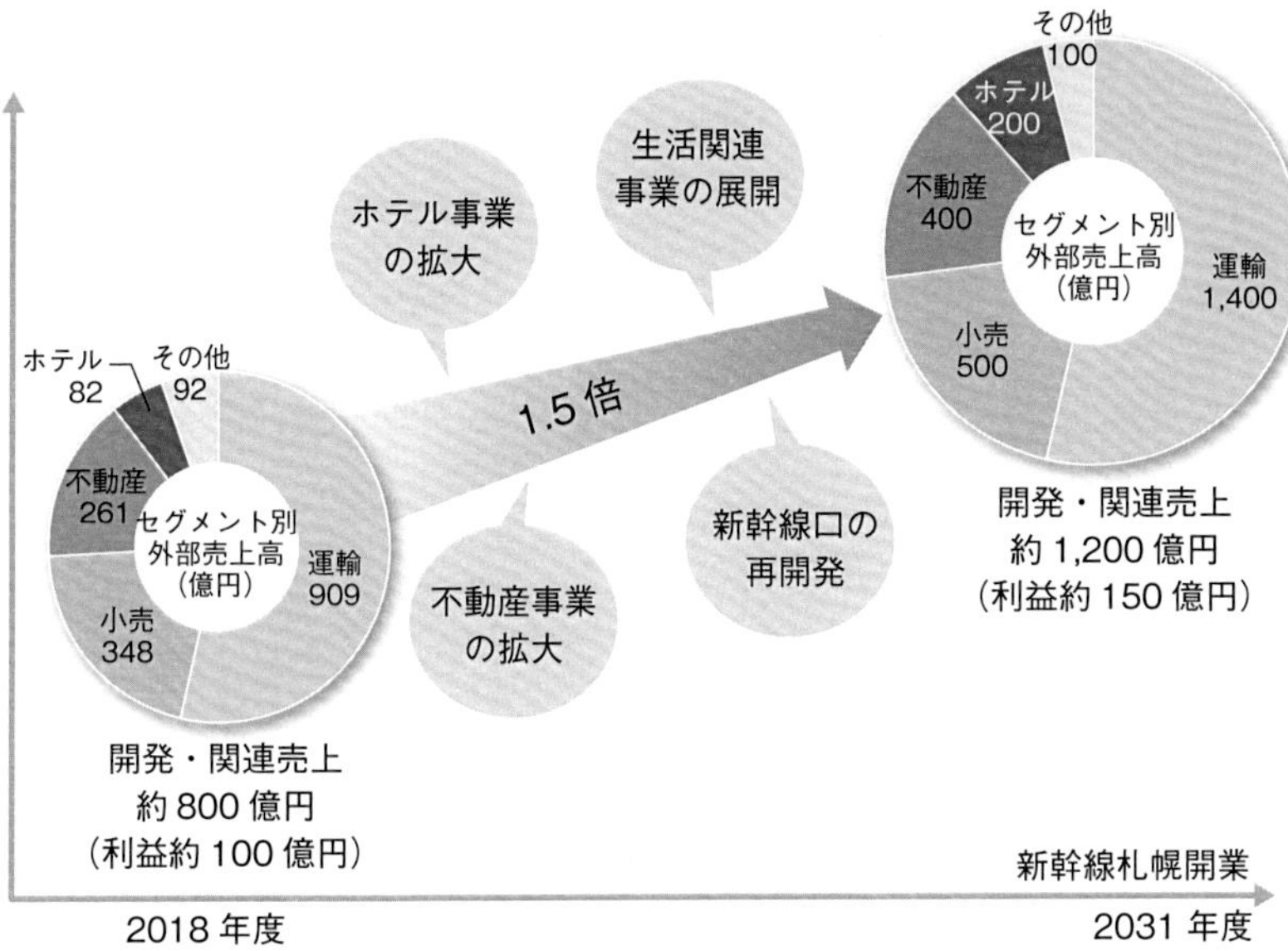

（JR北海道「JR北海道グループ長期経営ビジョン」を基に作成）

図3-6　JR北海道の開発・関連事業の拡大による事業構造の変革

関連事業の売り上げを800億円から1200億円に増やそうという、エキナカ、エキソトの成長を軸とした、JR発足時の夢を再びというビジョンでもある。

気合を入れて動き出した矢先、コロナ禍が襲い、23年度までの中期経営計画実現は困難になっている。20年度決算は409億円の最終赤字を計上した。国交省としても、コロナ禍での打撃を考慮し、20年12月には、「支援継続を拡充する」として、支援期限を30年度まで延長し、21年度から3年間1302億円と支援額を大幅増額した。経営安定基金の下支え、青函トンネルのJR負担見直しに加え、DES（デット・エクイティ・スワップ、債務の株式化）導入したことが注目される。鉄道・運輸機構からの借入金を株式に振り替える措置で、債務を圧縮し、資本を増強するものだ。DESは経営不振で債務超過に陥った企業の再生などに使われることが多く、国交省自らがJR北海道を経営破たんに近い企業であることを認めている措置とも言えそうだ（**図3-7**）。

21年度については基金の下支えが効いて400万円

●支援の概要

(1) JR 北海道、JR 四国等に対する助成金の交付等の支援の期限について、2030年度まで延長。
(2) JR 北海道、JR 四国等に対する具体的な支援パッケージは以下の通り。
①経営安定基金の下支え（運用益の安定的な確保）
②各社の中期経営計画期間内における支援の実施（総額：2,465 億円）
JR 北海道（〜2023 年度）：1,302 億円
※2019 年度・2020 年度の支援額（416 億円）と合わせて5年間で 1,718 億円
※令和3年度以降に地域と協力して行う「黄線区」への支援は別途検討
JR 四国（〜2025 年度）：1,025 億円
JR 貨物（〜2023 年度）：138 億円
③支援手法の拡充
新たな支援手法として、青函トンネル・本四連絡橋更新費用支援、出資、利子補給、DES、不要土地引き取りを追加
(3) これらの実施に必要となる法改正案（国鉄清算事業団債務等処理法の一部改正等）について、次期通常国会へ提出する方向で検討。

●具体的な支援策

(1) 経営安定基金の下支え（運用益の安定的な確保）
・経営安定基金の下支え（運用益の安定的な確保）（新規）
(2) 構造的な経営課題への支援
・助成金の交付（継続）
・青函トンネル・本四連絡橋の JR 負担見直しに係る支援（新規）
(3) 経営改革の推進
・省力化・省人化に資する支援（新規）
①設備投資に必要な資金の出資
②設備投資等に係る無利子貸付
・利子補給（新規）
・DES（Debt Equity Swap）※（新規）
※DES…債務（Debt）を株式（Equity）と交換（Swap）すること
・不要土地の引き取り（新規）

（2020年12月25日国土交通省プレスリリースを基に作成）

図3-7　JR北海道・JR四国などに対する国土交通省の支援について

の最終赤字にとどまった。JR北海道元会長の白川保友は「JR北海道が責任を持って経営する範囲をもう一度きちんと議論しないと、ズルズルとお金が付けば何とかやっていけるのではないかというのではいけない」と警鐘を鳴らす。

2031年の北海道新幹線（新函館北斗―札幌間）開業までしのげれば、何とかなると思っていないだろうか。東京―札幌間4時間30分達成が目的化しているが、青函トンネル、貨物輸送との調整、航空機との到達時

間、価格競争—など難題は山積だ。

現状の延長線上でJR北海道の自立経営を達成させるには、北海道には鉄道を残すというインセンティブは働かない。しかし明治以来、北海道の鉄道ネットワークとして構築した鉄道網を採算悪化だけで廃止することには、国鉄DNA集団、JR北海道自身に躊躇《ちゅうちょ》する気持ちがあることがことをややこしくしている。

新函館北斗—札幌間開業に伴う並行在来線問題も解決策が見当たらない。22年3月26日、並行在来線の函館線小樽—長万部間（140・2キロメートル）の廃線、バス転換で、道と沿線自治体が合意した。輸送密度の低さから並行在来線は粛々と廃止を視野に進んでいる。貨物輸送を考えるとどうなるか。貨物輸送ネットワークは日本の大動脈だ。20年10月の調査情報誌『立法と調査』（参議院調査室）掲載の論文「貨物調整金制度の見直しについて」（国土交通委員会調査室・大嶋満）によると、「JR貨物が鉄道施設を保有し、旅客会社の運行も担うという仕組み導入も考えられる」との興味深い問題提起も出されている。

北海道は全国的に見ても、まだまだ廃線、バス転換の動きは鈍い。中期ビジョン通り、ローカル線収支改善に向けての国、沿線自治体、住民との協議を進めるしか方策はない。やはりローカル線問題を貨物輸送の重要さを踏まえた、国の問題として捉えないと、JR北海道の苦境は続くことになる。

国鉄遺産「ローカル線」のエキナカ視点

JRの赤字ローカル線問題には発想の転換が必要だ。JRは鉄道だけでなく、過疎地でもエキナカを含めた思考が必要だし、地域も自らの地域社会の問題であると自覚することから始めなければならない。さらに国は「移動の自由」の原点に立ち、国鉄改革の仕上げを視野に地域公共交通問題として捉える必要がある。

✣「内部補助」によるローカル線維持は限界

国交省は2022（令和4）年2月14日、「鉄道事業者と地域の協働による地域モビリティの刷新に関する検討会」（座長＝東京女子大学教授・竹内健蔵）を設置した。「ローカル鉄道の現状について、危機意識を共有し、移動の足を再構築するとともに、国としてどのような政策を採るべきか」（国交省鉄道局長・上原淳）の方向性を見出そうというものだ。竹内は「単に廃止するとかではなく、選択肢、可能性を見出して、利用者本位の解決策を探りたい」と挨拶している。

国としては沿線自治体、地域住民、JRが一体となって、危機感を共有し、バス転換や上下分離方式採用など、その地域に適したモビリティへの転換を誘導する。上下分離方式は鉄道の下部のインフラを自治体が所有し、上部の運行を鉄道会社が担当する公有民営方式のことで、国はこれらモビリティに対し、制度面、財政面で後方支援しようというスタンスだ。上原は「コロナ禍で『内部補助』という構造は立ちいかなくなっている」と危機感を募らせる。新幹線、都市部の鉄道の黒字で、地方鉄道の赤字を埋めるという「内部補助」の構造からの転換を図る。検討会は危機意識の共有、「内部補助」構造からの転換という、当たり前の議論がようやく、主題に上ったことに意義はある。

国鉄改革でも「内部補助」により維持されていた赤字ローカル線は撤退すべきとの国鉄時代の方針を踏襲しており、「内部補助」は国鉄を悪くした元凶の1つと位置付けていた。

そのくせ、国鉄改革監理委員会答申では「地域と一体となった活力ある経営の結果、鉄道を残していくことが可能」とし、地域分割してその地域に適した効率経営が実現できれば、「内部補助」によるローカル線維持が可能という。これは当時、盛り上がる地域分割反対論を説得するため、「内部補助」は「総論悪、各論やむなし」という、自己矛盾を承知の上での使い分けだ。とくにJR3島会社については経営安定基金を創設し、ローカル線の赤字を金融黒字で補うという「内部補助」方式を採用した。国鉄改革の上部構造と下部構造の矛盾解決策としての「現実的対応」策だ。こうした自己矛盾こそが国鉄改革の真骨頂で、つまり政治的な収益調整措置としての基金だから、結果としては「内部補助」によるローカル線維持はやむを得ないという仕掛けでもあった。

経営安定基金という国鉄改革のスキームは欠陥が生じ、かつ「内部補助」脱却に動き出したのだから、改革スキームの修正もやぶさかではないことは新幹線保有機構の解散を見ても明らかだ。とくにローカル線問題は国としての鉄道ネットワーク構築というより、政治家の「我田引鉄《がでんいんてつ》」から始まっている。大正時代の国民宰相と言われた原敬の我田引水をもじった我田引鉄路線から田中角栄の日本鉄道建設公団（現鉄道・運輸機構）創設に至るまで、国鉄の意思を無視して政治的に敷設した線区が多すぎる。ローカル線は政治路線問題そのものとして現在に至っている。責任は国にあるのだから政治的に打開策を見出すしか方法はない。

鉄道局長の上原が「危機意識の共有と『内部補助』構造からの転換」を訴えたのは時期にかなったとも、遅すぎるとも言える。

JR3島会社も本州3社も結局、「内部補助」構造で、ローカル線を運営しているのが現実だ。「内部補助」構造が続き、経営安定基金の抜本改革が成されないならば、国鉄改革のスキームに則って、JR北海道、JR四国は前述の日立電鉄のように順次、廃線に向かうのは当然だろう。JR上場4社については「鉄道ネットワーク維持に努力する」という上場前の国交省指針があり、「内部補助」構造維持に努力を約束されているのは前述した通りだが、もともと「内部補助」には無理がある上、コロナ禍で限界を超えているのだから、廃線に向かうことはやむを得ないところだ。

検討会では「内部補助」構造から転換し、その地域のふさわしい地域モビリティを構築することを目指すわけだが、現在の制度を駆使しても、モビリティ転換には難題が山積している。ＪＲ３島会社の救済、経営自立の問題や単なる路線ごとに採算が合うか合わないかの地域の経済論理を国が後方支援するというのではなく、一歩、踏み込んで国の直轄問題として、鉄道を残すかどうか以前の交通体系を原点から見直すという発想の転嫁を図ることから始めなければならない。

まずは憲法に保証された基本的人権問題にまで遡って考えてみる必要がある。２０１３（平成25）年に交通政策基本法が施行され、「移動の自由」「交通権」そのものの文言は避けられたが、第2条には「国民等の交通に関する基本的需要の充足が重要」とのわかりにくい文言で、「移動の自由」「交通権」の視点からの条文が明記された。憲法22条で保証された基本的人権の１つ「移動の自由」の概念を踏まえ、「移動する権利は国が責任をもって保証する」ことが明文化されている。日常生活に必要不可欠な交通手段を確保する責務を国、地方公共団体、事業者、施設管理者などに負わせている。赤字だからといって簡単に鉄道、路線バスを廃止するのではなく、高齢者など交通弱者の「移動の自由」の具体的確保策として、過疎地域の公共交通機関のあり方を考えなければならない。交通手段は何も鉄道である必要はないわけだ。

注目のＭａａＳ（移動・乗り物のサービス化）についても、観光型ＭａａＳは「移動の自由」を前提にした、新しいビジネスだが、むしろＭａａＳが必要なのは観光型とは役割が違う、過疎地域でのＭａａＳだ。移動弱者のための移動支援システムで、過疎地域の公共交通機関のあり方としてのＭａａＳの役割が期待されている。

✣ 基本的人権「移動の自由」の原点に立ち返って議論を

そもそも「移動」の概念とはどういうものだろう。「移動」にはヒト、モノ、カネ、情報があるが、これら４つすべてに「移動の自由」があって、はじめて現代社会、ひいてはグローバル社会は成り立っている。コロナ禍が襲えば、ヒト、モノの動きが制約され、コンピュータウイルスが襲えば、情報の「移動」が阻害される。東京一極集中はヒト、モノ、カネ、情報の４つの「移動の自由」が前提で、首都圏の鉄道にとっても、追い風で４つの「移動の自由」を謳歌《おうか》してきたと言える。４つのうち１つでも阻害されれば、脆さを露呈してしまう。コロナ禍はヒトの「移動」を阻害し、グローバルどころか、隣県への移動も難しくしている。

歴史を遡れば、ヒトの「移動の自由」が保証されたのは明治時代になってからで、鉄道同様、わずか１５０年の歴史しかない。関所が廃止されたのは１８６９（明治２）年。それまでは「入り鉄砲に出女」と言われ、とくに江戸に留め置かれた大名の奥方が江戸から出ることには厳しい取り締まりが実施された。その後も往来手形などの制限はあった。江戸時代にあっても、伊勢参りなど寺社への参拝はできたわけだから、比較的自由ではあったが、名実ともに自由になったのは明治末ごろという。

明治以降の移動手段は鉄道中心で、明治政府の中央集権政策もあって、国内は自由。それ以来、日本人は鉄道、バス、タクシー、航空機、クルマと交通手段の発達とともに「移動の自由」を謳歌してきた。

戦後、日本人がこれを意識したことはなかった。今回のコロナ禍で、「移動の自由」がはく奪されるとは思ってもみなかったというのが本音だろう。03年のＳＡＲＳ（重症急性呼吸器症候群）、09年の新型インフルエンザ流行のいずれも、日本に直接被害が及ばなかったこともあり、恐怖感は希薄だっただけにその影響は計り知れない。

鉄道会社は自然災害、大震災については「移動の自由」を阻害されることは想定しているが、それは地域限定、期間限定の上にとどまる。日本の歴史は災害との折り合いの歴史だから、どんな自然災害でもいずれは折り合いがつき、復興する。

新型コロナは「移動の自由」を根底から奪ってしまった。それも全世界の人がどこでも感染する可能性があり、目に見えない恐怖感を抱いている限り、不要不急の「移動」に躊躇するのは当然と言える。

この「移動」を生業としている業界には激震が走っている。「移動の自由」を前提に、「移動」を促す業種が世界的な成長産業だった。航空会社は「移動の自由」だけをビジネスにしている一本足打法の業態だ。鉄道会社は「移動」だけでなく、レジャー、観光、駅空間ビジネス、ホテル、サービスなど業態は多岐にわたっているが、いずれも鉄道関連が多く、「移動の自由」関連事業ばかりだ。「移動の自由」は多少、奪われるとは思っていたが、「根底から」とは誰もが考えなかった。コロナショックは「移動の自由」の経営上の重大なリスクとして、BCP（事業継続計画）の見直し、ひいてはビジネスモデルそのものの再構築を迫っている。

欧州連合（EU）ではシェンゲン協定として、域内の「移動の自由」が保証されている。共通通貨ユーロと並び、国境を無審査で越えられる特権がEUの発展に寄与してきた根幹であることは言うまでもない。22年2月に始まったロシアのウクライナ侵攻で、改めて「移動の自由」の大切さが再認識されている。

「移動の自由」「交通権」の先進国はフランスだ。1982（昭和57）年に国内交通基本法を制定、「交通権」を明文化した。すべての人に移動する権利を認めようというものだ。誰もが低コストで快適に、社会的コストを増加させないで移動できる社会を実現する。社会党のフランソワ・ミッテランの大統領就任がきっかけだ。1970年代のフランス国鉄（SNCF）危機を契機に、鉄道にとどまらず、交通政策全体のあり方が検討された。交通政策の財源に石油税を投入し、SNCFについては経営自主権と国の財政補助を与える。地方分権も謳《うた》い、地域の交通はその地域が責任を持つ。財源は行政責任で確保するが、受益者負担も明文化している。

「移動の自由」「交通権」の先進国フランスは「交通権」の明文化とともに、交通政策全体のあり方、財源、SNCFへの財政援助策にまで踏み込んでいる。フランスを見習うには課題は多すぎるが、ローカル線問題については「移動する権利は国が責任をもって保証する」ことから考える必要がある。鉄道各社ごとの「内部補助」はもうとっくに限界が来ている上、上下分離論も負担能力のない沿線自治体を追い込むことにもなりかねないので、ひと工夫が必要だ。クルマ社会を謳歌してきた団塊の世代も運転免許証返上を迫られる年齢となり、「移動の自由」の大切さをかみしめるご時世になってきた。ローカル線問題こそ、日本の高齢化社会、交通問題を象徴する現実問題であり、将来の課題という国家の危機問題でもある。

✣「日本最短のローカル線」紀州鉄道のビジネスモデル

コロナ禍で一段と「移動の自由」が阻害される中で、エキナカの視点からローカル線問題を考えてみたい。

参考になるのは和歌山県御坊《ごぼう》市の紀州鉄道だ。紀州鉄道は自身のホームページで「日本最短のローカル線」を標榜する。本業はホテル、不動産で、鉄道は本業の信用力を高めるためのツールだ。ツールといっても立派な歴史ある私鉄で、１９３１年開業と91年の歴史を誇り、一般社団法人日本民営鉄道協会の会員でもある。運行距離は２・７キロメートル、駅は5駅、始発から終点まで所要8分で、１日20往復。レトロでモダンな車両で、平均時速は20キロメートルとゆっくり走る。鉄道本体の関連事業としても、イベント、グッズ、通信販売、お菓子、全国鉄道むすめコラボグッズにも参加するなど、エキナカ、エキソトをフル活用している。鉄道そのものが観光資源で、御坊市も観光路線として位置付けている。

紀州鉄道は東京・日本橋に本社を置く不動産会社鶴屋産業の子会社で、ホテル、会員制リゾートクラブ、別荘などを軽井沢、伊豆、湘南などに展開する。本業はエキソトの不動産事業で、鉄道は事業の一部門に過ぎず、線区として当然赤字だ。鉄道の信用力をフル活用し、北軽井沢別荘地では数ある別荘業者の中で「紀州鉄道」の文字が目立ち、「何となく紀州の鉄道会社の物件だから信用できそう」との安心感を与えている。

鉄道会社の別荘地というより、エキソトの不動産会社の鉄道ブランドという方が実態を表している。廃線に向けての動きはなく、むしろ広告塔としての役割は増している。

鉄道マニアの中には、鉄道会社というのは鉄道が常に中心にあり、赤字でも鉄道至上主義を貫き、堂々としているべきで、まして神聖な鉄道の信用を広告のために使うなど許されるべきではないという「鉄道神話」の持ち主が少なからず存在する。紀州鉄道のことは誰もが知っているが、マニアから見れば、上から目線で格下のそしりを受けている。だが実態は第2、第3の鶴屋産業が出現すれば、鉄道会社、地方自治体、沿線住民も少しは発想の転換を図ることができる。

実際、ＪＲ九州が東京で不動産事業を展開しているのは、この図式だ。ＪＲ九州が地元九州で関連事業を展開するのは、何ら目新しいことはないが、地の利のない東京で、不動産、レストランなどを本格展開している。紀州鉄道に比べＪＲの信用力、ブランド力ははるかに上で、これを見事に活用、エキナカ、エキソトの貢献が上場を可能にしたのは前述した通りだ。最近、ＪＲ西日本の東京進出も目立つ。

銚子電鉄は21年度決算で6年ぶりの黒字を計上した。売り上げ5億２８００万円に対し、最終利益は21万円。鉄道事業は売り上げの１割に過ぎない。ヒット商品「ぬれ煎餅」など物販商品は鉄道マニアに苦境を訴える作戦が功を奏し、エキナカ、エキソトでなんとか息をついているのが実情だろう。これもなり振りかまわないローカル鉄道の生き残りの姿で、鉄道だけで採算をとるのは不可能だということを世間に周知させる点での功績は大きい。

もっと科学的にローカル鉄道の生き残り策を提案したのが、18年4月に三菱ＵＦＪリサーチ&コンサルティングがまとめた、観光、まちづくりの視点からの「売り上げの上下分離論」だ。「ローカル鉄道の健全経営に向けた行政支援のあり方に関する調査報告書」としてまとめたもの。

売り上げの上下分離論は収入面の運賃収入と、運賃以外のそのほかの収入増を目指そうというもの。沿線自治体と鉄道会社の得意分野の役割分担を明確化させ、上部構造の鉄道会社は観光、イベント、観光列車、商店街とのグッズ開発、物販・不動産などで、収入増を目指す。下部構造の沿線自治体沿線への商業施設誘致、住宅開発、公共施設立地、駐車場整備、バスなどとの連携、通勤通学の利便性向上―など、インフラ整備と鉄道を軸としたまちづくりを目指す。

鉄道の公共施設化で、「おらが鉄道」の意識を促す面では公有民営による上下分離方式の導入はそれなりの効果はあるが、もっぱらコスト削減による経営収支改善策で、負担の付け替えの仕組みであり、それ自体が収支改善をもたらすのは限定的という。

調査対象は国交省が定める「地域鉄道」96社。第3セクター鉄道、中小民鉄などで、エキナカ、エキソトを含め、血のにじむような経営努力を続けているが、すでに限界に来ている。19年度の地域鉄道95社の経常収支は黒字21社、赤字74社で、赤字率は79％に達する。せっかくの「売り上げ上下分離論」も理念は理解しながらも、具体的効果となると、「焼け石に水」の域を出ない。公募社長の健闘がマスコミをにぎわせているが、それでも黒字化は難しい。

✣野村総研「地域交通DX基盤」構築に見るエキナカ視点

もう1つ、シンクタンクの興味深い提言が22年3月に発表された。野村総合研究所（NRI）の「持続可能な地域公共交通のあり方」で、ローカル線沿線住民1万人を対象にアンケート調査も実施している。

レポートによると、第1に公共交通を地域全体で支える仕組みが必要で、その具体策として「地域交通DX（デジタルトランスフォーメーション）構築」を提唱している（図3-8）。決済仲介基盤、MaaS基盤、認証基盤から成り、決済プラットフォームと交通インフラを連携させた仕組みだ。地域店舗の決済手数料の一部を積み立て、デマンドバス（事前予約制のバス）などをICカードのタッチで予約、病院、薬局などの受付、認証機能などを提供する。駅を人流だけでなく、物流、サービス拠点とする。鉄道は人だけでなく、モノ、サービスの複合輸送を担う。将来はドローン、配送ロボット、自動運転などで家庭にまでモノを届けられるサービスも可能だ。鉄道車両が移動型店

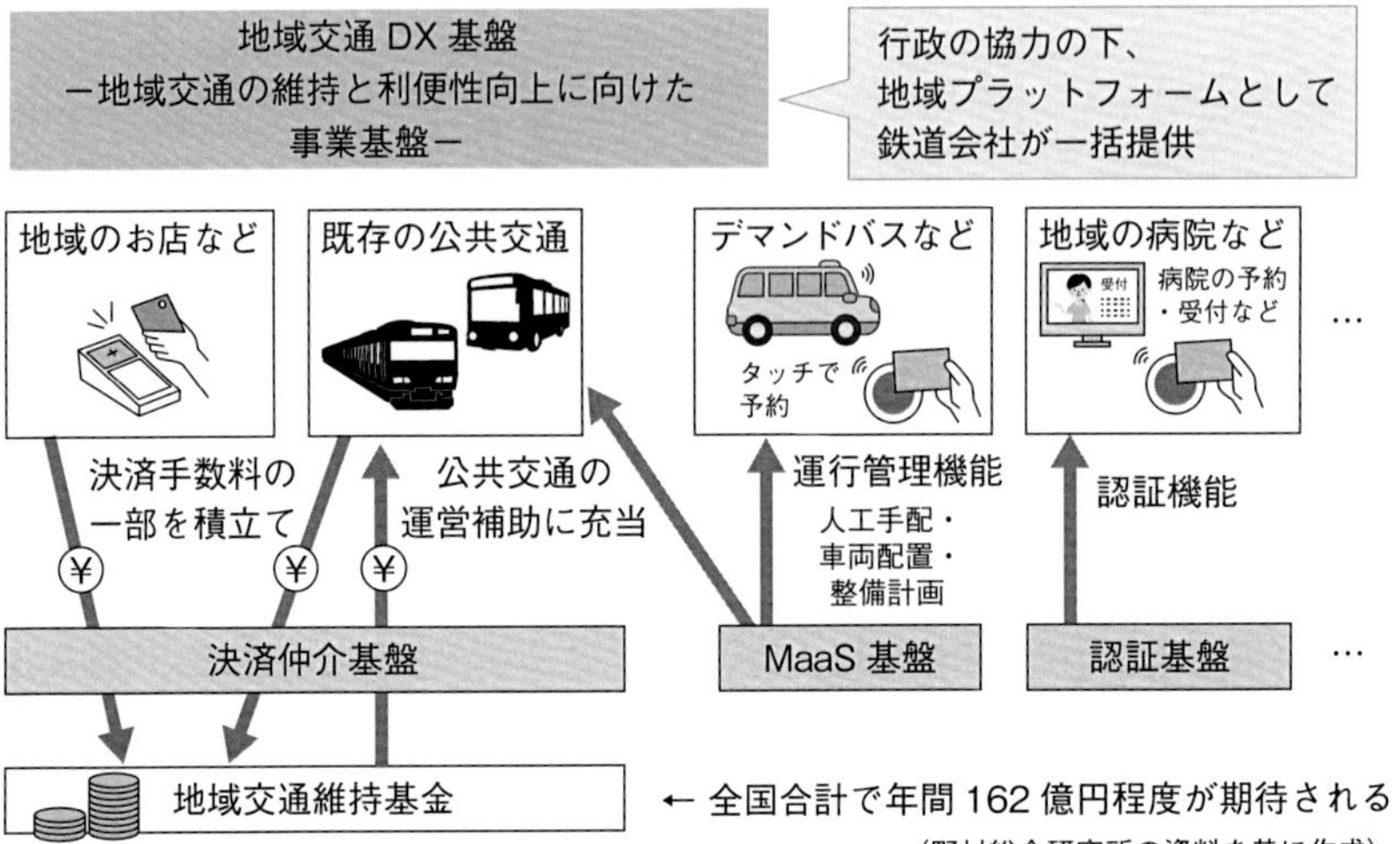

（野村総合研究所の資料を基に作成）

図3-8　キャッシュレス決済手数料を原資とした「地域交通DX基盤」と「地域交通維持基金」

舗、移動型診療所となることも可能だ。

ＮＲＩの「鉄道維持指数」によると、コロナ禍前の利益水準を２０１９年度＝１・０とすると、ＪＲ北海道では30年度０・87、40年度０・78にまで落ち込む、ＪＲ東日本でも同０・93、同０・83となる（**図３－９**）。指数は現行の運賃水準、路線網を前提として人口減少、テレワークの促進などを考慮した長距離移動の減少、鉄道会社のコスト削減目標をも織り込んだ将来の利益水準を示す。現行の仕組みが続けば鉄道事業の持続が困難になり、ローカル線のあり方は見直しを迫られているということだ。

見直し議論が進まないのは、運行本数など「利便的価値」、運賃収入など収益化による「事業的価値」、地域の宝としての「シンボル的価値」の３つが、均衡する解が見つからずトリレンマに陥っているためという。議論の主導者が見つからない上、鉄道へのノスタルジアへの期待が強いことも影響している。

地域全体でローカル線を支える合意がなされれば、地域の「なくせないが効率化も困難なサービス」を地域横断で請け負うなど、新たな地域事業創出も可能という。地域の生活を

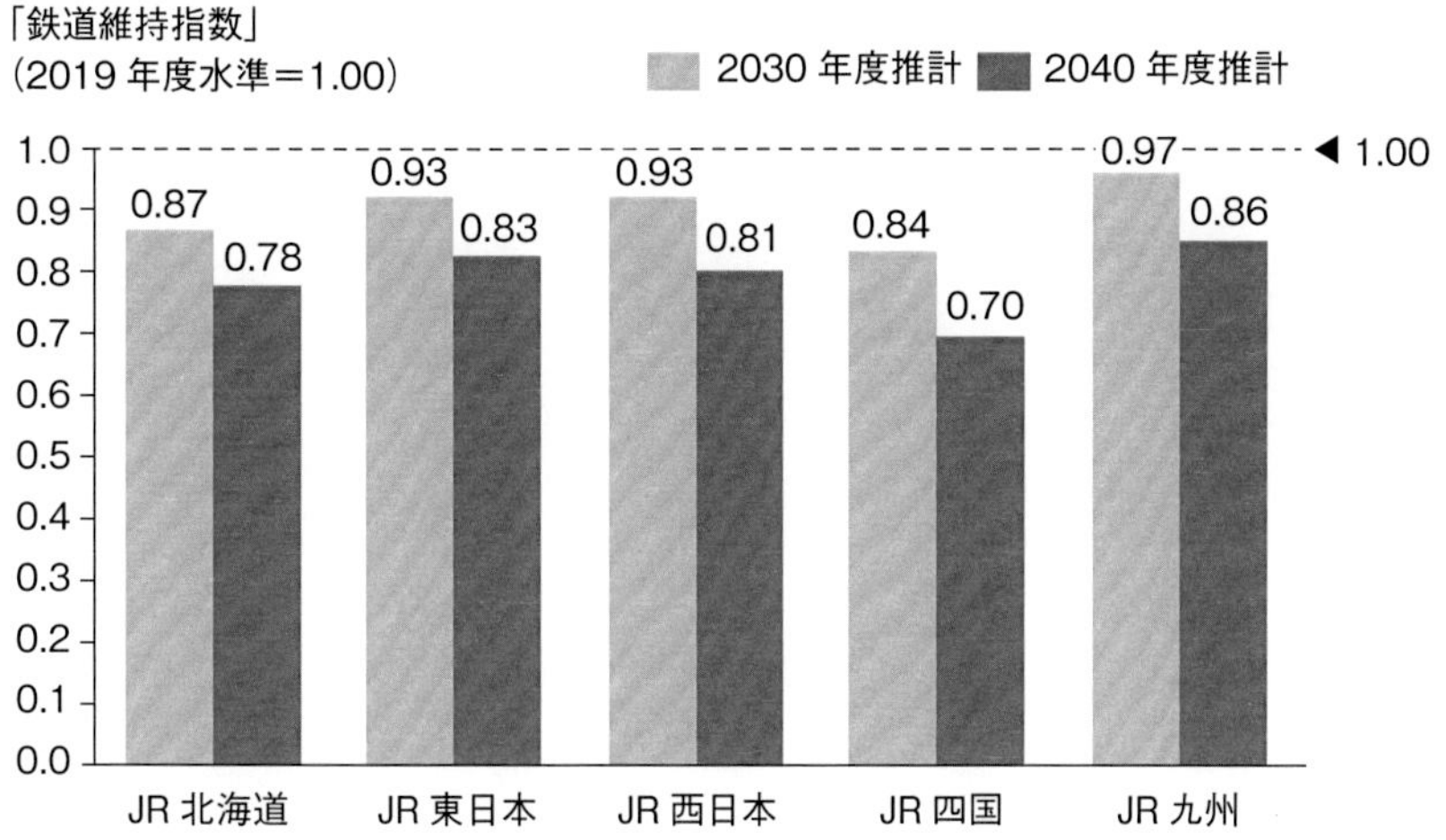

（野村総合研究所）

図3-9　JR各社の鉄道維持指数（2030年度・2040年度）

支える基礎的なインフラ事業、地域内で集約するメリットのある、たとえば駅舎と郵便施設の融合、鉄道施設を使った5G基地局のシェアリング、水道などの社会インフラにおけるPPP（官民連携）、PFI（公共施設への民間資金導入）事業への参加、買い物難民に向けた移動販売網、冠婚葬祭事業、テレワーク、ワーケーション事業、お墓の権利販売・維持、法要のサブスクリプション―などだ。

これらシンクタンクの提言がそのまま実現するとは思われないが、アンケートではローカル線を日常使用しない住民61％も「公共交通維持のため、税金や補助金など地域の負担を加えるべき」と理解を示すようになってきた。発想の転換への土壌は整いつつある。目線を鉄道という〝線〟から、エキナカ、エキソト、さらには地域の〝面〟に上げることにより、残すべきローカル線、バス転換すべき路線などを地域自らが選択する機会を提供する意味でも参考になる提言と言えそうだ。

✣国の主体的関与が前提

22年7月25日、モビリティ検討会は「地域の将来と利用者の視点に立ったローカル鉄道の在り方に関する提言」をまとめ

図3-10　気仙沼線BRT

た。それによると、輸送密度1日1000人未満線区などを目安に、国主導で協議会を設置、最長3年で、結論を出す。鉄道存続かバス転換、BRT（バス高速輸送システム）転換などをJR、自治体合意の上で、その地域に見合った交通インフラの整備を決めていくというものだ（図3-10）。鉄道は広域的で、いくつかの自治体にまたがっていることも、鉄道事業者マターの問題と認識しがちだが、これからはJR線区について「国が主体的に関与しながら沿線自治体とともにその在り方について検討していくべき」と結論、地域の問題であり、国策としての地域の交通インフラの問題だという視点を前面に出した点では画期的な提言と言える。

中小民鉄、第3セクター鉄道のコスト削減も限界を超えている。過疎地域での「移動の自由」を保証する交通体系構築を念頭に、国が責任をもって、赤字ローカル線の「負の国鉄遺産」からの脱却を図らなければ、とても「鉄道大国」とか「鉄道先進国」とは言えない。

第4章

エキナカから見る「国鉄一家」の功罪

小岩井農場を創設した「鉄道の父」井上勝の経営センス

「鉄道の父」としての井上勝の評価は現代でも揺るがない。井上勝は「吾が生涯は鉄道をもってはじまり、すでに鉄道をもって老いたり、まさに鉄道をもって死すべきのみ」と、激動の明治時代の荒波のなかでも、鉄道一筋のブレない理念、行動は現代人にも共感を呼んでいる。

東京駅に建立されている銅像は2代目。初代は1914（大正3）年に建立され、除幕式では総理大臣の大隈重信が祝辞を述べている。44（昭和19）年戦争下で供出され、銅像は潰されたが、59年に2代目銅像が建立された（**図4-1**）。61年、総武線東京駅乗り入れに伴い撤去され、倉庫に保管の憂き目を見たが、その後の復活運動で、2代目はJR発足の3か月後に、改めて東京駅・丸の内駅前広場に復活した。ところが2007（平成19）年、丸の内駅舎復原工事に伴い再度、撤去され倉庫保管となった。東京駅の工事はその後も続き、18年、11年ぶりに3度目の復活を成し遂げている。

何度撤去されても不死鳥のごとく、蘇《よみがえ》る。井上を敬愛する鉄道マンがいかに多いかがわかろうというものだ。井上勝はなぜ国鉄マンばかりでなく、国鉄時代を知らないJR社員にも敬愛されるのか。

✣鉄道全国ネットワーク構築の基礎を築く

井上は鉄道国有化論者の急先鋒として知られているが、国有化に固執していたわけでない。明治時代の殖産興業策のインフラとして、鉄道を軸に全国に幹線鉄道ネットワークを敷くことに尽力した国家観のある信念の人だ。明治政府の人脈をフルに活用し、日本初の私鉄、日本鉄道の敷設にも尽力している。

1892（明治25）年、鉄道敷設法制定に向け、全国の幹線鉄道国有化の基礎づくりに努力した。井上の努力は退任後の1906年、鉄道国有法の制定により、一応の完成を見た。長州出身の井上の政治力なかりせば、鉄道の全国ネットワーク完成は無理だったであろう。柔軟で現実的な見方をする人でもあった。

鉄道一筋の井上は経営には興味がないとの見方もあるが、そうではなく、人一倍実業に関心はあったが、不器用で、経営センスはなかったというのが実相だろう。

（提供：日本交通協会）

図4-1　井上勝銅像の再建除幕式（1959年10月14日）

鉄道一筋の人が小岩井農場を創設したことが興味を引く。1888（明治21）年6月、鉄道局長官だった井上は青森までの東北線の建設工事視察のため、盛岡を訪れた。この時、岩手県知事・石井省一郎の案内で、網張《あみはり》温泉を訪れている。訪問の前年に新築したばかりの網張温泉は良質な湯、充実した設備で、快適だったことが想像できる（**図4-2**）。途中、岩手山南山麓の荒涼とした大地を通り、井上は「鉄道敷設事業に携わる中で、数多くの美田良圃《びでんりょうほ》を潰したことに対する

図4-2　網張温泉絵図（1894年6月）

悔恨の念があり、せめて開墾して大農場を拓くことが国家公共のため」（小岩井農場）とし、農場の創設を考えたという。この美談は網張温泉行に同行した長女の卯女子が語り残したと伝えられている。卯女子はその後、森村財閥の6代目・森村市左衛門の次男、森村開作に嫁いでいる。

網張温泉は岩木山信仰の霊泉で、開湯は奈良時代の７０８―７１５年（和銅年間）と伝えられる。元湯は岩木山山中の犬倉山の爆裂火口付近にあり、１８７２年６月、盛岡県は山麓の駒木野に入植した旧下級藩士98人に払い下げた。旧藩士はここに笹小屋を建て、湯治場とした。ただ「仮小屋をつくり、筵《むしろ》をしいて休む状態」（『雫石町史』）で、使い勝手は良くなかったが、万病に効くという効能を求めて「当時は年３０００人位の利用があった」（同）と盛況だったようだ。

１８８７年、県議でもあった滝沢村（現滝沢市）出身の沢村亀之助は元湯の共有者95人のうち82人から所有権の譲渡を受け、翌年、元湯から引き湯し、大釈温泉（現網張温泉）が誕生した。沢村亀之助は井上勝と同行した県知事・石井と親しく、網張温泉そのものも、石井の応援があって引き湯でき、開業できたものだ。井上を招いたのも2人の連係プレーと言えそうだ。新築の温泉は7棟の客室棟と浴室6つの大掛かりな温泉施設で、「源泉かけ流し引き湯」の名湯だ。白濁の単純硫黄泉で、効能は慢性皮膚病、婦人病、切り傷、糖尿病、末梢神経障害など。井上と卯女子がすっかり気に入ったことは想像できる。当時の網張温泉の様子は1910年6月刊の『網張温泉記』（沢村亀之助）に詳しい。

網張という地名の由来について、現在の網張温泉の支配人・鎌尾宗慶は「薬師社の縁起では『魑魅魍魎《ちみもうりょう》の怪物が入ってくるので、網を張って防いだ』説、盛岡藩営で山岳信仰の神域への立ち入り禁止説、明礬《みょうばん》が産出するため、藩が厳しく盗掘防止の管理していた説」―などがあるという。明礬産出の温泉は別府明礬温泉、長野県中房温泉が有名で、73年、両温泉は明礬をウィーン万国博覧会に出品している。貴重な明礬は網張に限らず、どこも藩の厳重な管理下にあったのは確かだろう。

現在の網張温泉は温泉とスキーの高原リゾートで、全国に37ある休暇村の1つ。眺望もすばらしく、とくに雲海の美しさに惹かれたリピーターも多い。おしゃれな温泉リゾートで、神秘な温泉の一軒宿の雰囲気はないが、井上は湯に浸かり、大地を一望する雄大な景色を眺めながら、雄大な欧州型の牧場構想を思いついたとしても不思議はない。

牧場経営には多額の資金が必要で、役人の井上には資金がなく、着想、資金繰りを含め、日本鉄道副社長・小野義眞に相談し、小野が岩崎彌之助を紹介し、小岩井農場構想が実現化に動き出した。井上の理念に感銘した岩崎はその場で出資を快諾と伝えられているが、そんな甘い話ではなく、岩崎とは厳しいビジネスライクの契約が交わされている。小岩井のネーミングは小野、岩崎、井上の頭文字を1字ずつ取り、91年1月、小岩井農場は井上自身が場主となり、開設された。井上の根回しする力は経営問題でも抜きん出ていることは確かだろう。

美談の陰に、井上のサラリーマンとしての事情もあった。87年、井上は子爵となり、2万円を下賜された。役人引退後の資産運用策として、鉄道周辺の土地活用ビジネスに乗り出そうというもので、牧場経営を考えたとしても不思

（提供：国立国会図書館「近代日本人の肖像」）

図4-3　井上 勝

議はない。

✣小岩井農場創設美談の真相

井上は英国で鉱山技術、鉄道技術を学んだ際、欧州の大規模農法も知ることとなり、引退後のビジネスとして、鉄道沿線の荒野開拓を発想したものだろう（**図4－3**）。

当時、欧米式大農法は、鉄道同様、お雇い外国人により普及を図られており、東京大学農学部を中心に、実験大農場が稼働していた。お雇い外国人は政治、法律、経済、芸術、鉄道、医学など各分野で活躍、日本の殖産興業、富国強兵に貢献したが、欧米式大農法については日本の風土には馴染まなく、とくに小岩井の厳しい自然風土には適さなかった。

井上が盛岡入りした翌年の1889（明治22）年7月、官有地3622町歩の借用願を岩手県に提出、12月には農場地の測量を開始している。1891年11月には彌之助の兄である岩崎彌太郎からの資金供与を受け、小岩井農場創業にこぎつけている（**図4－4**）。『小岩井農場100年史』（小岩井農牧、1998年）によると、1892年には畜牛35頭を購入、続いてウルシの苗木3万本、クワの苗木4万5000本を植栽している。不毛の地を緑の大地に変えようとし、まずウルシの木、クワの木を植えたが、土壌が痩せ、寒すぎて育たなかったのが実態だったようだ。

1894年には英国からスチームプラウ（洋犂）を購入、わが国初の自動耕運機も導入した。国際人・井上らしく機械化に踏み切るが効果は限定的であり、作物中心から畜牛主体に変更するなど経営改善に努力したが、結局は同年、桑園造成を断念せざるを得なかった。

井上の理想と現実のギャップは大きかった。結局、井上が策定した当初の経営計画は未達のまま、一度も黒字化することはなかった。１８９９年、井上は小岩井農場主を岩崎彌太郎の長男・久彌にゆだねることになる。

井上にかわり、同年、小岩井農場主となった岩崎久彌は下総御料牧場幹部を招くとともに、牛馬の種畜を輸入、牧畜中心の現在の小岩井農場の隆盛の礎を築いた。

井上が盛岡から網張温泉に向かった旧網張街道の一部が小岩井農場の中に残っている。2キロメートルほどを、小岩井農場が当時のまま保存している。初代場主、井上が鉄道敷設にかけた一途な道のような真っ直ぐな街道だ（図4-5）。

（提供：小岩井農牧株式会社）

図4-4　小岩井農場の旧育牛部倉庫。井上勝が農場主であった頃の建設と推測される（国指定重要文化財）

✣ 鉄道車両でも国産化方針を貫く

井上は引退後のビジネスとして、小岩井農場とは別に鉄道車両製造会社設立を模索していた。鉄道庁長官辞任後の93年には準備を始めている。理想に燃えた農場経営は素人の思いつき商法の域を出なかったが、車両製造は井上の専門分野であるばかりでなく、「クロカネ（鉄道）」のひとらしく、理念もしっかりしている。

成長産業・鉄道の将来を考えると、外国に頼るのではなく、国産化は急務だ。井上は東海道線逢坂山トンネル建設でも、日本人だけで完成させ高い評価を得ている。鉄道プロジェクトではお雇い外国人抜きで、国産化していくとの信念で一貫している。井上の一貫した国産化方針が後の「鉄道大国ニッポン」の礎を築いたともいえよう。

図4-5　小岩井農場内の旧網張街道

１８９７年、汽車製造合資会社を大阪で設立、社長に就任した。資本金は60万円、岩崎久彌、住友吉左衛門、渋沢栄一、藤田伝三郎、安田善次郎、大倉喜八郎ら錚々《そうそう》たる財界メンバーが揃ったが、井上の出資は3万円に過ぎない。ここでも井上の根回し力の高さが証明されている。小岩井農場では縁故の強い長州人脈が軸だったが、こちらは理念に賛同する財界中心で、ビジネスとしての潜在力を高く評価されている。

実務としては平岡工場を経営する平岡凞《ひろし》をスカウトした。平岡工場は１８９０年に匿名組合、平岡工場として創業、94年、個人経営に移行した民間初の車両メーカーで、創業には渋沢栄一もかかわっている。平岡は経営も順調なことから、汽車製造入りを渋っていた。平岡は井上のかつての部下で、長州人脈でもあり、井上の粘い説得に抗しきれず、97年、副社長として汽車製造に入社した。井上は平岡に実務を任せて経営を軌道に乗せている。専門外で他人任せだった小岩井農場では失敗したのに対し、鉄道事業という専門分野では根回しする能力も、人を見る目も確かだった。

１９１０年、汽車製造は平岡工場を合併し、機関車を製造する大阪工場を大阪本店に、客車、貨車を製造する平岡工場を東京支店とした。36年、本社を東京・丸の内に移転し、大阪本店を大阪支店とした。汽車製造は72（昭和47）年に川崎重工業に吸収合併されるまで、大手の車両メーカーで、東証第1部上場会社だった。

詳細は後述するが、平岡は１８７８年、日本初の野球チーム、新橋アスレチック倶楽部を創設、監督兼投手という日本初のプロ野球選手としても活躍した。１９５９年、読売新聞社・社長の正力松太郎とともに、野球殿堂入り第1号の栄誉を受けている。

井上は実業家にはなり得なかったところが、また「鉄道の父」として敬愛される理由かもしれない。

後藤新平「大家族主義」のDNA
制服から国鉄スワローズまで

エキナカ１５０年の深層を知る上で、「国鉄一家」の存在を忘れてはならない。国鉄が解体され、「国鉄一家」は死語になり、ＪＲになったからといって「ＪＲ一家」とは言わないが、「国鉄一家」抜きにエキナカは語れない。

✣古き良き時代の国鉄一家の「生みの親」

「国鉄一家」のルーツは初代鉄道院総裁の後藤新平の理念に基づく「大家族主義」から始まっている（**図4-6**）。「日本鉄道の父」井上勝からの理念を引き継ぎ、「大家族主義」をもとに、古き良き時代の「国鉄一家」の生みの親とも言えよう。国鉄の基盤を築いた功績は計り知れない。

（提供：国立国会図書館「近代日本人の肖像」）

図4-6　後藤 新平

１９０６（明治39）年、国有鉄道法制定後、2年がかりで17の私設鉄道と官設鉄道を大合同し、帝国鉄道庁が誕生した（図4-7）。国有化のメリットについて、経済史に詳しい、経済評論家の高橋亀吉は著作『日本近代経済形成史第3巻』（高橋亀吉著、東洋経済新報社、１９６８年）の中で、第1に輸送の敏速化、運賃の低廉化が図られ、石炭など戦略物資の特殊運賃制採用が可能になったこと。第2に鉄道事業の大規模化により、鉄道車両など鉄道関連産業の発達を促すことが可能になったこと。第3に17私鉄を4億８２００万円で買い上げのための交付公債発行により、資金が民間に回り、その資金エネルギーにより民間企業が勃興することに寄与したこと—など、鉄道の全国ネットワーク構築ばかりでなく、日本の殖産興業の期待を担った大合同であったと分析している。

08年、帝国鉄道庁と逓信省鉄道局が統合し、内閣直属に格上げとなり、鉄道院は誕生した。後藤は逓信大臣兼務の初代鉄道院総裁になった。後藤は当時、政争に翻弄されていた鉄道事業を「禍外に置くべきや」とし不偏不党を掲げた。内部的にはまず意思統一が必要で、その具体策として制服制定、常盤病院（現ＪＲ東京総合病院）、中央鉄道教習所（後の中央鉄道学園）、共済年金組合制度の確立、日用品を廉売する物資部設置、家族無料パスなど、家族を含めた福利厚生の充実、ファミリーの一体化、共同体意識の醸成を図った。

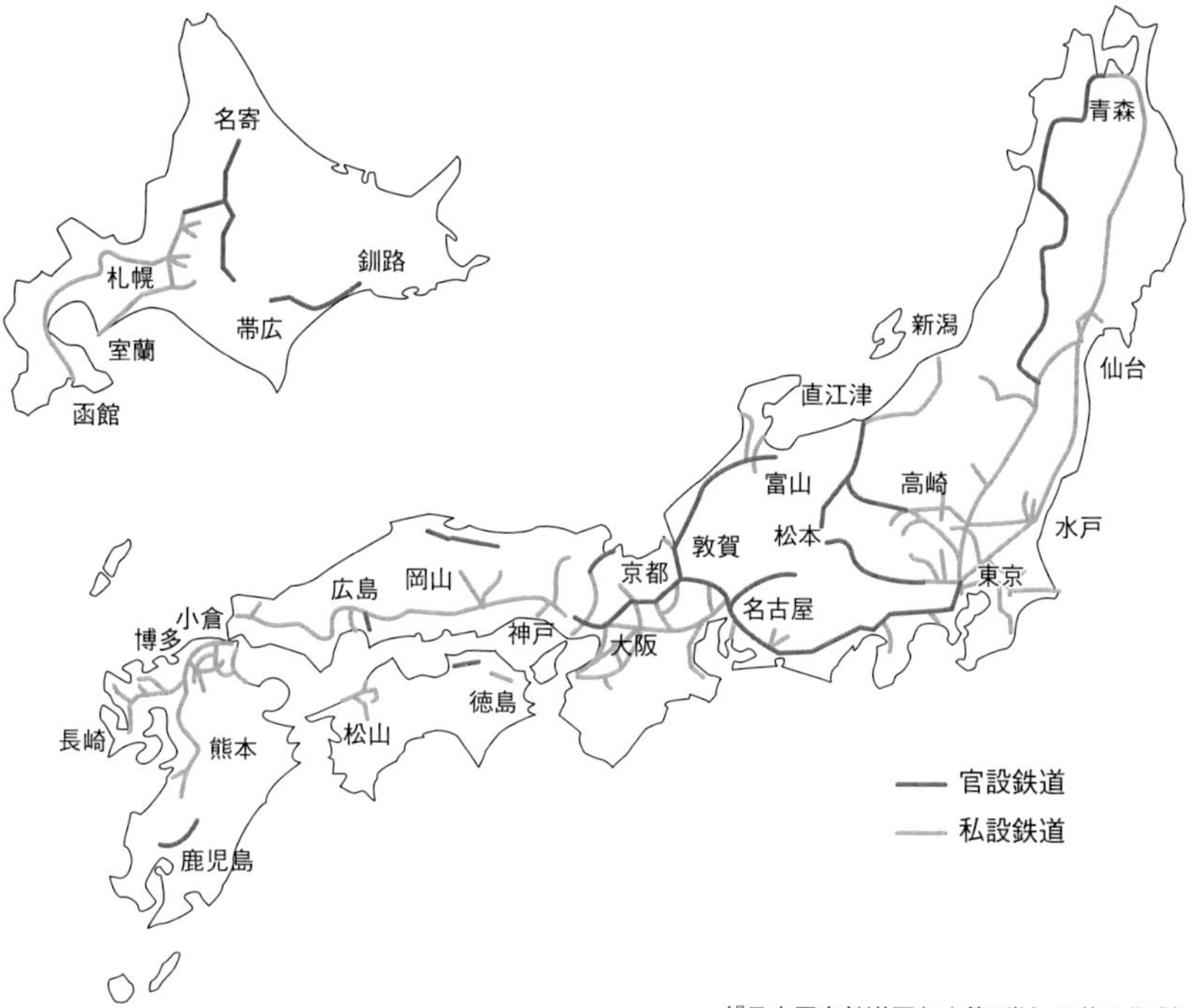

（『日本国有鉄道百年史第3巻』を基に作成）

図4-7　1906年3月末鉄道線路図

隅谷三喜男はその著『日本の労働問題』（隅谷三喜男著、東京大学出版会、１９６４年）の中で、「鉄道の実績を挙げるためには、鉄道の事務をビジネスライクにするとともに鉄道をファミリーシステムにすることによって経営するのが最も必要である」との09年の後藤新平の言葉を引用し、後藤の「大家族主義」経営を紹介している。

後藤に先んじて、民間では05年、鐘ヶ淵紡績が鐘紡共済組合を設置している。鐘紡社長の武藤山治の「経営家族主義」に基づくものだ。07年、帝国鉄道庁では国の救済制度の不備を補う目的で、職員救済組合を設立しているが、「鐘ヶ淵紡績などの民間企業の共済制度を見習ったもの」（『五十年史』鉄道弘済会会長室五十年史編纂事務局編、鉄道弘済会、１９８３年）とし、福祉制度は鉄道庁、鉄道院より民間が一歩先んじた。武藤山治、後藤新平らの一連の福祉制度が「経営家族主義」

の先駆けとなったという。

経営家族主義が終身雇用、年功序列を2本柱とする「日本型労務管理」の原点となったとも言われている。江戸、明治時代の奉公制度からとのイメージがあるが、隅谷はまた『経営家族主義』は日本の伝統的存在ではなく、明治末年、独占資本の形成が見られるようになって以降のこと」と指摘している。隅谷は労働問題の権威で、国鉄改革のシナリオを書いた国鉄監理委員会の5人の委員の1人で、地味だがその存在は大きい。国鉄改革の懸案の1つ、労働組合問題も隅谷の存在なくては活路を見出せなかったと言えよう。

✣ JR東海のクールビズ導入遅れは後藤イズムのなごり

後藤の「大家族主義」の具体策第1弾として取り入れたのが、制服制定だ。鉄道制服は現場職だけでなく、本社勤務の事務職にも導入された。その効果は大きく、運命共同体意識が芽生え、職員の一体化は進んだ。制服規定は徹底しており、1940（昭和15）年の「構内営業規程」を見ても、夏服、冬服それぞれの色、サイズ、靴をキメ細かく規定している。手回り品運搬従業員の赤帽はつとに有名で、1896年に山陽鉄道で始まったと言われている。とくに東京駅では1914（大正3）年から2001（平成13）年3月まで87年間も存在し、東京駅の風物詩的存在として親しまれていた。「連絡船への手回り品運搬従業員は『青帽』とし『赤帽』と区別した」（『日本国有鉄道百年史第8巻』日本国有鉄道、1971年）と、制服へのこだわりは「国鉄一家」の証でもあった。

JR発足後は各社、それぞれ独自の制服を制定していたが、小泉純一郎内閣時の05年のクールビズ導入で、様相は一変した。クールビズをリードしたのが当時環境相だった小池百合子（現東京都知事）だ。クールビズにはJR各社も導入に前向きで、JR九州が07年、JR東日本も翌年に導入している。ところがJR東海が導入したのは17年で、JR九州に遅れること10年の歳月を要した。15年5月に、JR東海道線の運転士が熱中症の症状で、車両を緊急停止したことが、労働改善問題としてマスコミの話題を呼んだことも影響した。

なぜ導入が遅れたのか。ここに後藤新平の精神に遡《さかのぼ》る必要がある。ＪＲ東海、最大の権力者、葛西敬之《よしゆき》は後藤新平について、藤原書店のＰＲ誌『機』で、「国鉄経営の基礎を築いた人」と畏敬の念を抱いている。後藤の「制服制度は怠惰を制し、放逸を戒め、規律を確守し、責務を重んじ、これを全うさせる慣習を作るに与《あずか》って力ある」との言葉を紹介し、制服制定は後藤の多くの事績のなかでも最大なものと評価している。

クールビズ導入当時、葛西は代表取締役名誉会長で、社長を退いてから13年を経過しているが、代表権は保持していた。葛西の意思表示になくても、葛西イズムで育った後継者の意思ははっきりしていた。葛西は18年に代表権を返上し、取締役名誉会長となったが、22（令和4）年5月に亡くなるまで、終生、実質的な最高権力者であったことには変わりがない。

後藤は国鉄経営の基礎を築くとともに、後継者育成に勤しんだ。後藤は多くの名言を残しているが、「金を残すのは下、仕事を残すものは中、人を残すものは上」とし人材育成にはことのほか力を入れた。

後藤は医者で、現場周りに強い。科学的根拠に基づいた現場第一主義、現地尊重主義者で、信愛主義者でもあった。台湾が今でも日本好きなのは後藤の台湾総督府長官（のちの民政長官）時代の実績に負うところが大きい。8年間の台湾生活では実業ばかりでなく、感染症の撲滅、アヘンの流行の終息など衛生面からの実績も高く評価されている。人材登用でも台湾縦貫鉄道敷設に貢献した技師長・長谷川謹介、砂糖など農業開発に貢献し、『武士道』の著者として知られる新渡戸稲造などを重用している。

✣関東大震災後の帝都復興でも活躍した後藤人脈

後藤の功績の中でとくに有名なのが、１９２３年の関東大震災後の復興事業だ。後藤は復興のために設置した帝都

（提供：日本交通協会）

図4-8　鉄道100年記念祝賀会であいさつする十河信二日本交通協会会長（1972年9月21日）

復興院総裁に就任し、帝都復興計画に着手した。震災復興は地主などの反対で、規模こそ縮小を余儀なくされたものの、東京の都市計画の基盤を作ったのは確かで、「帝都復興の父」とも言われている。

その際、鉄道院総裁時代に自らを支えた人材を出向の形で引き連れて行った。鉄道省から出向組は土木、建築、都市計画、財務と各方面で活躍した。彼らが帝都復興の大きな支えとなったことはあまり知られていない。この中に十河《そごう》信二がいる。当時、十河は鉄道省経理局会計課長で、出向先の帝都復興院では経理局長を勤めた。ほかに出向組には土木局長、道路課長、橋梁課長、墨田川出張所長らがおり、帝都東京の復興の要は鉄道院の人材で、彼らはわが国でもトップクラスのテクノクラート（技術官僚）集団でもあったことがわかる。

３度にわたる鉄道院総裁任期の中で、広軌鉄道への改築に執念を燃やした。新橋—下関間の鉄道レール幅を狭軌（１０６７ミリメートル）から国際基準である広軌（１４３５ミリメートル）に改築し、スピードアップ、輸送力増強、さらには安全性の向上を図るというものだ。

広軌化は後藤の台湾時代、南満州鉄道での経験を踏まえての決断で、11年、広軌鉄道改築準備会を設置して以来、執念を燃やしたが、後に民間宰相と言われる原敬らの政友会が政権を奪取するたびに、「我田引鉄」論が跋扈《ばっこ》し、改築論は覆され、18年、原敬の内閣成立で、ついに改築計画は葬られてしまった。

後藤の広軌（標準軌）鉄道改築の夢は果たせなかったが、40年、「弾丸列車計画」（東京―下関間970キロメートル）として広軌鉄道敷設計画が帝国議会で承認された。戦時体制下で中止になったが、工事途中のインフラは64年の東海道新幹線に活用され、十河の手によって、標準軌鉄道は実現した。後藤の人材育成策は見事に開花したことにもなり、十河は「新幹線の父」と呼ばれ、敬愛されている（図4-8）。

✣「新幹線の父」十河も後藤の愛弟子

新幹線計画には反対も多かったが、経理に詳しい十河は世界銀行借款を獲得、新幹線計画が世銀を抱き込んだ国際プロジェクトであることで、反対を押し切った。58年8月の日本経済新聞「私の履歴書」の中で、十河は「後藤総裁の人柄に心酔して農商務省内定を断り、鉄道院に就職した。総裁は人間関係を重視し鉄道大家族主義を提唱された。国鉄職員はすべて制服を着用して全く一丸となり、国民にサービスしなければならぬという気風を作った」と記している。後藤―十河の子弟愛が新幹線を生んだ背景にあることを忘れてはならない。

後藤新平の胸像は鉄道総合技術研究所（鉄道総研）の敷地内に鎮座している。37年、鉄道省（国鉄本社旧館）に建立されたが、戦時体制下に金属供出された。それが83年、国鉄中央鉄道学園内に再建されたが、国鉄改革に伴い学園は閉鎖され、今の鉄道総研に移されたものだ。後藤の銅像は台湾博物館、後藤の故郷の岩手県奥州市、広島市似島にもある。

✣「国鉄一家」の象徴、プロ野球球団「国鉄スワローズ」

戦後の「国鉄一家」のエポックメーキングはプロ野球球団、国鉄スワローズに象徴される。後藤新平の「大家族主義」は17の私鉄と官設鉄道の寄り合い世帯を意思統一するためだったが、国鉄球団は戦後の混乱した国鉄を野球により求心力を高めようというものだった。

49年発足の公共企業体、国鉄の混乱ぶりは尋常ではない。国鉄職員は戦後の引き揚げ者が加わり61万人超の巨大組織に膨れ上がっていた。連合国軍総司令部（ＧＨＱ）の緊縮政策、ドッジラインの強行で、ＧＨＱから9万5０００人もの人員整理を申し渡され、それを断行しようとしていた。そのさなかの同年7月、初代国鉄総裁・下山定則の轢《れき》死体が発見されるという下山事件が起こり、続いて三鷹事件、松川事件と不可解な事件が続いた。

大量の引き揚げ者を受け入れ、大量の人員整理が政治の意思で成され、そして大事件の相次ぐ発生だ。もう国鉄問題は「国鉄一家」内の問題ではなく、政治社会問題化するとともに、社会不安を内包する組織となっていった。国鉄分割民営化の萌芽は戦後の混乱から始まっていると言える。労使対立が日常化し、職場は暗くなる一方で、この混乱の中でのプロ球団設立は福利厚生の一環として、「国鉄一家」意識を取り戻そうというのが狙いだ。

下山の後任が加賀山之雄《ゆきお》だ。50年1月、国鉄理事会はプロ球団創設を承認した。すでに各地の鉄道管理局内にノンプロを所有しており、国鉄職員の士気は高まり、職場の雰囲気も明るくなったという。

すでに私鉄の方は36年、7球団で発足したプロ野球に阪急電鉄が阪急ブレーブス、阪神電鉄が阪神タイガースを参加させている。その後も南海電鉄が南海ホークス、東急電鉄が東急フライヤーズ、近畿日本鉄道が近鉄パールス、西日本鉄道が西鉄クリッパーズと相次いでプロ球団を創立し、鉄道会社は新聞社と並んでプロ野球の主力勢力を形成していた。後発の国鉄の参入には何の違和感もなかった。

そもそも日本の野球は鉄道技術者が米国から輸入したことに始まっている。前述の日本野球の創始者、平岡熙が１８７１年、米国の汽車製造会社に勤め鉄道技術を学び、１８７７年に帰国の際、野球道具を持ち帰った。

帰国後、工部省鉄道局新橋工場に入り、１８７８年、日本初の野球チーム、新橋アスレチック倶楽部を結成した。その後工場長となり、１８８９年に鉄道局を辞め、日本初の客貨車の車両工場、平岡工場を設立している。96年、鉄道局長官を辞めた井上勝が日本初の機関車製造会社、汽車製造を設立、社長に就任、平岡を副社長に招いたのは前述した通りだ。結局、汽車製造は平岡工場も合併することになり、平岡工場は新生汽車製造の東京支店として客貨車、電車を製造することになった。

平岡工場創業地は現在の東京ドームシティで、ここに野球殿堂博物館がある。１９５９年、平岡は大投手・沢村栄治、正力松太郎と並び、第１回殿堂入りの栄誉を受けている。平岡には野球好きの俳人・正岡子規も手ほどきを受けており、平岡は日本の野球、とくに鉄道マンに与えた影響は計り知れない。

第１回全国鉄野球大会が21年、第１回都市対抗野球が27年だから、各鉄道管理局の野球チームは歴史的にもノンプロ野球の主力勢力だったことがわかる。

野球好きの第2代国鉄総裁の加賀山之雄のプロ球団創設の提案は、国鉄職員にいかに歓迎されたかは想像に難くない。

国鉄スワローズは50年から15年間、セ・リーグの万年Bクラスだったが、４００勝投手の金田正一を擁した金田ワンマンチームとして人気があった。勝率が5割超になったのも、Aクラスになったのも61年だけ。勝率０・５２８で3位になった。当初から経営不振は続き、球団はフジサンケイグループに譲渡され、65年にサンケイスワローズ、さらに70年、ヤクルトに譲渡され、現在は東京ヤクルトスワローズとして「スワローズ」の名は生き残っている。

だが善意で始まったプロ野球球団の実質支配は、その後の国鉄経営の弱点をさらけ出す契機ともなった。

✣「国鉄一家」の甘さを露呈したプロ野球球団創設劇

国鉄が当時、国鉄法で直接出資できないのは自明の理だ。『交通協力会五十年史』によると、加賀山の発言を受け、「国鉄理事会は球団設置を認め、球団経営の立案を交通協力会の今泉秀夫理事長に委嘱した」とし、委嘱を受けた今泉は「職場の明瞭化には野球が最適というのが私の持論ですから喜んで引き受けます」と快諾したと記している。

交通協力会の正史に、国鉄法に許されていないプロ球団という関連事業への進出の経緯について、国鉄総裁自らの提案発言を記している。実質支配ではあるが直接出資ではないから、気にしていないし、何も悪びれていない。球団名も「国鉄スワローズ」と堂々と国鉄を名乗り、世間も何の疑問もないまま、国鉄球団を歓迎した。

出資はどうなったかというと、交通協力会を主力に、鉄道弘済会、日本通運、日本交通公社など、お馴染みの国鉄関連企業群だ。球団オーナーは交通協力会会長・三浦義男で、のちの宮城県知事だ。専務も事務局長も交通協力会から出ている。

国鉄直接出資でなく、株式会社組織だから、球団職員も選手も国鉄職員でないし、国鉄外郭団体の職員でもない。国鉄は鉄道事業以外に何もできないということを建て前にしながら、実質的には何でもできることを自ら立証して見せたことになる。法律で規制されている国鉄自身が何でもできるという幻想が生まれるとともに、「国鉄一家」の甘さを垣間見ることができるプロ球団創立劇だった。

そして国鉄は法律の網のかからない、政治家にとっては格好のマーケットになっていく。寄ってたかって、政治家らに巣くわれることになる。そのスキを自ら提供したことの積み重ねが国鉄解体に向うことになる。エキナカ、エキソトを含め、そのマーケットが膨大でしかも計測不能というところも、国鉄を蝕《むしば》む要因となった。

高邁な精神で始まった「国鉄大家族主義」は政治家、ＧＨＱ、さらには労働組合の台頭が加わり、内部からも経年劣化が始まっていたとも言えよう。

日本通運設立の陰の主役は鉄道弘済会「生みの親」片岡謌郎

✣ESG精神を実践した仕事師

鉄道弘済会の生みの親、片岡謌郎《うたろう》の功績は福祉事業だけにとどまらない（図4-9）。日本通運設立、日本温泉協会設立、交通のシンクタンクの財団法人運輸調査局（現一般社団法人交通経済研究所）、交通新聞設立と、鉄道まわりの事業に活動の範囲を広げ、国鉄を単なる運輸機関としてではなく、事業体としての自立に努力した。片岡の志を引き継いでいたら、国鉄改革も違った形になったはずだ。

片岡は心ある国鉄マンの憧れの人だ。片岡は１９２０（大正９）年東京大学卒の国鉄キャリア官僚で、同期には総裁となった長崎惣之助もいる。仕事師・片岡は出世には縁遠かったが、その活躍は国鉄内でも高く評価され、没後翌年には「片岡賞」が制定されている。片岡の命日8月12日に表彰する事務系職員の最高の賞だ。財務改善、経営改善、経営合理化、輸送改善、増収などの営業関係―などで著しく貢献した人が受賞の対象で、国鉄を経営体、事業体として見る経営感覚のある人を評価しようという試みだ。87（昭和62）年の国鉄分割民営化に伴い、廃止されるまで長く続いた。

片岡賞には大きな意味がある。現役時代にすでに片岡の志を同じくする仲間が多くいたということだ。サラリーマンとしては片岡と志を同じくしながらも、片岡ほどに実践、行動することはなかなかできない。片岡の姿に理想の

図4-9　書籍『国鉄を企業にした男　片岡謌郎伝』（高坂盛彦著、中央公論新社）

「国鉄人」を見たという思いが没後、すぐに片岡賞の設定に動いたということだろう。鉄道人は列車を動かすことに、人生を賭ける。大災害だろうと、労働組合のストだろうと、どんな犠牲を払ってでも列車を動かす。その美談とも言うべき「列車命」の姿、鉄道至上主義は美談にはなっても構造的な問題解決にはならない。

　災害復旧については確かに美談になるが、労組ストに対しては、労組の付け入るスキとなり、問題先送りにとどまらず問題を蓄積するだけで、ついには社会不安となっていく。73年に高崎線上尾駅で起こった旅客の暴動事件「上尾事件」はその典型だ。鉄道人も経営感覚がいらないとは思っていない。誰もが独立した経営体として国鉄を願望はしていたが、政治家、労働運動に翻弄され、出世の妨げとなる行動は取りづらい。

　こうした環境のなかでも、片岡は出世に関心を示さず、信念を貫いた。国家観を持ち、社会貢献にも尽力する企業体、経営体を目指していたからだ。片岡の仕事は裏方に徹するため目立たないが、かつてのエキナカの巨人、日本通運設立の最大の功労者が片岡だったことを知る人は日通関係者でも少ない。

✣鉄道貨物改革でも実績

日本通運の創業は１８７２（明治５）年の陸運元会社設立に遡る。江戸時代からの飛脚の伝馬所を陸運元会社に衣替えし、政府関係の物資の輸送を独占的に扱った。鉄道創業１５０年同様、陸運元会社すなわち日通も２０２２（令和４）年に創業１５０年を迎えている。小運送はリヤカー、荷車と秤《はかり》１つあれば自由に開業できたため、乱立と混乱が続き、全国で８０００店もの運送店が乱立していたという。１９２６年、小規模業者の集約に乗り出し、地方では1駅1店制を敷き、運送店の合同を促した。

片岡は34年、鉄道局貨物課長に就任、さっそく鉄道貨物改革に乗り出す。来るべきクルマ社会を視野に、抜本的な小運送改革に取り組もうというものだ。35年1月、鉄道省は小運送制度改善委員会を設置、36年9月には政府は小運送制度調査会を設置、貨物輸送運賃制度改革に着手した。3年がかりで37年、小運送2法として小運送業法と日本通運株式会社法を制定した。誰でも参入可能で乱立し、群雄割拠状態だった小運送業を免許制にし、乱立を防ぐとともに、日通への統合を進め、戦時体制下の物流の効率化を進めようというものだ。日本通運は日本通運法のもとに設立された国策会社だ。この国策会社設立に奔走、貢献したのが片岡だ。

設立時の日通の資本金は３５００万円、出資比率は国鉄共済組合27・14％、政府22・85％、ジャパン・ツーリスト・ビューロー（後のＪＴＢ）、専売局共済組合各０・０１４％、鉄道弘済会０・００７％と国関係が過半を占めた。残る46・41％を国際通運など民間企業が出資した。国際通運は日通発足の前日に解散したが、資産、人材、組織なども日通が引き継ぐ形となった。

小運送業法では免許制としたが、既存業者については届ければ免許を受けたものとみなしたため結局８００店ほどの業者が乱立する事態には変わりがなかった。62年発刊の『社史』（日本通運編・発行、１９６２年）によると、

2法は「現状を徹底的に変革したのではなく、それを追認したという性格を濃厚にもっていた。小運送業界の根本的改変を一挙に成し遂げたのではなく、その糸口を見出したもの」とし、控え目ながら妥協的産物に過ぎないと批判的だ。その影響からか、日通関係者には片岡の評価はそれほどではない。

国鉄は出資を認められていないため、国鉄のダミーとして、国鉄共済組合、鉄道弘済会、ジャパン・ツーリスト・ビューローなどが出資した。統制経済下とはいえ、日通はエキナカ巨人の一角を占めることになった。初代社長も国鉄OBの国澤新兵衛が就任、日通創業の流れを汲む国際通運社長だった中野金次郎の就任はかなわなかった。2代目の村上義一、3代目の久保田敬一と国鉄出身者が続いた。

50年、日本通運法廃止、通運事業法制定に伴い、民営化し、東証上場を果たす。上場後の4代目社長・早川慎一も国鉄出身で、生え抜きの内国通運（日通の前身）出身の社長誕生は54年の安座上真の就任まで待つことになる。片岡自身の日通関係、貨物関係の役職は日本通運業務研究所長、鉄道貨物協会理事長など裏方にとどまっている。

✣「世界の日通」にも残る「供給責任」のDNA

現在、日通は「世界の日通」として揺るぎない地位を築いているが、国鉄エキナカの巨人であったDNAは上場後も引き継いでいる。鉄道業界であれば、鉄道を動かす、電力業界であれば停電させないという「供給責任」が社員のDNAに深く根付いているが、かつての「国鉄一家」だった日通も、筆者が日通を担当していた88年当時、引っ越しの取材で、その一端を垣間見ることができた。

日通は引っ越し業界でもトップだが、引っ越し需要というのは転勤、入学シーズンの3月、4月に年間の4割程度が集中する。当時、年間5000億円の市場と言われ、85年ヤマト運輸が「らくらくパック」を開発、業界に本格参入した。梱包、不用品処理、清掃を行い、旧宅での現況を新居でも復元するという究極の引っ越しで、人気を呼んだ。付加価値の高いサービスだから、受注も限られ、ピーク時の溢れる需要とは一線を画していた。

溢れる需要は日通以下が対応するが、既存の業者では受けきれない。そうは言っても転勤日には引っ越しを間に合わせなければならないという日本特有の転勤事情がある。結局、日通は自前の供給量をはるかに超えた件数を引き受ける。それにはスポット価格で2次下請け、3次下請けを使わざるを得ない。「コスト高で、赤字となるばかりでなく、下へ行くほど下請けのコントロールは難しく、顧客からの苦情も増える」と、好評のヤマト運輸を横目に、当時の日通首脳は嘆いていた。売り切れにすればことは片付くが、それでも泣き言は言わずに精一杯引き受け、「供給責任」を果たそうとする。かつての「国鉄一家」の矜持を垣間見る思いがしたのを覚えている。

2022（令和4）年1月、日通は持ち株会社、NIPPON EXPRESSホールディングスを設立した。略称はNXで、日通はNXグループの100％出資子会社となる。日通会社法制定の37年をベースとした長期ビジョン「創立100周年に向けて（2037年ビジョン）」を策定している（**図4-10**）。「グローバル市場で存在感を持つロジスティクスカンパニー」を目指すというものだ。

現在の日通は2兆円企業で、世界の物流大手だが、23年には売り上げ2兆4000億円、28年には売り上げ3兆円を目標とし、海外売上比率を40％とする。37年には3兆5000億―4兆円企業まで視野に入れ、海外売上比率を50％にまで高める名実ともにグローバル企業を目指す。

✣片岡の功績にちなみ2つの賞設定

片岡謌郎の功績、人となりについては、東亜交通学会（現日本交通学会）設立の経緯を見ると、理解しやすい。国鉄マンにしては珍しく物事を俯瞰《ふかん》して見る力がある。鉄道だけでなく鉄道周りの事業についても目配りしながら、政策を進めていく。根回しのツボも心得ており、対応が現実的だ。

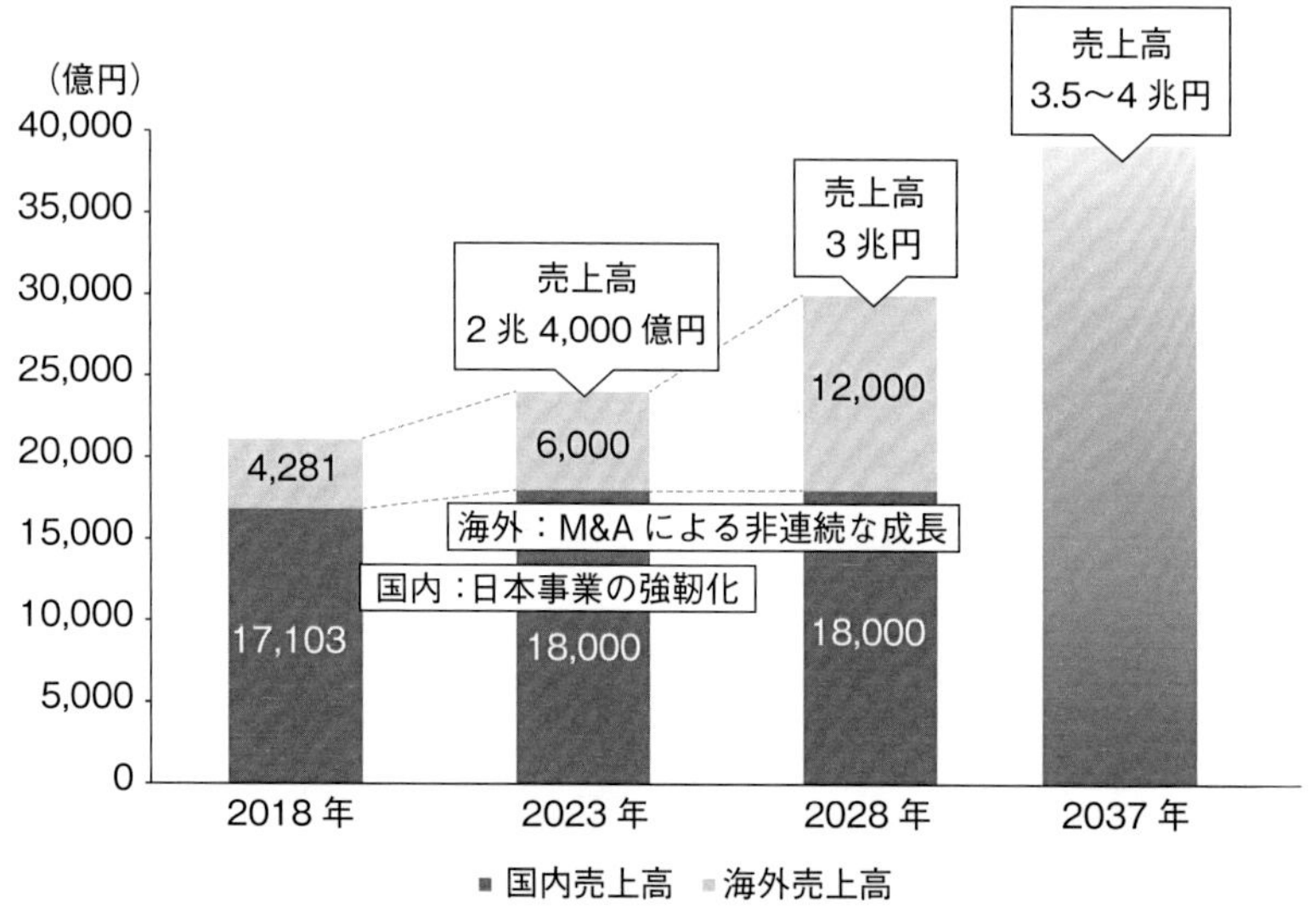

（日本通運「日通グループ経営計画 2023」を基に作成）

図4-10　日本通運の長期ビジョン成長イメージ

東亜交通学会は１９４１年に財団法人として設立している。これには訳があり、学会は普通、任意団体で文部省の所管となるが、片岡は鉄道所管の鉄道省と海運、航空所管の逓信省折半出資の認可法人としての財団法人とした。文部省所管の任意団体だと助成金を出しにくいという現実的な理由だ。「学者と事業者と官庁が一体となった実証的研究機関」として設立された。当時、鉄道省の勅任監察官であった片岡の三位一体構想が実現したわけだ。

46年に学会は改組し、任意団体の日本交通学会と、国鉄の調査機関として財団法人運輸調査局に分かれた。日本交通学会の事務局は運輸調査局が引き受けた。片岡は運輸調査局理事長と学会の副会長に就任、引き続き両者の面倒を見る形となった。

日本交通学会『１９６７年研究年報』の「創立期の経過」と題する座談会で中央大学教授の細野日出男は、「東亜交通学会設立時には片岡さんは鉄道省側ばかりでなく逓信省についても話をつけられた。運輸調査局については大学教授の養成機関みたいだとよく言われていた。清廉潔癖な人で、片岡さんの功績は大きいですね」と高く評価している。

同じ座談会で、関東学院大学教授・伊坂市助は「実に瀟洒《しょうしゃ》で、すっきりとして情味に厚い片岡さんのお人柄に接し得たことをとてもうれしく思っています」と人柄についても絶賛している。片岡は学究肌だが、浅草出身の江戸っ子で、正義感の強い〝人情の人〟でもあった。

66年に死去した片岡謌郎を記念し『日本交通学会賞』が設定されている。片岡はここでも表立った派手な動きは見せないが、裏方としての存在感は大きく、国鉄表彰の片岡賞に続く片岡にちなんだ賞が設けられたことはあながち偶然とは思えない。68年に第1回受賞者が選ばれている。ちなみに受賞者は第1回は学習院大学教授・佐竹義昌、第2回は東京大学教授・岡野行秀、第3回は国鉄分割民営化を理論的にリードした交通評論家・角本良平と大物の受賞が続いた。

コロナ禍の今こそ、片岡が多岐にわたり実践したＥＳＧ（環境・社会・企業統治）経営の精神を学び、国鉄改革の総仕上げの糧とする時期を迎えていると言えよう。

「国鉄一家」の弱点を晒け出した、弘済建物破たん劇

鉄道弘済会90年の歴史は「国鉄一家」には良さが息づいている歴史でもあり、日本を代表する福祉事業としてその評価は現在でも高い。その福祉事業団体の鉄道弘済会がバブル経済崩壊の渦中になぜ巻き込まれたのか。ここに国鉄遺産の負の部分が隠されている。

不祥事の元凶は１９５９（昭和34）年10月に鉄道弘済会１００％出資子会社として設立した弘済建物だ。当初は国鉄職員、弘済会職員の持ち家を促進するための小規模宅地の開発、不動産の仲介が目的で、同日分譲住宅制度を開始した。資本金は１億円。福利厚生事業の一環だった。別に大企業なら珍しくもない従業員持ち家制度で、国鉄関連企業としては日本通運でも実施していた。

高度成長時代の昭和40年代から、大規模な宅地開発、ゴルフ場開発に進出し、しだいにバブル経済の渦中に入り込んでいった。手掛けた案件は茨城県藤代地区の宅地分譲１８００戸、ゴルフ場開発、栃木県喜連川地区の温泉宅地分譲５５０戸、栃木県矢板地区の宅地分譲１３００戸とゴルフ場開発、岩見沢市横向地区の宅地分譲６００戸などがある。賃貸ビルでは62年、名古屋の交通ビル、新秋葉原ビル竣工、73年東京千代田区の鎌倉河岸ビル竣工など、成功した事業例もあるが、83年２月発行の『五十年史』には、鉄道弘済会関連子会社の詳細記述があるが、弘済建物の案件については触れられていない。年史には子会社一覧表として、発足時の資本金などのデータと、82年３月期のデータとして資本金３億円、売り上げ13億６５００万円、従業員89人とあるだけだ。

✣ バブル経済に翻弄されたゴルフ場開発

弘済建物のゴルフ場開発事業案件については鉄道弘済会の理事会もあずかり知らないところで、プロジェクトは進ちょくしていた。

弘済建物破たんのきっかけは藤代地区のゴルフ場と住宅の大規模開発だ。結果としては典型的なバブル案件となったが、ゴルフ場開発に着手したのは71年と古い。91（平成３）年５月の藤代ゴルフ場オープン披露で、弘済建物社長・川野政史は「茨城県県南緑化構想の一環として20年にわたり開発を進めてきた。今後ゴルフ場、住宅地の開発を通じ、21世紀のまちづくりに協力していきたい」と挨拶、地域と一体で、今でいうＥＳＧ経営、ＳＤＧｓ（持続可能な開発目標）の一環としての姿勢を強調した。藤代ゴルフ倶楽部理事長に就任したJR東日本初代社長の住田正二は「幾多の困難を乗り越え、完成にこぎつけた。茨城県を代表するゴルフクラブになるよう努力したい」と、「困難を乗り越え」と挨拶したが、「乗り越えた」どころか、さらなる困難の始まりであったわけだ。

オープン披露した91年5月にはすでにバブル経済が崩壊したあとで、株式市場は89年12月ピーク時の日経平均株価3万8915円から、90年10月には2万円割れと半値まで暴落した。さらに09年3月には7054円まで下落している。

90年3月には大蔵省「土地関連融資の抑制について」との通達、いわゆる不動産融資の総量規制が出されている。これを契機に不動産バブルの崩壊も始まった。藤代ゴルフ場オープン時には、証券・金融不祥事勃発のさなか、野村證券・社長の田渕義久が大口顧客に対する損失補塡を明らかにし、金融市場に激震が走った時だ。

ゴルフ場は不動産バブルと一体だから同時並行的にバブル崩壊に進むはずだが、ゴルフ場には預託会員権制度という独特のファイナンス制度があり、これがゴルフバブル崩壊を時間差で遅らせた。株式市場も不動産市場も、金融という蛇口を閉められ、資金繰りに窮し、即崩壊の道に進んだが、ゴルフ場開発においてはまず会員権募集に応募した会員から無利子の預託金を徴収し、ゴルフ場開発資金に充てる。10年なら10年無利子で据え置いた上で、その後返済する仕組みだ。実際には返済は想定せず、開発資金、運営資金が不足すれば、あらたに会員を募集し資金を調達する。藤代ゴルフ場の開設当時の第3次会員権は1口6500万円もしていた。

このビジネスモデルはあくまでゴルフ会員権が右肩上がりに上昇することが前提で、ゴルフ人気が永遠に続くという「ゴルフ神話」で成り立っている。

預託金制度が判断を遅らせ、長いゴルフ不況に突入することになる。ゴルフ会員は、預託した資金が必要になれば、ゴルフ場に対し返還要求をできるのが建前だが、ゴルフ会員市場で売る方が手っ取り早いし高く売れる。ゴルフ会員権相場は右肩上がりが続いたから、買値より高く売れると信じ、刷り込まれたゴルフ神話からはなかなか抜け切れない。株式投資、不動産投資と同時並行的に会員権取得している人も、ゴルフについてはなぜか見通しは甘い。株、不動産は売れないと、即キャッシュが回らなくなるが、ゴルフ会員権は据え置き期間10年のうちに会員権相場も回復するだろうと、淡い希望を抱いている。

オープンからわずか2年後の93年度決算で弘済建物は最終損失71億円を計上、経営危機は表面化した。引き金を引いたのは、藤代地区の宅地開発計画の遅れで、土地代、造成費などが大きく膨らんだことだ。経営危機に対応するため、親会社にあたる鉄道弘済会は弘済建物に対し増資100億円、低利融資約100億円の緊急支援策を講じた。同時に91年に着工していた矢板ゴルフ場の造成も中断した。矢板については大和ハウス工業と共同で、宅地造成に転換するとの案も有力視されたが、造成費が巨額になることで、断念している。

その後、再建を模索したが、この間、デリバティブ（金融派生商品）を組み込んだ仕組債にも手を出し、この含み損も100億円以上に上った。結局、弘済建物は再建を断念する。

98年に新会社、弘済事業を設立し、自立可能な4つのビルと藤代ゴルフ場を事業譲渡した。事業譲渡に伴い、JR東日本OBの杉山義郎が弘済建物専務に、99年、社長に就任し、弘済建物の後始末にあたった。

矢板地区については03年9月、コリーナ矢板を設立し、矢板の温泉事業とホテルなどを譲渡、喜連川地区の温泉事業は弘済事業とJR東日本の共同出資会社、弘済サービスに譲渡した。

残す事業を引き継いだ上で、05年4月、弘済建物は特別清算を東京地裁に申し立て、東京地裁は同6月に特別清算開始を決定した。07年6月、特別清算が終結した。負債総額は帝国データバンクによると、316億円に上った。

藤代ゴルフ場を引き継いだ弘済事業も、預託金問題を先送りしただけに終わった。不動産不況は続き、08年のリーマンショックが追い打ちをかけ、ゴルフ場資産の減損処理を迫られ、09年3月期決算で債務超過に陥った。

弘済事業も09年7月、民事再生法適用申請し、事実上倒産した。ゴルフ場大手のアコーディア・ゴルフ・グループ

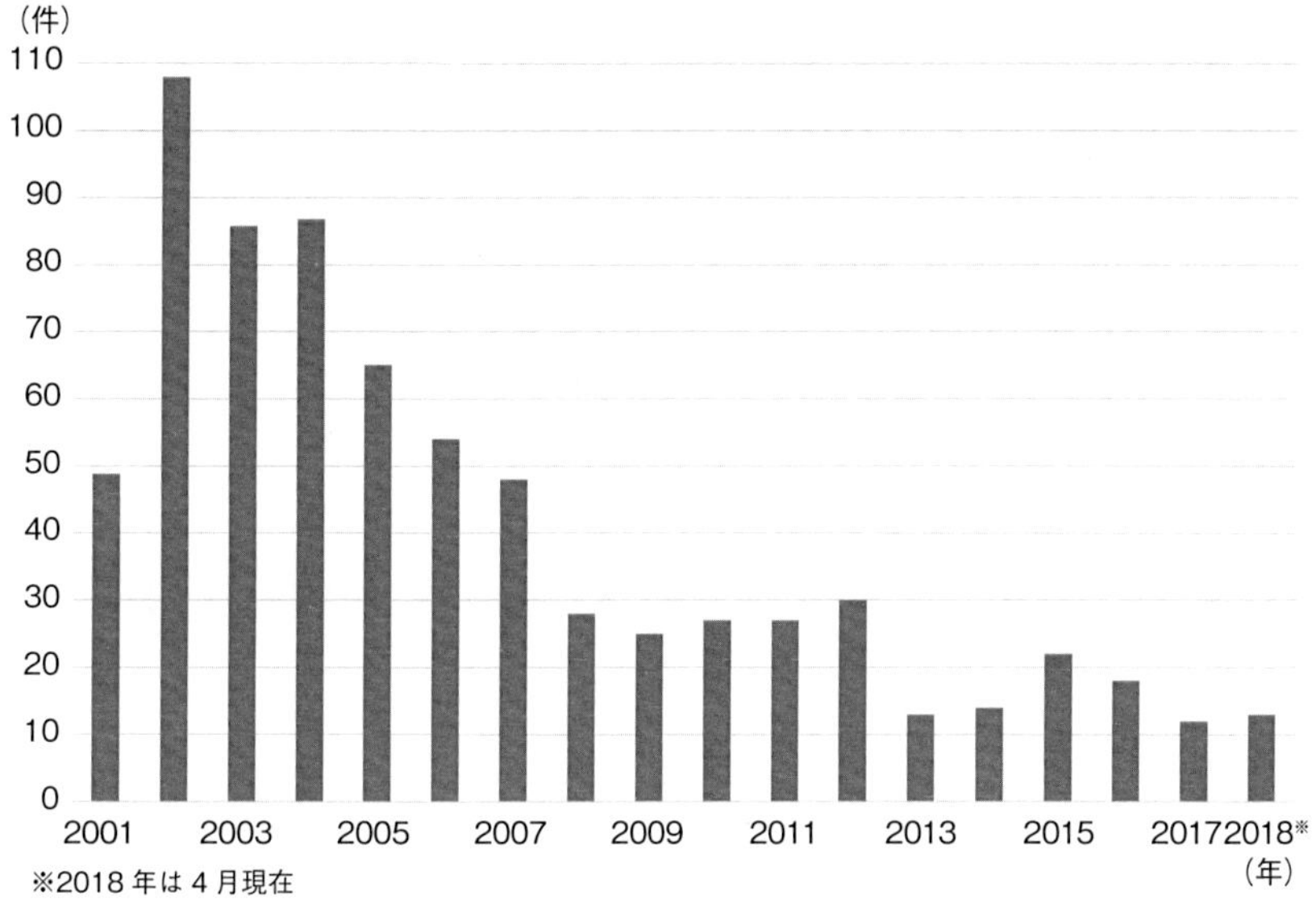

（帝国データバンクの資料を基に作成）

図4-11　ゴルフ場の倒産件数の推移

がスポンサーとなり、ゴルフ場再生に取り組んだ。同年11月のゴルフ専門紙『ゴルフ特信』（一季出版）によると、「鉄道弘済会が弘済事業への貸付金１０１億円を放棄することで、預託金弁済額28％にアップした。債権者集会で弘済会の責任追及の声が多く、それを認めた形となった」という。当時ゴルフ場民事再生法適用による弁済額は１ケタが通常で１％というケースも多かった。それが28％という異例の弁済額で、「国鉄一家」のせめてもの良心を示した。

　アコーディアは81年創業、米国投資銀行ゴールドマンサックスの出資を受け急成長し、東証第１部に上場していたが、17年にＭＢＫパートナーズが買収したことに伴い、非上場化していた。21（令和３）年11月には、今度はソフトバンクグループ系の米国投資ファンド、フォートレス・インベストメントに買収されたと発表した。業界トップのアコーディアといえども、業界の荒波に翻弄されていたわけだ。

　バブル経済の崩壊で、傷ついたのは別に弘済建物だけではない。日本経済全体が打撃を受け、リーマンショックが追い打ちをかけ、とくに金融、不動産は大不況に陥った。帝国データバンクによると、ゴルフ場の倒産件数は02年の１０８件をピークに80件台が続き、弘済建物が破たんした05年には65件と破たんラッシュ時だった（**図4-11**）。この時、弘済建物の破たんを伝えたのは、一般紙では日本経済新聞だけ。それもベタ記事だった。もっと打撃を受けた企業は数知れない。弘済建物の破たん劇は打撃の小さかった鉄道業界から見ると、大事件だが、日本全体から見れば、世間の注目を集める出来事にはならなかった。

✣ 国鉄天下りの先送り体質が傷を深くする

弘済建物は素人経営の割には、鉄道弘済会の信用をバックにやりたい放題で、その案件も大きく、大胆だった。藤代地区については、宅地は一部、竹中工務店が参加していたし、ゴルフ場には大和ハウスが宅地共同開発を持ちかけている。矢板地区については、後述する杉山義郎の手記によると「コクド、森ビル開発からの買収話もあった」という。いずれもその道の大手が関心を示すなど、手掛けたプロジェクトは市場性のある土地開発であったことがうかがわれる。だがビジネスとは無縁の財団法人である鉄道弘済会の子会社が手を出すにはあまりにも無謀だったと言えそうだ。ゴルフ場にしても、仕組債にしても、生き馬の目を抜くと言われる人達の手で、取引されるビジネス、商品だ。無知だが、無知を自覚できない優等生集団「国鉄一家」の弱点を晒け出した破たん劇だったと言えよう。

弘済建物破たん劇で顕在化した「国鉄一家」の弱点としては、第１にガバナンスの問題だ。生え抜きの福祉事業に従事している人が乱脈経営に手を染める立場にはない。国鉄からの天下りが問題だ。鉄道弘済会の地位は高く、かつては国鉄総裁クラスの人が天下っていた。十河信二が弘済学園を創立したのは前述の通りだ。高度経済成長期に入ると、天下りも小粒化していった。

国鉄は軍隊に似ている組織だ。天下りした人しだいでは、良くもなり悪くもなる弱点を備えていた。国鉄キャリアは本体組織で、熾烈な競争を繰り返し、エネルギーを出し切ったあと、関連会社、団体に天下る。退役軍人と同様、天下った後は競争から離れ、ゴルフ三昧で静かに優雅に暮らしたい。国鉄分割民営化を経たＪＲではこうはいかない。関連企業でも成果が問われる。

国鉄本体の先送り体質、隠ぺい体質は関連企業ではさらに拍車がかかる。単年度主義のプロセスを積み重ねる仕組みのため、前任者を否定する決断はできないし、面倒だ。結果として理念とかけ離れた事態を招く。一度、歪んだ方向に向かうと、修正が効かず、抜本的改革の動機は出てこない。国鉄の裏方、国鉄の受け皿、バッファの役割、天下り先として、規模が大きいだけに巨大な市場を形成していたが、巨大市場をエキソトの市場と比較することもないし、エキソトへの関心も薄い。

結果として昭和40年代に投資したゴルフ場、不動産投資の後始末に苦労することになる。そのあとのバブル崩壊後の後始末でも後手を踏む。収益部門とは対照的に国鉄遺産の負の部分をも承継することになり、この負の部分を乗り越えるのに多くの時間と手間を要した。

第2に親会社鉄道弘済会のキャッシュが潤沢だったことだ。国鉄が関連会社へ直接出資が可能になったのは、70年だ。それまでは民衆駅と称した駅ビルへの出資は国鉄のかわりに、鉄道弘済会を主力として国鉄関連企業、外郭団体が担った。70年には国鉄の直接出資が可能になったものの、出資比率は50％以下。国鉄としては特別決議の議決権3分の2を確保するため、残る株式については鉄道弘済会の出資を仰いだ。鉄道弘済会は国鉄グループ会社の要、統括組織の立場のモノを言わない株主として役割を果たしていた。

全国で鉄道弘済会出資企業は２５０社に上ったという。それがＪＲ発足後、それぞれの旅客会社などへのグループ化に伴い、鉄道弘済会の持ち株を時価で購入することになる。昔は額面で譲渡されていたので、何ら問題はないが、時価会計時代を迎え、時価での譲渡となると、資産持ちの会社は多く、必要以上に資金が集まり、弘済会の財源は潤沢となった。これをすべて公益事業に回すはずだったが、子会社の持ち出しで、子会社、弘済建物の後始末に使うことになる。国鉄改革で収益部門のキヨスクを取り上げられた上でのキャッシュ流失で、その後、鉄道弘済会は福祉事業のリストラにも迫られることになる。

✣後始末に貢献した、国鉄ノンキャリア、杉山義郎

一連の後始末に貢献したのがJR東日本OBの杉山義郎だ。杉山は15年10月に手記「弘済建物顛末記」を残している。手記の中で杉山は歴代のトップについて「功成り名を遂げた錚々たるメンバーだが、やりたい放題の人、破たんには関係がなく、見て見ぬふりする人、漫然とトップにいただけの人、後処理は誰かがやってくれると思い込んでいる人」ばかりだと、酷評している。

杉山は国鉄ノンキャリアで、国鉄内部の中央鉄道学園大学課程を卒業している（図4-12）。ノンキャリアにも優秀な人材が多く、そのなかでも選ばれたノンキャリアが学園で学ぶことができる。職務に忠実で、できの悪いキャリアにも仕えるすべを知っている。

図4-12　第1回中央鉄道学園大学課程入学式（1961年4月5日）

杉山の弘済建物との関わりは長く、手記によると14年に及んだという。JR発足時はJR東日本関連事業本部関係会社管理課長で、89年の定年とともに、鉄道弘済会企画部長に就任した。93年、関連事業管理室長を兼務し、弘済建物債権問題と直接かかわるようになった。98年、弘済建物専務、翌年、社長に就任し、05年には代表清算人に就任、07年の清算完了まで弘済建物後始末に奔走した。代表清算人就任の超多忙の年に、妻を亡くしているが、手記には妻

の死については一切言及していない。「国鉄一家」の一員らしく、プライドは高く、家庭より職場を大切にするDNAは痛々しくさえある。

杉山が不満なのは、弘済建物破たん処理に対する具体的なねぎらいのないことだ。「国鉄一家」個々人は杉山本人にその活躍を直接、たたえているが、組織としてのねぎらいは一切ない。杉山を具体的にたたえることは、前任者など関係者を批判することにもなる。国鉄お得意の〝マル〟にする。何事もなかったことにすることが一番。こうした「国鉄一家」の負の体質からの脱却がいかに難しいことかを晒け出した破たん劇だったと言えそうだ。

鉄道会館事件に見る「国鉄一家」バッシング

国鉄スワローズで甘さを露呈した「国鉄一家」は、鉄道会館事件で世間の強烈なバッシングを受けることになる。鉄道会館事件という名を借りた「国鉄一家」批判と言える。プロ野球球団への進出はもっぱらコスト要因で、国鉄の収支が改善することにならないのは、国鉄自身も世間も承知の上だ。なぜプロ球団が世間で容認され、収益改善が期待できる鉄道会館がバッシングに遭ったのか。ここに「国鉄一家」問題の深刻さが潜んでいる。

鉄道会館事件というのは「鉄道会館に対する鉄道用地貸付等に関する問題」として国会で国政調査権により審議された事件だ。国鉄に非があったわけでもなく、果たして事件と呼べる案件ではなかった。鉄道会館は東京駅八重洲口駅舎を建設保有する会社で、八重洲口駅舎は一連の民衆駅方式により建設されたものだ。国鉄と鉄道会館で交わされた国鉄用地使用の契約内容、プロジェクトへの疑義、不備があるとし、国会で議論を呼び、「国鉄一家」批判にまで発展した騒動だ。

✣民衆駅に見る国有鉄道法の限界

　民衆駅方式は戦災で被害甚大の駅舎を復旧させるため、駅の公共的使命を損なうことなく、鉄道用地を立体的に活用しようというプロジェクトで、資金難の国鉄に代わって、民間資本を活用することが特徴だ。新たに駅本屋を建設し保有する民間会社を設立し、新会社は国鉄用地を賃借し、駅本屋を建設、商業施設として利用するとともに国鉄から駅施設使用料を徴収ないしは寄付を受ける形で使用する。国有鉄道法などの既存の法律の狭間を有効活用したグッドアイデアとも、苦肉の策とも言える。

　すでに民衆駅としては1950（昭和25）年4月、東海道本線／飯田線・豊橋駅が第1号として稼働している。小さいながらもキーテナントの豊橋百貨店は日本初のショッピングセンターとも言われている。

　豊橋と同時に第1号になる予定だった池袋西口民衆駅も同年12月、第2号案件として開業している。池袋民衆駅については駅本屋を建設・保有する日本停車場を設立した。株主には国鉄共済組合、鉄道弘済会など、国鉄関連のお馴染みの外郭団体が顔を出している。国鉄は日本国有鉄道法で鉄道以外の事業が縛られていたため、開発主体には国鉄との関係の深い事業者として、また国鉄の指示条件を遵守する信用力ある会社として日本停車場を選んだ。民衆駅工事費1億円のうち5000万円を東横百貨店の前渡し金で充てた。

　鉄道会館は池袋の日本停車場同様の民衆駅方式として、52年9月、株式会社鉄道会館を設立した。国鉄80周年を契機に、首都東京にふさわしい駅舎とするための東京駅八重洲口本屋を建設、保有する会社だ。同月国鉄は八重洲口本屋建設を承認した。鉄道会館の株主も国鉄共済組合、鉄道弘済会、日本交通公社、日本通運、日本電設工業、鉄道建設興業など国鉄と親密な関係にある企業、外郭団体ばかりで、役員も前国鉄総裁・加賀山之雄ら国鉄出身者が8人のうち6人を占める。財界人からは渋沢敬三が会長に就任している。

53年6月25日、衆議院運輸委員会で、国鉄資産の部外使用が問題視され、世間を賑わすこととなった。駅舎を建設する選定先としてなぜ鉄道会館を選んだかの経緯、負担工事費の算定の経緯、民衆駅建設の方針などの質疑が繰り返された。同年7月28日の衆議院決算委員会で、国鉄用地貸し付けについて、国鉄法49条「財産処分の制限」に基づく一般競争入札でなく随意契約としたのは違反ではないかとの質問に対し、渋沢は「プランニングが非常に複雑で、入札というのは不可能ではないと思うが、非常に困難だと感じた。長崎惣之助現国鉄総裁と前総裁の加賀山之雄鉄道会館社長がプランニングの相談をし、決められたことは不自然ではないし、加賀山さんの長い経験による技能というものを私は信用しました」と、随意契約が法令違反だとの指摘についても、「国鉄一家」の新旧トップのなれ合い疑惑についても、真っ向から否定した。

渋沢は日銀総裁、大蔵大臣などを歴任した財界人だが、「在野の民俗学者」宮本常一を育てるなど日本の民俗学発展に貢献した文化人でもあった。鉄道会館からの会長報酬の再三にわたる受け取り要請についても、一貫して辞退しており、あの渋沢栄一の孫らしい気骨をも見せている。

国会での論争が続く中、53年7月、専門店街の「東京駅名店街」51店舗がオープン、キーテナントの大丸百貨店は54年10月21日に開店した。開店5日間で150万人が入店するという人気ぶりだった。

国会審議は民衆駅プロジェクトの現行法規の限界を指摘した形となり、同年10月1日、国鉄総裁の諮問機関として「民衆駅等運営委員会」（委員長＝成城学園長兼成城大学長・山崎匡輔）を設置した。委員会では「民衆駅は近代的都市の形成に寄与し、国民経済的にも是認することができる。しかし公共的使命が損なわれることがないように建設、運営を公明に処理し、いやしくも独善のそしりを受けることのないようにしなければならない」との意見を具申した。要するに国会での議論を但し書きで配慮はしたが、民衆駅建設計画実行についてはなんら問題ないとの意見だ。

鉄道会館事件について、鉄道弘済会生みの親、片岡謌郎は53年10月号の『運輸と経済』（交通経済研究所、195

3年）巻頭言で、こう総括している。

「民衆駅の代表として鉄道会館が脚光を浴びているが、先駆は池袋の『停車場会社』である。停車場復興に金を費やさねば、その金額だけは輸送力増強に回せる。『停車場会社』は間接に輸送力増強の手段たりうるわけである。これが『停車場会社』発祥の由来である。鉄道財政の窮乏《きゅうぼう》を救うためにも、かつ鉄道の社会化という点からも誠に妙案達見であったと私は思う。

『停車場会社』は資本の調達に非常に苦心した。鉄道会館は株式消化能力も併せ考えた上で、現職者退職者に応募を懇請し、足らざるところを証券銀行に求めたものである。この苦心を鉄道家族主義の濫用《らんよう》とか鉄道関係者の利益独占とかの非難を浴びることになった。見る人によって枯れすすきもお化けに見える。悪意と好意との眼鏡によって事象は反対の姿になる」

論旨明快で鉄道会館事件の本質がわかる。なかでも「鉄道の社会化からも妙案達見」との意見が注目される。国鉄を鉄道事業だけで見るのではなく、独立採算が求められている公共事業体として、民衆駅問題を「鉄道の社会化」の一環として位置付けるべきだと指摘している。

「鉄道の社会化」としてはその歴史的経緯から、私鉄が圧倒的に先行しており、１９２９年に阪急電鉄・大阪梅田駅で、阪急百貨店が開業している。なぜ私鉄は東京駅の25年も前にデパート誕生が可能だったのか。同じ鉄道でも国鉄と私鉄では次元が違うという意識が強い。１９０６（明治39）年の国有化の際、17私鉄の吸収で9割以上の私鉄が国鉄になった。ところが１８９０年の軌道条例により設立した私鉄は別扱いで、１９１０年設立の阪急電鉄も設立時の名称は箕浦有馬電気軌道、１９１４（大正３）年設立の近畿日本鉄道も大阪電気軌道としてスタートしている。軌道は路面に敷設された鉄道のことで、専用線を持つ鉄道の補助的位置付けで、国鉄から見ればライバルの視界外の存在だった。阪急に続き、26年、大阪上本町駅大軌百貨店、32年、南海電気鉄道・南海難波駅に高島屋大阪店などが開店、私鉄のエキナカ、エキソト開発には法的な縛りはほとんどなかった。関東でも34年、渋谷駅に東横百貨店が開店、営団地下鉄でも32年、三越前駅が誕生、駅の建設費を三越が負担することにより三越入口近くに改札口が設けられた。デパート時代の到来を映し、鉄道駅とデパートの連携が進んでいるなかでも国鉄だけは法的規制でダメ。加えて、鉄道事業にだけ命をかける「鉄道至上主義」のプライドは高く、公共企業体になっても、民衆駅方式を私鉄のデパートのひな型を見習おうとする気配は生まれていない。

それでも戦後になって、48（昭和23）年、ＧＨＱ命令に基づき政府が立案した国鉄法では「業務運営に必要がある場合、他の事業に投資できる」との投資条項が設けられていた。しかしＧＨＱの命令で、この条項は削除された。『関連事業の歩み』（日本国有鉄道事業局編・発行、１９８１年）によると、「国鉄の他事業への投資は経済力集中排除の趣旨に反し、国鉄のような巨大企業の部外投資は一般社会に与える影響が大きいとの理由であったと思われる」としている。中途半端な公共企業体としての発足にしても、出資事業への足かせについても、ＧＨＱのやることは乱暴で、一貫していない。

鉄道会館事件の国会では「国鉄一家」癒着の例として、日本交通公社からの乗車券代売代金滞納問題も追及された。これに対し前国鉄総裁・加賀山は「切符を売らせても手数料は払うなとのＧＨＱの指図だった。交渉の責任者は私で、非常に無理難題をふっかけられたが、占領下の悲しさで、ついに押し切られた。単に国鉄のためではなく旅客、公衆の皆さんのためにも交通公社を絶対に潰すことはできない」と、加賀山が真っ向からＧＨＱを批判した勢いに飲まれ、質問者も引き下がった。

✣鉄道会館事件の効用。広義のエキナカ「構内公衆施設」認知

鉄道会館事件の効用として、民衆駅が49年制定の「構内営業規則」では対応しきれないことを露呈することにもなり、54年7月1日の構内営業規則改正で、構内旅客営業、構内旅客運送業、列車食堂営業の3つに加え、新たに「構内公衆営業」との分野が制度化された。これまでは駅長が出店者らを常時指導監督することになっていたが、「構内公衆営業」については駅長管理から外れた「構内公衆施設」として区別した。従来の駅に付随したエキナカ施設を狭義のエキナカとすれば、民衆駅、駅ビル、ホテル、駅前広場地下建設などは広義のエキナカ施設とも、エキソト施設ともいえる。東京駅八重洲口の国際観光会館などは構内公衆施設に該当する。後述する観光会館訴訟については構内営業承認の法的性格をめぐり、あいまいさが残り、ＪＲ発足以降も訴訟が繰り返された。

鉄道会館事件の効用として、私鉄と比べても遅れている投資条項を国鉄法に盛り込もうという機運が世間にも生まれた。鉄道会館事件を議論した53年第16回国会でも投資条項を含む国鉄法の一部改正案が提出されたが、「鉄道会館問題等もあって時期尚早として削除された」（『関連事業の歩み』）とし、国鉄一家バッシングのさなかでの、国鉄出資事業進出の悲願は持ち越しとなった。念願の法整備は59年国鉄法第6条の投資条項新設まで、待たされることになる。

国際観光会館とは鉄道土地の貸借を巡り、国鉄時代とＪＲ発足後の国鉄清算事業団と2度にわたって訴訟事件に発展している。

国際観光会館は敷地３７００平方メートルで、54年に一部竣工、翌年全館完成した、三井不動産系のホテル国際観光がキーテナントで、51年の着工時に使用承認し、完成時に改めて構内公衆営業を承認した。鉄道会館事件を契機に、スタートした構内公衆営業の適用事例だが、エキナカをイメージする鉄道構内施設としてはかなりエキソトだ。

60年の構内営業更新にあたり、国鉄は土地高騰を理由に3割値上げを通告した。これに対し観光会館側は値上げ前の構内営業料金を東京法務局に供託し、値上げ通告に抵抗した。このため国鉄は翌年10月、東京地裁に支払い請求訴訟を起こした。

訴訟の争点は「構内営業料金を国鉄が一方的に定めるのは借地法12条違反だということと請求額が異常に高い」というものだ。観光会館側は「構内営業承認は土地の賃貸借契約であり、したがって借地法の適用がある」という。国鉄側は「構内営業承認は民法上の土地の貸借とは異なり、一種の無名契約であり、借地法の適用は受けない」「駅構内の旅客、公衆を対象として、国鉄の事業遂行を妨げない範囲で営業することが許される対価について支払いを受けることを本質的内容とする」と真っ向対立した。

65年9月地裁は国鉄の勝訴判決を出した。これを不服とした観光会館は高裁に控訴したが、66年9月、和解が成立した。

観光会館訴訟はJR発足後の国鉄用地を承継した国鉄清算事業団との間でも再燃した。事業団は「国鉄の構内営業規則に基づく使用許可だから、構内営業規則に基づき、原状に戻し返還せよ」というものだ。これに対し、観光会館側は借地権を主張し、土地の明け渡しに応じなかったため、94（平成6）年、事業団は建物撤去と土地の明け渡しを求めて訴訟を起こした。その後、裁判官の指示に基づいて和解手続に移行し、97年10月、三井不動産が同会館の底地を買い取ることで和解が成立した。

施設跡地は現在、JR東日本と三井不動産との共同事業で、超高層の43階建てのグラントウキョウノースタワーとして、07年11月オープン、大丸百貨店などが入居している。

✣ 噴出する「国鉄一家」の見えざる特権批判

結局、国会で問題になったのは鉄道会館事件を通じた「鉄道家族主義の濫用」という国鉄バッシングに尽きることになる。国会での質問者の「国鉄一家」批判を以下例示してみたい。


「先輩後輩の関係が強過ぎ、職場をないがしろにし、選挙運動に狂奔する」

「鉄道用地を貸してやるとかのエサを示し傍若無人な選挙運動をやる」

「鉄道用地がらみの工事は特定の工事人とグルになっており、金額もべらぼうに高い」

「国鉄王国、国鉄帝国主義を形成している」

「法に反しなければ、罪人にならなければ何をしてもいいのだろうか」

「外郭団体は国鉄を勇退した人のために設けられている」

「大家族主義のりっぱな精神面を尊敬してきた1人として、国民全部から指弾の的となり、疑惑の府となったことは遺憾に堪えない」

「弘済会、交通公社、日本通運などが大家族主義の名の下に独占していることは国民の信頼をつなぐ道ではない」

「一番大切なことは綱紀の粛正で、その根本は道義的責任だ」

「国鉄傍系会社は百に余るほどで、印刷会社などは市販の3倍4倍で納入している」

「国鉄大家族主義というものが1兆円の国鉄財産を食い物にして良いのだろうか」

「国鉄自身が上げるべき利潤を傍系会社、トンネル会社に与えている。時価で貸すべき土地を想像もできないほど安い料金で貸している」

「大家族主義というのは上層階級のための家族主義で下層には全然恩典がない」

これらの発言に対し、副総裁・天坊裕彦は新旧国鉄総裁のなれ合い質問については強気に反論していたが、さすがに「国鉄一家」批判のすさまじさに「鉄道全体が伏魔殿《ふくまでん》のような格好になったことは遺憾に存じます」との反省の弁を述べている。

しだいに「国鉄一家」という呼び方が世間で悪いイメージができていく。評論家の大宅壮一は『大宅壮一の本第6企業編　実業と虚業』（大宅壮一著、サンケイ新聞社出版局、1968年）の中で、「国鉄一家を解剖する」（昭和32年9月記）を記している。

「かつての職業軍人と似ている。戦前の軍人の子供はたいてい軍人になったものだ。相手は『日の丸』で、一生涯の生活が保障されている。職業軍人も国鉄従業員も一生の仕事についたという安定感をもっている。いくら損をしても絶対つぶれることはないし、そうガツガツ儲ける必要もない。給与だけでなく、その身分に付帯する特権や役得をも含めると、そう悪いものではない。戦後は職業軍人と並び「親方日の丸」と呼ばれ、揶揄《やゆ》される。

国鉄パスについては、私鉄でも利用でき、家族、友人を連れてゾロゾロ乗れる。私鉄パスで国鉄を利用するときは本人だけだ。国鉄幹部は禁止しているが末端では大威張りで行われている。

国鉄パスは選挙運動でも使える。選挙で一番カネのかかる足代が要らない。情報交換も無料の国鉄電話を使えばどこでもすぐ話ができる。保守系も革新系も了解をしている。こういう特権を世間は見逃している」

と具体的事例をもって厳しく指摘する。

筆者もゾロゾロ乗れる恩恵を受けた1人だ。小学生低学年の時、東京見物に来た親戚の国鉄マンと上野動物園に行く際、営団地下鉄日比谷線で、わが家族を含め5人ほど、ゾロゾロ改札口を通過した。その時、子供心に「国鉄はすごい」と感動したことを覚えている。今考えてみると「国鉄一家」としては日常の行動だろうが、それを目の当たりにしたほかの乗客は不快感を覚えるだろう。こうした小さなことの積み重ねが「国鉄一家」のイメージ悪化につながり、「大家族主義」が制度疲労を顕在化させていく。

山本七平は著作『日本資本主義の精神』（山本七平著、光文社、１９７９年）の中で、「国鉄一家」を糾弾している。「国鉄という共同体を維持するために機能し、輸送という本来の機能はこれがための手段と化しているのではないか」と突き放す。

「普通の企業は利益追求が機能しなければ共同体機能は維持できなくなるという歯止めがある。機能集団であるべき陸軍が一種の共同体に転化し、組織的体系を無視し、共同体的話し合いで、天皇を越えた絶対的な力をもってしまった」と陸軍を例に、「国鉄一家」批判を展開する。

第2部

知られざる駅弁文化

第5章

エキナカ絶滅危惧種「駅弁」の危機

鉄道有事の炊き出し使命

意外な「知られざる国鉄遺産」として忘れてならないのは、駅弁だ。今はエキナカ弁当隆盛時代で、駅弁は苦戦が目立ち「エキナカ絶滅危惧種」の感を強めているが、エキナカの老舗としての矜持《きょうじ》は健在だ。国鉄時代にはエキナカでの弁当販売を独占するという既得権益にあずかったが、その分、社会的役割は重かった。鉄道災害時の供食義務、炊き出しだ。今ではエキナカ開放策で、その役割は義務ではなくなったが、駅弁業者の集まりである一般社団法人日本鉄道構内営業中央会（会長＝崎陽軒会長・野並直文、構内中央会）では災害時に供食に応じる「災害時のマニュアル」を作成している（**図5-1**）。永年蓄積した食料供給ノウハウを駆使し、関係各省庁・ＪＲからの要請に応じる供食体制を敷いている。

「災害時のマニュアル」では、地区ごとに災害時の具体的な供食までの所要時間、供給可能数量をまとめている。たとえば東北地区では「災害マニュアル発動6時間内におにぎり１万３３００個、弁当１万１０００個、12時間内に３万４３００個、弁当2万５００個」といった生産個数を、東北の駅弁11社が協力して供給する体制を整えている。台風や事故で列車が長時間止まった時も、24時間、炊き出しの要請に応じる。駅弁１３７年の歴史・伝統と駅弁業者のノウハウ、心意気があるから可能なわけだ。

✣東日本大震災で見せた駅弁業者の見事な連携プレー

２０１１（平成23）年３月、東日本大震災時では駅弁業者に刷り込まれた国鉄御用達業者としての実力をいかんなく発揮した。被災地への食料供給のため、東京の日本レストランエンタープライズ（ＮＲＥ、旧日本食堂、現ＪＲ東日本クロスステーション・フードカンパニー）が震災当日から被災地向け弁当などの生産を開始したのをはじめ、各地の駅弁業者が被災地向け弁当などの生産に入った。震源地に近い仙台へは山形県米沢市の新杵屋、松川弁当店の２社が中継拠点となり、新潟県の駅弁業者4社と協力し、リレーで弁当、おにぎりを東北電力、ＪＲ向けに１日２０００食、その後１日６５００食を供給した。駅弁４社は容器、包装、トラック輸送などで協力した。

21年12月、新杵屋社長の舩山百栄は米沢市の本社で、大震災当時をこう振り返った。

「地震発生時は仙台港の三井アウトレットパーク内の当社の『おみやげ処百絵』の駐車場にいました。津波で店は浸水し、商品も全滅しましたが、浅井克巳ＮＲＥ社長と連絡を取り、ＮＲＥ仙台支社になんとか移動し、炊き出し弁当の手配を始めました。幸い本社工場のある米沢市は震度5強でしたが、被害は少なく、停電もしませんでした。すぐに本社で炊き出し用の弁当を生産開始するとともに、新潟の駅弁業者4社にも連絡を取り、非常時の体制を敷きました。中央会のマニュアルを意識したわけではありませんが、駅弁屋の娘として生まれた因果か、自然に体が動くように育っています」

図5-1　日本鉄道構内営業中央会の災害時のマニュアル

米沢市2社と新潟県4社（神尾商事神尾弁当部、新潟三新軒、新発田三新軒、三新軒）はいずれも構内中央会の有力メンバーで、名物駅弁を持つ老舗駅弁屋。ＪＲ東日本主催の駅弁グランプリ「駅弁大将軍」には新杵屋「牛肉どまん中」（13年）、松川弁当店「米沢牛焼肉重　松川弁当」（14年）、新発田三新軒「えび千両ちらし」（17年）がそれ

表5-1　駅弁味の陣「駅弁大将軍」の一覧

年	弁当	調整元	エントリー都道府県
2012	鱈めし	ホテルハイマート	新潟県
2013	牛肉どまん中	新杵屋	山形県
2014	米澤牛焼肉重松川辨當	松川弁当店	山形県
2015	鶏めし	花善	秋田県
2016	比内地鶏の鶏めし弁当	花善	秋田県
2017	えび千両ちらし	新発田三新軒	新潟県
2018	海苔のりべん	福豆屋	福島県
2019	さけめし	ホテルハイマート	新潟県
2020	諏訪弁 ほいじゃねェ	いずみ	長野県
2021	ワインのめし	丸政	山梨県

ぞれ選ばれている（**表5-1**）。神尾弁当部は創業120年の歴史を誇り、かつては「元祖ひらめずし」が全国的人気を誇ったが、現在は「えんがわ押し寿司」がヒットしている。20年10月17日付日本経済新聞で、専門家が選ぶ、コロナ禍での取り寄せ駅弁ランキング東日本ナンバー1に選ばれている。「SLばんえつ物語」でも知られる。

震源地で震度6強だった仙台市のこばやしもフル稼働、福島県郡山市の福豆屋は東京電力原子力発電関連施設向けなどに24時間体制で炊き出しを実施した。いずれも「災害時のマニュアル」精神に基づく行動で、「国鉄御用達業者」「国鉄一家」の面目躍如といったところだ。

福豆屋は大震災の直接被害がなかった。専務・小林文紀は「翌日からはNREさんとも連絡を取りながら、福島県など自治体要請を受ける形で、おにぎりの炊き出しや復旧弁当をつくりました。駅弁を出せる状況ではありませんでしたが、たとえどんな形でも炊き出しをしなければならない。駅弁屋は炊き出しが使命だと自負しています。不眠不休で、限られた食材で日替わりの弁当をつくり、原子力発電の関係先を優先して出荷し、足りなくなった容器については、新津の神尾弁当部さんに届けていただきました。道路も通じていたし、新潟4社との連携もスムーズだった」と当時を振り返った。福豆屋も「海苔のりべん」で、18年の「駅弁大将軍」を受賞している。

✣「国鉄一家」の矜持は健在

仙台の駅弁業者・最大手のこばやしは「こばやしの備え」という独自のマニュアルが役立った。05年8月16日の宮城県沖地震の経験から、同11月に作成したマニュアルに則り、防災訓練などの対策を講じてきたことが功を奏した。こばやしの社長・小林蒼生（現会長）は「阪神・淡路大震災を経験した神戸の淡路屋さんにお見舞いで訪れた際、社長から『まずトイレだよ』など、いろいろアドバイスをいただいた」ことが具体的な災害対策に踏み切ったきっかけという。飲料水は地下水、ガスは備蓄可能なプロパンガス、仮設トイレは3基用意、通信はNTTの衛星電話─などを具体的に準備していた。

備えの効果はてきめんで、震災当日は従業員の安否確認、地下水、プロパンガスなどを使用する生産体制準備をし、電気の復旧しない中で、翌3月12日早朝から本格生産を開始した。朝9時には仙台市災害対策本部へ救援弁当500個、JR関係に300個を無償で届けている。午前10時には本社で一般向けにも駅弁、サンドイッチなどの販売を開始した。「こばやしの備え」を見事に結実させている。仙台地区ではコンビニエンスストアの店舗全面再開に1か月ほど要したことを考えると、国鉄の有事対応に鍛えられた駅弁業者の活躍は、特筆に値する。

岩手県宮古市の割烹「魚元」も津波で床下浸水する中で、食材の在庫がなくなるまで弁当をつくり、炊き出しに応じている。魚元は「いちご弁当」で有名で、京王百貨店駅弁大会では売り上げ2位に入ったことのあるベスト10の常連だったが、その後、廃業したのは残念だ。「いちご弁当」は三陸で獲れたウニとアワビを煮た郷土料理「いちご煮」の駅弁のことで、果物のイチゴとは関係ない。

構内中央会も大震災の年、11年の総会を東京開催予定から急きょ、郡山市開催に変更した。総会は大震災の4か月後に開催され、全国の駅弁業者が各自、自社の駅弁を持ち込み、郡山にはせ参じた。その数2000個で、被災地から郡山に避難している人たちに無料配布するという、粋な計らいを見せた。

大震災で駅弁業界の陣頭指揮を執ったＮＲＥ社長・浅井は「非常時の供食体制を敷いてきた伝統・精神が今回、大震災で実際に生かされたと思っています。中央会の『駅弁マーク』は、非常時の供食責任を全うする信頼のマークでもあります」と、駅弁業者を絶賛している。

人気駅弁「いなり寿司」で知られる伊東線・伊東駅の祇園社長の守谷匡司は18年2月、伊東市の祇園本社で、有事対応について、こう語った。「伊豆は台風など災害が多く、2、3年に1度は炊き出しの要請がある。最近の災害ではＪＲ東日本横浜支社から『何時まで稼働していますか』との問い合わせがあった。駅弁業者は国鉄・ＪＲの要請には24時間応えることを横浜支社の若手は知らない感じなので、改めて担当幹部に電話をかけ、『簡単なものならいつでも作ります』」と伝えたという。

守谷は横浜の崎陽軒に6年間、修行としての勤務経験がある。この時、崎陽軒2代目社長・野並豊には「国鉄の依頼は夜中でも決して断ってはならない」と口すっぱく教育されたとし、誇り高き国鉄・ＪＲの御用達業者を自負している。

第23代東京駅長で、ＮＲＥ社長でもあった梅原康義は「駅のそばに釜があるというのは心強い。その釜の人たちが今でも、鉄道有事に対し協力を惜しまないと聞いて、うれしい限りだ」と駅弁業者の姿勢を高く評価している。

国鉄エキナカの生き残り団体「日本鉄道構内営業中央会」

駅弁が絶滅危惧種なら国鉄エキナカ生き残り団体、日本鉄道構内営業中央会（構内中央会）も当然、絶滅危惧種となる。構内中央会は１９４６（昭和21）年と戦後の設立だが、その歴史は明治時代からの鉄道の歴史とともにある（**表5－2**）。設立時は３０５会員で、名称は社団法人鉄道業務中央会。駅弁の製造技術向上、衛生の向上、品質の改善を図る自主規制機関として誕生したが、当初は食料統制の影響下にある供食業者がほとんどという官製の色彩の濃い団体で、当局の指導を仰ぐ受け皿機関でもあった。

そのルーツを遡ると、44年設立の全国鉄道旅客食糧統制組合、40年設立の全国鉄道営業人組合連合会となる。それ以前は各地の運輸事務所管内の鉄道構内営業人組合、商業組合だ。さらに遡れば、国鉄の直接統治を受けていた構内営業者の集まりで、メンバーは国鉄ＯＢら、国鉄ゆかりの人の起業した会社が多い。

会員数は63年のピーク時には４２０社ほどだったのが、ＪＲ発足以降急減し、２０１９（平成31）年3月末には96社と１００社の大台を割り込んだ（**図5－2**）。ピーク時の4分の1以下となり、その後も減少傾向は続き、駅弁業者の淘汰に歯止めがかからない。

構内中央会が会員激減のなかでも、競合相手を参入させない組織体質は、絶滅への道から逃れられない要因の１つと言える。構内中央会加入には既存の地元の駅弁業者の賛成が必要という旧態依然の不文律がある。１駅１業者の国鉄時代のなごりだ。

表5-2　駅弁の歴史

年	概要
1885（明治18）年	宇都宮で駅弁発売開始（白木屋） 横川駅で駅弁発売開始（荻野屋）現役最古参
1889（明治22）年	東華軒、東海道線で駅弁第1号販売 姫路駅で幕の内風の駅弁販売開始（まねき食品） 米原駅で駅弁販売開始（井筒屋） 静岡駅で駅売りの茶、汽車土瓶第1号販売（三盛軒、現在の東海軒）
1890（明治23）年	大阪駅で駅弁販売開始（水了軒）、草津駅で駅弁販売開始（南洋軒）
1891（明治24）年	馬場駅（現在の膳所駅）で駅弁販売開始（萩の家）
1897（明治30）年	静岡駅で「鯛めし」の販売開始（東海軒）
1899（明治32）年	大船駅で「サンドウイッチ」販売開始（大船軒）
1905（明治38）年	生瀬駅で駅弁販売開始（淡路屋）
1906（明治39）年	京都駅で駅弁販売開始（萩の家）
1909（明治42）年	「鰻丼」販売開始（萩の家）
1914（大正3）年	磐越西線日出谷駅で鳥めし販売開始（朝陽館）
1921（大正10）年	鉄道省が駅売り茶の容器をガラス製に変更通達（翌年にとりやめ）
1927（昭和2）年	駅弁売り装束を半てんから背広に改訂
1940（昭和15）年	皇紀2600年記念レッテル発行（全国）
1941（昭和16）年	森駅「いかめし」販売開始（阿部商店）
1944（昭和19）年	五目弁当、鉄道パン販売開始
1946（昭和21）年	国鉄構内営業中央会（現日本鉄道構内営業中央会）発足
1953（昭和28）年	日本初の駅弁大会開催（大阪・高島屋）
1954（昭和29）年	「シウマイ弁当」販売開始（横浜・崎陽軒）
1958（昭和33）年	「峠の釜めし」販売開始（荻野屋）
1968（昭和43）年	「明治百年記念、汽車100年シリーズ」レッテル発行（松浦商店）
1969（昭和44）年	駅弁価格の上限枠撤廃
1972（昭和47）年	神戸駅等で「しゃぶしゃぶ弁」販売開始（淡路屋）
1985（昭和60）年	テレビ番組タイアップ駅弁・小淵沢駅「元気甲斐」販売開始（丸政）
1987（昭和62）年	東海道新幹線の各駅で「新幹線グルメ」販売開始
1988（昭和63）年	加熱式弁当「あっちっちすきやき弁当」販売開始（淡路屋） 日本鉄道構内営業中央会「駅弁マーク」を商標登録
1993（平成5）年	日本鉄道構内営業中央会、4月10日を「駅弁の日」に制定

（日本鉄道構内営業中央会の資料を基に作成）

✣国鉄地域分割が衰退に拍車

会員の減少には国鉄分割民営化、とくに旅客会社の地域分割の影響が大きい。ＪＲ旅客６社はそれぞれ地域的に独立した会社となったが、構内中央会は旧態依然の全国組織だ。国鉄のしがらみを背負った団体に対する新生ＪＲ６会社の対応は各社各様だ。

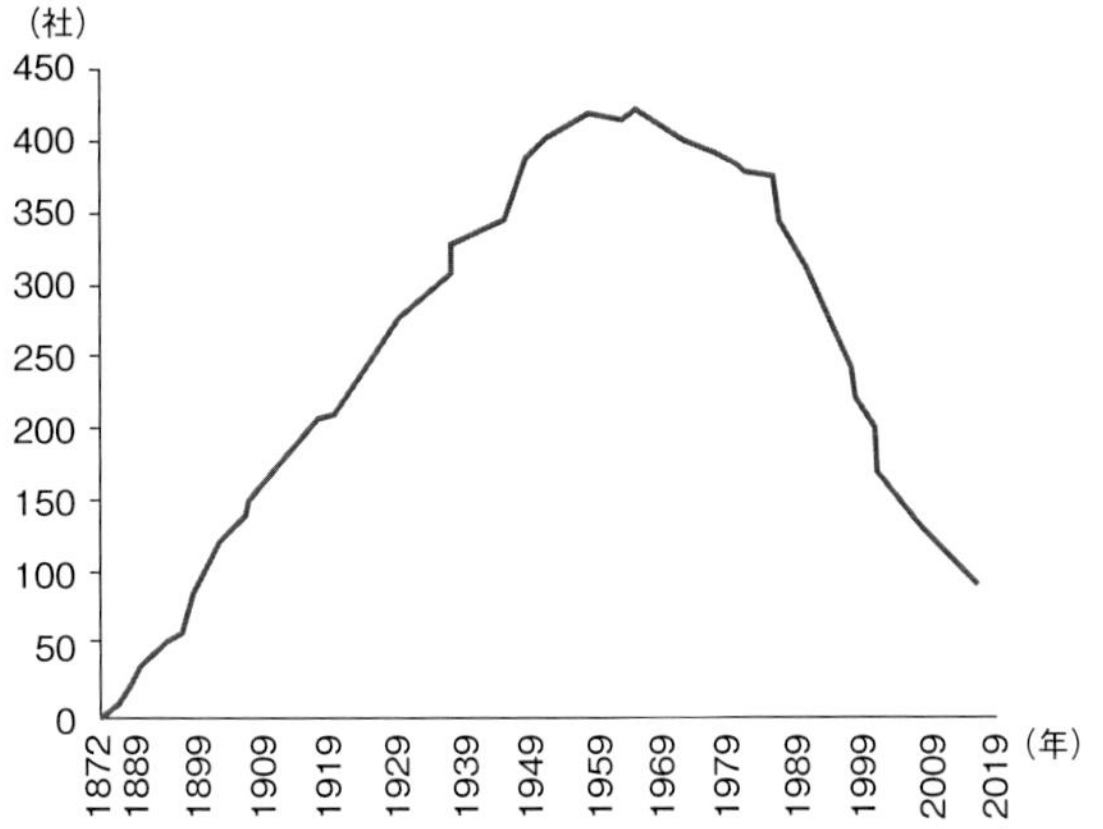

（日本鉄道構内営業中央会の資料を基に作成）

図5-2　日本鉄道構内営業中央会会員の推移

国鉄は分割されたが、鉄道は全国１本のままだから、承継した鉄道に付帯した駅弁についても、ＪＲ各社では国鉄時代からの継続姿勢を採る会社と、ゼロベースで仕切り直す会社に分かれた。前者がＪＲ北海道、ＪＲ東日本、ＪＲ西日本、ＪＲ四国で、後者がＪＲ東海とＪＲ九州だ。後者２社は分割し新会社となったのだから、国鉄時代とは切り離し、新体制として仕切り直すのは当然というスタンスだ。両社とも国鉄時代の生き残りの構内中央会の組織にこだわりはない。

ＪＲ東海は独自の弁当製造販売会社、ジェイアール東海パッセンジャーズを設立し、新幹線駅、車内で売る弁当の製造販売を自らのグループビジネスとして内製化した。このため、構内中央会所属の駅弁業者の市場は徐々に縮小していっている。

ＪＲ九州は構内中央会組織とは別に、独自の駅弁業者の組織、一般社団法人九州駅弁協議会を立ち上げる。01年、02年には構内中央会九州地区の構内中央会大量退会が目立ったのも、ＪＲ九州が独自に駅弁業者のネットワークを構築した影響が大きい。九州の駅弁には構内中央会の「駅弁マーク」と九州駅弁協議会のマークをダブル表示している駅弁が存在している。

ＪＲ九州と九州駅弁協議会は04年、「あなたが選ぶ駅弁ランキング」を創設した。第1回から第3回までは鹿児島本線・新八代駅の「鮎屋三代」（頼藤商店）が3連覇、全国人気の駅弁の面目躍如となった。07年の第4回から第6回までは肥薩線・嘉例川駅の「百年の旅物語 かれい川」（森の弁当やまだ屋）がやはり3連覇した。九州新幹線（博多―鹿児島中央間）開通10周年記念「九州新幹線駅弁シリーズ２０２１」で、「花の待つ駅 かれい川」が総合優勝、「百年の旅物語 かれい川」が鹿児島エリアの優勝となった。いずれも新作駅弁で製造元も新設の森の弁当やまだ屋製だ。

この嘉例川駅は、駅ごとに構内営業許可を受ける構内中央会とは無縁の無人駅だが、特急停車駅だ。１９０３（明治36）年開設の駅舎は国の登録有形文化財で、駅舎も地元・隼人町所有というユニークな観光資源豊富な駅だ。２００４年、観光列車・はやとの風の停車を機に、販売は予約制、駅の待合室で駅弁を売る形を採っている。なかなか手に入りにくく、〝幻の駅弁〟とも言われている。この駅弁を買うためにわざわざ嘉例川駅まで訪れる駅弁マニアもいる。ＪＲ九州は駅弁を観光の重要なツールとして捉え、構内中央会員にこだわらずに、魅力ある駅弁掘り起こしに余念がない。

ＪＲ東日本管内では駅弁業者43社が06年10月、構内中央会組織とは別建ての独自組織、東日本駅弁協議会（代表理事＝こばやし会長・小林蒼生）を立ち上げている。ＪＲ東日本の協力を得ながら、駅弁の衛生向上、品質改善に努め、駅弁の拡大、発展に寄与しようという任意団体だ。かつて駅弁業者が政治家に振り回された経験からも、政治性を一切排除しようという狙いもある。

駅弁の歴史は一貫して鉄道事業者の監督下で、その手のひらで動いてきたが、今後はＪＲ東日本と駅弁業者がお互い切磋琢磨《せっさたくま》して、駅弁を日本の誇る文化として発展させることを目指す。小林は「おいしく衛生的であるべき駅弁づくりの理念を徹底していくための意思統一の会としたい。一度、衛生問題で事故が起こったら、駅弁業者は一蓮托生《いちれんたくしょう》だ」とし、品質の時代に生き残れる駅弁づくりの徹底を図る。

87年４月のＪＲ発足以降のエキナカ開放の影響も深刻だ。日本鉄道構内営業中央会の会員だけに許されていたエキナカでの弁当販売は自由競争時代の幕開けで、どのテナントでも弁当販売でき、「駅で売っていれば駅弁」という状況になっている。需要激減の上、エキナカでの既得権益も消滅し、需要減と供給過剰のダブルパンチを受けている。

新幹線の登場、列車の高速化などで、車窓弁当としての役割は小さくなり、乗車時間２時間を切ると駅弁需要は一気に落ちる。鉄道の歴史は駅弁業者の構造改革を迫る歴史でもある。とくに今回はコロナ禍が加わり、駅弁業界も、構内中央会も、〝絶滅危惧種〟から〝絶滅〟してしまう懸念さえ出ている。

消費期限神話の教訓「河村弁当部」（山形県酒田駅）事件と伊勢名物「赤福餅」

日本鉄道構内営業中央会の「駅弁マーク」は信頼の証と言える。ＪＲ発足１年後の１９８８（昭和63）年８月に制定、翌年４月１日に使用開始した、構内中央会会員の駅弁業者にだけに許された認定マークだ。マークのある駅弁は品質の良い、衛生的な自家製造ものだ。しかも構内中央会を通じ、当局の指導を得ている安心のブランドというわけだ。ＪＲ発足で構内営業が開放され、新規参入企業を一気に増加したことがマーク導入のきっかけとなり、新規参入企業との差別化を図ろうという苦肉の策でもある。

✣ 消費期限のジレンマ

そもそも駅弁業者は鉄道事業者の厳しい規制下の下で、育てられたものだ。鉄道と構内事業者との関係は１８７２（明治5）年の鉄道開通時まで遡る。品川―横浜間の仮開業時の同年6月12日（太陽暦）の１か月後の7月半ばには「鉄道寮の法被《はっぴ》を着た売り子たちが駅構内で新聞の立ち売りを開始した」（『日本国有鉄道百年史第1巻』、１９６９年）と記されている。仮開通以降、構内営業は一貫して鉄道事業者の規制を受けて、今日に至っている。とくに飲食物への規制は厳しく、１９１８（大正7）年には「食品衛生法」施行を受け、鉄道院総裁通達として「旅客用飲食物取締規程」を設け、統一した厳しい取り締まりを実践した。

国鉄の構内営業業者に対する締め付けは厳しく、「構内営業取扱手続」により、事細かく規制してきた。とくに食中毒が心配される駅弁については弁当の中身、価格、衛生状態から売り子の服装、売り声まで、厳しいコントロール下に置いた。駅構内で営業するにあたり、駅弁発祥当初より規制が厳しかった結果として、新鮮で衛生状態の良い商品が作られてきたということだろう。鉄道という安全を最優先する企業文化が構内営業にも、貫かれているという見方もできる。駅弁業者には、鉄道に貢献した人など鉄道とゆかりのある人が多く、倫理観が高く、責任感の強い人が参入しており、その伝統は駅弁業者のＤＮＡに深く埋め込まれている。

こうした鉄道事業者の厳しい監督下、衛生基準下で、鍛え抜かれた駅弁業者には、安全・安心への思想がしっかり刻みこまれている。農林水産省、厚生労働省のガイドラインに基づいて３つの試験を重ねた上で、製造業者個別に消費期限を決める。添加物、保存料、着色料などを最低限に抑え、かつ消費期限をなるべく短くし、体にもやさしいというのが「駅弁マーク」認定業者の目指すところだ。東日本大震災時に見せたような伝統の心意気を持った駅弁業者は倫理観も強く、「コンビニとはもって生まれた思想が違う」とある大手駅弁業者は強調する。

とくに駅弁の消費期限については、1979年の厚生省（現厚労省）通達で「製造後7時間」なのが、国鉄では「常温で製造後4時間」と厳しい指導をしていた。87年4月のJR発足後も「製造後4時間」のままだった。まさに〝生もの〟扱いで、駅弁を運ぶ時間などを考えても、物理的に不可能に近い時間で、製造時間の先付けなどの悪習も一部、なかったとはいえないが、とにかく「製造後4時間」という指導を守ることに全力をあげたという企業文化が現代にも生きている。

その後、冷蔵ケース導入など温度管理がしっかりできるようになり、「製造後7時間」になったのは93年のことだ。現在は衛生技術の進歩とともに、消費期限は延び、製造時間の刻印が不要になったこともあり、製造後14時間程度、さらにそれ以上の消費期限の駅弁も増えている。

エキナカの弁当ブームは続いているが、駅弁マークが弁当ブームの中で埋もれてしまう。国鉄時代のように、エキナカ弁当は駅弁しかなかったのが、今はエキナカ開放策で、弁当売り場は供給過剰だ。東京駅の駅弁屋「祭」でも駅弁マークのない弁当も置いてある。

若い人は駅弁マークを知らない人も少なくない。肝心の駅弁も製造の機械化が進み、温度管理が進歩し、添加物の使用も増やす傾向にあり、消費期限を延ばす工夫を凝らしているから、デパ地下、エキナカの弁当やコンビニ弁当と差異がなくなってきている。厳しい衛生基準をクリアしていく中で、製造技術の進歩とともに、駅弁マークの希少性はこれからも薄れていく方向だ。

図5-3　羽越本線・酒田駅

✣ 高品質・信頼のブランドゆえの事件

「安全安心」な駅弁の伝統は綿々と引き継がれているが、それでも食中毒事件は起こる。駅弁食中毒事件で最も衝撃的な事件は、75年の羽越本線・酒田駅での事件だろう（**図5-3**）。河村弁当部の幕の内弁当に入っていた卵焼きが原因と言われている。死亡3人、130人もの食中毒患者が出る大事故となった。河村弁当部社長の愛娘の柿崎美保子さんが食中毒発生の報を聞き「わが社の弁当に発生するはずがない」として、その弁当を食べ、帰らぬ人となってしまった。『駅弁物語』（瓜生忠夫著、家の光協会、1979年）によると「食中毒の原因は外注した卵焼き」という。手作りの駅弁のたった一部の食材を仕出し屋に外注したことにより、取り返しのつかない事件に発展してしまった。その後、河村弁当部は廃業した。衛生問題に細心の注意を払っていただけに、駅弁業界のショックは大きく、今でも美保子さんのことは語り継がれ、他山の石としている。

もう1つ、他山の石としたいケースは伊勢名物・餅菓子「赤福餅」の食品表示偽装疑惑事件だ。駅弁は137年の歴史を誇り、駅弁マークが信頼のブランドとして定着しているのは鉄道の「安全安心」の理念を駅弁に持ち込んだ国鉄の指導によるものだ。これに対し300年の歴史を誇る赤福餅の信頼のブランドは赤福自らの自主規制により、確立したもので、駅弁以上に価値が高い。赤福餅の高品質は消費期限の短さに象徴されていた。その赤福に食品表示偽装疑惑が持ち上がったのは2007年だ。赤福餅を製造販売する赤福（三

表5-3　賞味期限と消費期限の違い

賞味期限	消費期限
おいしく食べることができる期限	期限を過ぎたら食べない方がいい
定義：定められた方法により保存した場合において、期待されるすべての品質の保持が十分に可能であると認められる期限を示す年月日をいう。ただし、当該期限を超えた場合であっても、これらの品質が保持されていることがあるものとする	定義：定められた方法により保存した場合において、腐敗、変敗その他の品質の劣化に伴い安全性を欠くこととなるおそれがないと認められる期限を示す年月日をいう
例：スナック菓子、カップめん、缶詰など	例：弁当、サンドイッチ、惣菜など

重県伊勢市）は消費期限を改ざんしたとしてＪＡＳ（日本農林規格）法と食品衛生法違反容疑で、立ち入り調査を受けた。

消費期限は食品、とくに劣化の早い駅弁など弁当類、惣菜、ケーキ、和菓子などのマーケティング上の戦略ツールの1つであった。消費者の「食の安全」の意識の高まりとともに、戦略ツールとしての存在感は増し、ついには食品メーカー間の過当競争を招いている。赤福餅の他社の追随を許さないほどのブランド力、商品力を持ちながらなぜ、消費期限改ざんに走ってしまったのだろうか。

食品の品質期限表示には消費期限と賞味期限の2つがある（**表5-3**）。消費期限は腐敗などで品質が急速に劣化する、傷みやすい商品に設定する期限で、駅弁、おにぎり、生めん、サンドイッチなどがその対象だ。おおむね製造日から5日以内がメドで、期限切れは安全性を損なう恐れがあるため、期限は厳守することが望ましい。これに対し、賞味期限はおいしく食べられる期限のことで、期限切れだからといって、にわかに安全性を損なうわけではなく、むろん食べられなくなるわけではない。味は徐々に落ちていくかもしれないので、期限内になるべく早く食べるようにという目安だ。

消費期限を決めるのは、メーカー自身だ。05年、農水省・厚労省が定めた「食品期限表示のガイドライン」に基づき、大腸菌など細菌の残存を調べる微生物試験、酸度、粘り、濁りなどを測る理化学試験、そして味やにおい、色、見た目による官能検査などを科学的に実施し、安全で、おいしく食べられる「可食期間」を決める。「可食期間」に安全率を掛けて消費期限とする。普通、官能検査での「可食期間」が短いことが多いため、消費期限は官能検査での「可食期間」に安全率60％とか、80％とかを掛けた時間となる。購買後、いつ食べるのか、どういう温度下に置かれるのかなど、消費者の行動が読めないので、かなりゆとりを持たせて消費期限を短く設定することが多い。

ここに「消費期限神話」が誕生する。消費者から見れば、とくに消費期限が短いということは、食品添加物の少ない新鮮な商品と映る。短い消費期限は信頼の証でもある。あえて、消費期限を短くするのがマーケティング上の有効な戦略で、人気商品ほど消費期限を短く設定する傾向にある。

品質管理、マーケティングの教訓として、忘れてならないのは、これだけ消費・賞味期限に対する消費者の関心が高いと、マーケティング戦略上、競って業者は消費・賞味期限の短い商品を投入しようというのも、やむを得ないことかもしれない。

その究極の例が、赤福餅ということになる（**図5-4**）。もともと赤福は老舗ののれんを守るという典型的な商法に徹していた。老舗ののれんを守る商法の一般的な商いの仕方は生産量に見合う販売だけで、「売り切れ御免」というシンプルなもの。午前中でも店を閉めてしまう名店は今でも多く、需要に供給量が追い付かないから、消費者は並んで買うか、予約するかで、手に入れるのに苦労する。このことがまた人気を呼び、細く長く何百年も店は繁栄する。「できたてのあん餅」がいつも食べられるという信頼が、赤福餅を定番のベストセラー商品にのし上げた最大の要因と言えそうだ。

赤福は江戸中期の１７０７（宝永４）年創業という３００年の歴史を誇る老舗中の老舗。「売り切れご免」を長く続けてきたが、名古屋中心の販路急拡大につれ、製造が間に合わず、欠品が日常化し、チャンスロスが経営の大きな問題として大きくのしかかっていた。チャンスロスを解決するには工場を増強し、増産体制を敷けば解決する。だが消費期限が製造日を含め夏2日、冬3日と短いため、物流、在庫問題がネックとなっていた。売れ行きより在庫を減らすことが優先課題という、赤福ならではの悩みがことを大きくした。

そもそも期限切れ、即廃棄はもったいない話でもあり、冷凍技術の発達と相まって、期限を伸ばすことも食品衛生法上も十分可能であり、食味的にも可能だった。しかしおいしさだけでなく、新鮮さが売り物で、他社の追随を許さない商品だっただけに、消費期限延長という選択肢は取りたくなかったのが赤福側の事情だろう。

赤福ファンは年配や健康に気を遣う人が多いことも承知の上で、原材料の表示の順番も偽装した。原材料の表示は食品衛生法で重量順と決められているから「砂糖、小豆、もち米」の順だが、これを「小豆、もち米、砂糖」の順に入れ替えていた。消費者が表示を見た場合、砂糖が筆頭だと「こんなに砂糖が入っているのか」と、糖分を控えたい中高年が躊躇《ちゅうちょ》する懸念がある。そこで砂糖の順位を後ろに下げたというのが本音のところで、表示が重量順になっていることを知っている人が少ないから、これくらいの偽装なら、許容の範囲という判断だろう。逆に砂糖がたくさん、入っているのなら、砂糖の防腐効果で、さらに長持ちするはず。今回の件で、健康被害が出るという心配はなく、あえて消費期限を短くしているのは、他社の追随を許さないというマーケティング上の戦略最優先だったというのがこの事件の顛末《てんまつ》と言えそうだ。

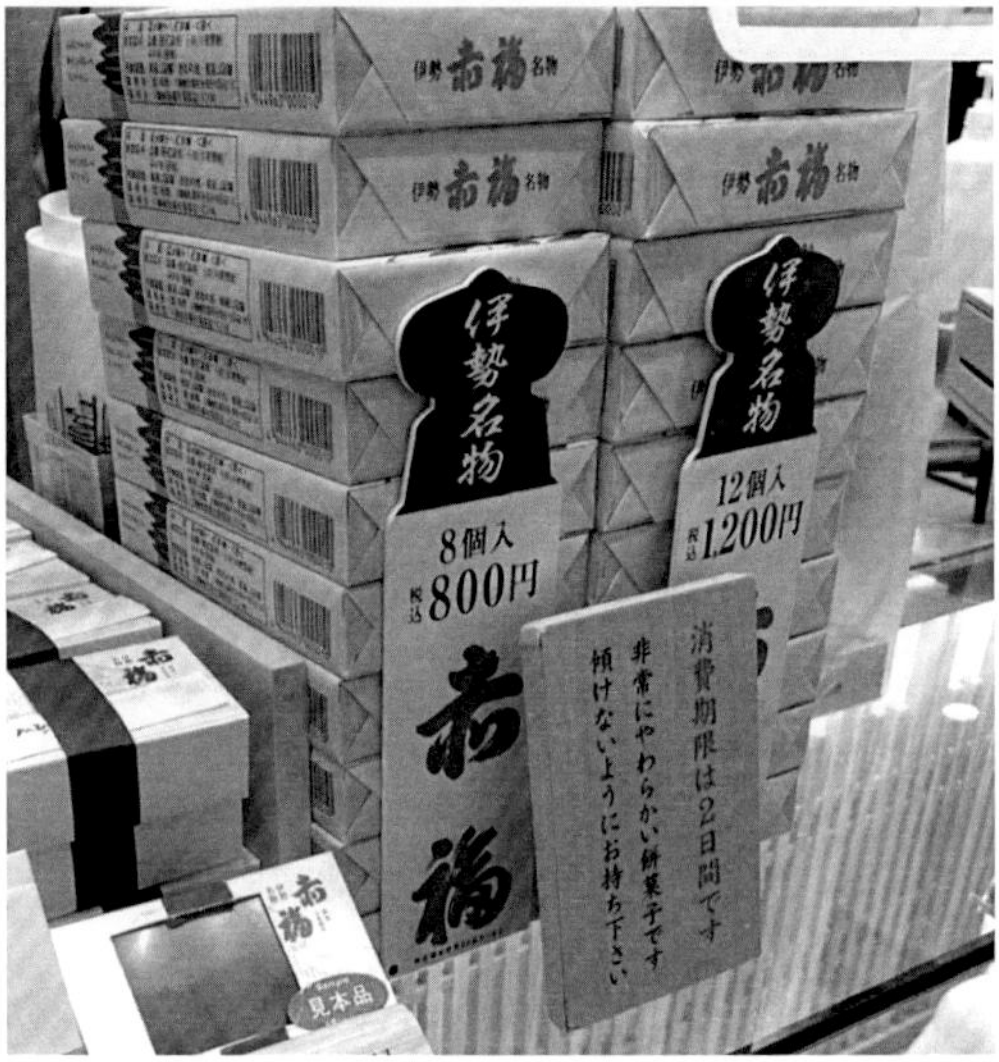

図5-4　赤福

江戸時代創業の御福餅本家も同じ伊勢名物「御福餅」で、製造日の先付け表示、原材料表示の不正表示で、ＪＡＳ法と食品衛生法違反に問われた。まさに消費期限を巡る過当競争で、両社とも改善計画提出で一件落着したが、老舗同士、大きく傷を残した形となった。

駅弁も消費期限の短い方が人気となる。荻野屋の「峠の釜めし」がベストセラーを続けているのも、おいしさに加え、添加物が少ないという商品力と消費期限が比較的短いことがリピーターの信頼を得ている。「河村弁当部」事件と「赤福」のケースは今後の駅弁界にも大きな教訓を残したといえよう。

京王百貨店駅弁大会と東京駅駅弁屋「祭」の意義

✣〝ライバル〟から〝共存共栄〟へ

日本最大の駅弁大会、京王百貨店新宿店の「元祖有名駅弁と全国うまいもの大会」は、２０２２（令和４）年１月開催で57回を迎えた。コロナ禍にもかかわらず、今回も３００種類の駅弁が集められ、35種もの駅弁の実演販売が実施された。今回の目玉はＪＲ東日本が12年から実施している駅弁コンテスト「駅弁味の陣」の歴代グランプリを集めた「『駅弁大将軍』大集合」と銘打った企画だ。ＪＲ東日本管内の駅弁コンテストで1位となった初代から19年の8代までのグランプリ駅弁を集めたものだ。ライバル関係にある京王百貨店の駅弁大会と東京駅の「駅弁屋　祭」とがお互い共存共栄を図ろうという企画で、京王百貨店もＪＲ東日本も〝駅弁の危機〟を相携えて打開しようという象徴的な試みとなった。

京王百貨店とJR東日本とがライバル関係として意識し合うようになったのは、04（平成16）年、駅弁屋、祭の前身である旨囲門（うまいもん）に遡る。主に東北の駅弁を東京駅直送で味わってもらおうという駅弁専門店だが、旨囲門新設の本音は東北からの車内販売で売れ残った駅弁を受け地の東京駅で捌《さば》こうという、当時のNRE社長の荻野洋のアイデアから生まれたものだ。とくに山形からの駅弁はカリスマ販売員の活躍もあって、車内販売が人気化したが、車内へあまり積み込むと余ってしまうので、積み込み量の予想が難しかった。受け地で余りを吸収できるなら、欠品を気にせず積み込むことができるという一石二鳥のアイデアだった。それが祭に発展し、毎日が駅弁大会となり、京王百貨店の強力なライバルとして浮上したものだ。

そうはいってもデパートの駅弁大会が駅弁普及に貢献してきた実績は揺るがない。現在の一番人気は京王百貨店の駅弁大会だが、駅弁大会そのものは1953（昭和28）年の大阪高島屋が最初だ。現在でも松坂屋上野店、さいか屋横須賀店、阪神百貨店、鶴屋百貨店（熊本県）など全国各地でも開催され、いずれも人気だ。京王百貨店の駅弁大会は地方の名物駅弁をていねいに発掘し、ライブキッチンを提供し、かつては零細業者の上京資金の一部を負担するなど駅弁文化を大切にしながらの開催という点でも歴史的価値は高い。約2週間の開催だが、1月の閑散期のデパートの祭事としては異例の集客を誇っている（**図5-5**）。90年代は売り上げ4億円台だったのが、00年に5億円台、03年には6億円台、ピークは10年の7億1100万円と7億円の大台を記録した。冬の催事としては異例の集客力を誇った。

ところが東日本大震災以降、駅弁市場の低迷が常態化したことに加え、祭人気の影響で、京王百貨店の駅弁大会も伸び悩み傾向となる。13年には6億2900万円と頭打ちとなった。14年にはスイーツブームにあやかり、駅弁より〝うまいもの〟を重視した店舗配置をし、駅弁依存からの脱却策を試みたが、不発に終わった。50周年であった15年

図5-5　花善に行列をつくる人々（2022年1月7日、京王百貨店駅弁大会）

は駅弁回帰に踏み切り、荻野屋の「峠の釜めし」、崎陽軒の「シウマイ弁当」など定番の実演販売で起死回生を図ったが、多少盛り返した程度で、その後も売り上げ6億円程度で伸び悩み傾向が続いた。

21年大会はコロナ禍で、政府の緊急事態宣言下での開催だった。開催にこぎつけた京王百貨店の努力は駅弁史に残る英断として高く評価されている。売り上げは3億円台と前年比半減したが、駅弁文化継承の観点からは「されど3億円」で、意義ある開催となった。例年、大盛況のイートインコーナー「お休み処」は設置できず、会場も7階と5階、地下と実質3会場に分かれ、その上ソーシャルディスタンスを保つというコロナ対策も講じた。年に1度のお祭りムードに水を差す形になった半面、コロナ禍で窮状に追い打ちをかけられていた駅弁業界にとっては貴重な販売チャンスであった上、駅弁マニアばかりでなく、在宅を強いられていた、日頃忙しい人達にとっても、駅弁を知る機会となった。

✣ 京王駅弁大会育ちの駅弁は多い

京王駅弁大会を契機にエキソトでブレークした駅弁も多い。その典型は、函館本線・森駅の「いかめし」（いかめし阿部商店）

だ（**図5-6**）。京王百貨店の駅弁大会での売り上げ1位を50年連続で達成、21年から〝殿堂入り〟となり、ランキング対象外となっている。22年には「殿堂入り記念どんぶり付き」と銘打って、新作の「3代目のいかめしde丼」を実演販売し、人気となった。いかめし阿部商店の本社工場は茅部郡森町だが、現在は地元の森駅ではエキナカ販売はなく、催事での売り上げが9割以上だ。全国の駅弁大会、催事を巡る独自のビジネスモデルを確立している。原料イカの不漁、コロナ禍で催事開催も激減している。函館の「三印　三浦水産」に傘下入りし、イカの安定供給を受けている。

（提供：泉和夫氏）

図5-6　阿部弁当部のいかめし掛け紙（昭和初期）

50年連続は個数ベースで、金額ベースでは50年連続とはならない。駅弁業界はなぜか個数で競争する。商慣習の違いと言えばそれまでだが、通常、売り上げランキングは金額ベースで競争する。ちなみに11年トップのいかめし（５００円）が5万１５２５個で２５７６万円、2位の牛肉どまん中（１１００円）が2万４０８６個で２６４９万円と、金額ベースでは牛肉どまん中がトップとなる（**表5-4、図5-7**）。

スーパーマーケットの駅弁大会も日常化し、駅弁供給の重要なチャネルにのし上がってはいる。だが、地元での名物駅弁とまったく同じものにはなかなかならない。長距離輸送に耐えるためには消費期限を延ばす必要もあり、添加物の使用もやむを得ない。レシピをＯＥＭ（相手先ブラ

表5-4　元祖有名駅弁と全国うまいもの大会　売上個数ベスト5（2007年～2011年）

順位	2011年	2010年	2009年	2008年	2007年
1位	いかめし 51,525個	いかめし 63,814個	いかめし 56,168個	いかめし 60,598個	いかめし 58,874個
2位	牛肉どまん中 24,086個	牛肉どまん中 26,825個	牛肉どまん中 24,858個	牛肉どまん中 25,875個	牛肉どまん中 23,697個
3位	浜焼きホタテ海鮮ひつまぶし19,515個	甲州かつサンド16,636個	甲州かつサンド 21,822個	氏家かきめし 18,149個	氏家かきめし 13,440個
4位	氏家かきめし 14,831個	ひっぱりだこ飯 14,477個	氏家かきめし 18,504個	甲州かつサンド 16,973個	甲州かつサンド 13,396個
5位	前沢牛ローストビーフ肉巻にぎり寿司 12,960個	氏家かきめし 14,166個	飛騨牛しぐれ寿司 16,430個	飛騨牛しぐれ寿司 15,507個	飛騨牛しぐれ寿司 13,119個

図5-7　牛肉どまん中（新杵屋）

図5-8　東京駅の駅弁屋 祭グランスタ店

ンド製造）業者に提供し、ＯＥＭ生産する場合も多々ある。その地域でしか買えないという駅弁の希少性はなくなりつつある。汎用性と希少性のジレンマに陥っている。このトレードオフの関係が駅弁にとってネックとなりつつある。体にやさしいはずの駅弁がコンビニ弁当化し、自らの商品性を損なう形になりかねないリスクも大きい。

✣「祭」は毎日が駅弁大会

駅弁ブームが去ったとは言え、ライブキッチンを備えた「駅弁屋 祭」人気は衰える兆しはない（**図５‐８**）。駅弁屋は新宿駅、大宮駅、仙台駅、品川駅など主要駅に開設している。ＪＲ西日本でも新大阪駅の新しいエキナカ商店街、エキマルシェ新大阪に、やはりライブキッチンを備えた「旅弁当 駅弁にぎわい」を開設、主に関西の駅弁を集めるが、全国的な品ぞろえを心がけている。

祭の店舗面積は以前の旨囲門時代と同じでわずか70坪だが、坪単価売り上げではコンビニエンスストアは軽く凌駕、東京駅のほかのエキナカ店舗も圧倒している。

ヒットの要因は①全国から２００種以上の駅弁を集める品ぞろえ②ライブキッチンを備えている③店内を回遊できる④駅弁をエリア別でなく肉、海鮮などカテゴリー別にしている—などだ。ライブキッチン効果は大きく、実演だけで1日1000個以上を売り上げる人気駅弁も多い。客単価は祭以前の対面販売が900円程度に対し、1500円以上に拡大、店内を回遊する効果は歴然だ。顧客は余分に買う衝動にかられているようで、毎日が〝駅弁まつり〟状態の祭の底力は計り知れないものがある。

わが国最大の駅弁大会である京王百貨店新宿店の「元祖有名駅弁とうまいもの大会」は年1回の希少性も人気の要因だったが、地域限定であるはずの駅弁が東京駅に行けば手に入るという祭のインパクトは強烈だ。祭効果は新しい駅弁のビジネスモデルを誕生させたとも言えそうだ。

駅弁大会の効用の一つとして、駅弁の持ち帰り需要がある。今でこそ持ち帰りは駅弁需要の柱ということは常識だが、これがデータ的に裏付けられたのは06年のことだ。総合サイト「フーズ&フー」が実施したアンケート調査によると、「駅弁をどこで食べますか」の質問に対し、1位が自宅、2位が列車内、3位が駅以外の旅行先、4位が駅ホーム・待合室、5位が勤務先。「駅弁をどこでよく買いますか」では1位が駅売店、次いでデパートの駅弁大会、スーパーマーケットの駅弁大会、列車内の車内販売、ドライブイン、サービスエリアの順。駅売店、車内販売以上に、駅弁大会の健闘が目立つ。総回答数は9979人。すでにこの時点で、駅弁人気は予想以上に旅行ニーズ以外に広がりを見せ、持ち帰って自宅で夕飯にいただくというニーズが意外に強いことが明らかになった。

駅弁の持ち帰り需要を先取りしていたのが、4コマ漫画『サザエさん』（長谷川町子著）だ。1969年3月21日付の朝日新聞の『サザエさん』に、持ち帰り駅弁の話が掲載されている。サザエさんは東京駅で、駅弁とお茶を7つずつ購入し、家に持ち帰る。これをちゃぶ台の上に置き「さア！　てってい的に家事をサボるゾ」と宣言する。駅弁の女王と言われる旅行ジャーナリストの小林しのぶは「駅弁の持ち帰り需要を先取りしていた」と驚嘆する。サザエさんは今から53年前、小林しのぶがかかわった「フーズ&フー」の調査の38年も前の話だ。長谷川町子の先見性に、サザエさん人気の底力を垣間見ることができる。

表5-5　楽天市場の通販駅弁ランキング（2021年12月）

順位	弁当名	駅名	販売元
1位	ますのすし一重	富山駅	ますのすし本舗　源
2位	鯖寿司	鳥取・米子駅	吾左衛門鮓の米吾
3位	かにめし	北海道・長万部駅	かにめし本舗かなや
4位	冷凍弁当バラエティセット　8種類	岡山駅	三好野本店
5位	森っ子めし／いかめし	北海道・森駅	北の海鮮　鮪斗yuto
6位	有田焼カレー	佐賀・有田駅	有田テラス
7位	特撰ますの寿し	富山駅	青山総本舗
8位	手割り箱寿し（かに）	富山駅	順風屋
9位	手割り箱寿し（マス・いろどり）	富山駅	順風屋
10位	冷凍桃太郎の祭ずし	岡山駅	三好野本店

✣ 冷凍駅弁の将来性

コロナ禍で、駅弁は持ち帰り需要から、通信販売、冷凍駅弁の時代に進化している。22年１月、テレビ東京の番組「ワールドビジネスサテライト（ＷＢＳ）」では、通販サイト「楽天市場」の21年12月の駅弁通販ランキングを放映した。１位源の「ますのすし一重」（富山市）、２位米吾の「吾左衛門鮓 鯖寿司」（鳥取県米子市）、３位かにめし本舗かなやの「かにめし」（北海道山越郡長万部町）、５位いかめし阿部商店の「いかめし」、６位プレアデスの「有田焼カレー」（佐賀県西松浦郡有田町）と名物駅弁がラインアップした（**表５-５**）。

急速冷凍技術の進歩で、時代はついに冷凍駅弁の時代を迎えたとの見方もできる。コロナ禍は新たな駅弁の冷凍革命を引き起こすのかと期待は高まるが、ランキング入りは冷凍駅弁に向いている寿司系が圧倒している。

ベストテンで注目されるのは２位の吾左衛門鮓鯖寿司だ。山陰名物の駅弁である吾左衛門鮓がもともと冷凍食品だということはあまり知られていないが、食べてみて冷凍食品だったと気が付く人はまずいない。駅弁マニアでも知らない人が多い。家庭に届く時は冷凍食品ではなく、消費期限72時間の生の駅弁という不思議さだ。家庭で解凍する駅弁と比べると、圧倒的に商品力は高いから2位というのも頷《うなず》ける。ここにも駅弁の強さ、奥の深さを垣間見ることができる。駅が〝知恵の産業〟だとつくづく感じる瞬間でもある。

吾左衛門鮓は江戸時代中期、米子を拠点とする廻船問屋、米屋吾左衛門の妻女が船子用に日持ちする弁当として考え出したと伝えられている。鯖を酢飯に乗せ、ワカメで巻くという素朴な寿司で、これを竹の皮で包むことにより、より長持ちさせるという生活の知恵に富んだものだ。

伝統的な吾左衛門鮓を引き継いだ米吾は１９０２（明治35）年創業の老舗駅弁業者で、この伝統的な吾左衛門鮓に改良を重ね、78年に駅弁、吾左衛門鮓として本格販売を開始した。地元・日本海近海の鯖に限り、巻くワカメは北海道産の昆布に変え、形状も丸い形から棒状とし、竹の皮で包んだ。コメは地元鳥取県産のヤマヒカリで、にぎり、巻き寿司用とは違い、若干のねばりのある押し寿司用のコメというこだわりだ。発売当時から名物駅弁として人気だったが、販路は限られ、量産も不可能で、米子駅のローカルな人気の駅弁にとどまっていた。

この生の山陰名物を冷凍することにより、ローカルな駅弁から全国ブランドにのし上げたわけだが、ただの冷凍食品と思ったら、大違いだ。３００年の鯖の押し寿司の歴史・伝統と技術革新が合体した新時代の駅弁と言える。まさに進化する駅弁とはこのことだと思う。

筆者は２００５年3月、14代目社長・内田雄一朗時代に訪問する機会を得た。製造拠点の工場、ケータリングセンターは米子市郊外にある。外観はごく普通の工場だ。米吾独自の冷凍・熟成解凍システムは01年に特許を取得した。マイナス50－マイナス60℃で鮮度を保ちながら急冷凍し、7－8時間かけ熟成解凍する仕組みだ。工場では炊飯ライン、成型ライン、竹皮包装、出荷ラインなどは公開しているが、肝心の急速冷凍するフリーザーと熟成解凍する解凍室は〝社外秘〟ということで見せてもらえなかった。

冷凍食品は味が落ちるという常識の中で「冷凍・熟成解凍するからこそ、おいしい」ことを、技術開発に携わった副工場長・内田茂樹は強調した。解凍時に0℃以下の氷温帯をじっくり通過し、氷温熟成することで、アスパラギン酸、グルタミン酸などの遊離アミノ酸が増え、甘味、旨味を増し、逆に苦み成分は減少し、鯖特有の生臭さはなくなる。解凍後の消費期限が72時間の駅弁として出荷する。家庭に届くのは賞味期限の冷凍弁当ではなく、消費期限の駅弁だ。

味の問題もさることながら、冷凍に踏み切ったもっと大きな理由は、駅弁特有の労働環境にある。「駅弁屋の悩みは人手だ。シーズンの9月から翌年3月までが繁忙期で、人が足りない。半面、オフの夏に向けては人手が余る。トップシーズンには深夜労働が日常化するが、当時の従業員は50代以上が大半で、深夜の労働は『厳しい』の一言」(同)だ。これらの駅弁業界特有の構造問題を一気に解決したのが、冷凍・熟成解凍技術というわけだ。おかげで、鳥取県産の新鮮な鯖寿司が日本橋三越、駅弁屋・祭などで、常時購入できるという不思議さがまた、魅力の商品と言える。

ただ急速冷凍技術の進歩は著しいが、問題は解凍技術だ。米吾の特許の熟成解凍技術は技術の高さもさることながら、コストもかかる。ランキング入りの駅弁には寿司が多いのも冷凍・解凍が単品で比較的容易、風味を損なわないからだろう。家庭で具材の多い駅弁の解凍は意外と難しく、コツが必要だ。冷凍駅弁が本格普及するには、さらなる解凍技術の進歩とコストダウンが必至となる。

駅弁文化のリード役
荻野屋「峠の釜めし」と崎陽軒「シウマイ弁当」

信越本線・横川駅の荻野屋は官営鉄道の駅弁第1号業者であり、現存する最古の駅弁業者で、駅弁業界の〝良心〟とも言える会社だ（図5－9）。駅弁のクオリティを高めている功績は計り知れない。2005（平成17）年11月、横川駅前の本社を訪問する機会を得た。当時の「峠の釜めし」の消費期限は構内中央会の基準よりさらに厳しく、夏6時間、冬8時間で、合成添加物、合成着色料を使わないことがさらに消費者の信頼を高めていた。消費期限の短さがマーケティングとしても大事なことは、赤福餅の件で述べた通りだ。

荻野屋5代目社長の高見澤恭子（現会長）は「駅弁お土産論」を否定し、「駅弁持ち帰り論」を展開する（図5－10）。

「おぎのやのドライブインでは売り上げの半分がお持ち帰りです。このためお客さまには釜めしはお土産ではなく、あくまでもお持ち帰りです。お持ち帰りというのは、買ったものを自分で持ち帰るというテイクアウトのことで、お土産ではありません。お土産というのは人に贈るものです」と、自宅へ帰って釜めしを夕飯替わりにすることを前提に販売する。このため「買う人に消費期限は何時までですと必ず、確認してから売ります」（高見澤恭子）という徹底ぶりだ。

荻野屋の消費期限を守ることの徹底ぶりは筆者も経験した。京王百貨店駅弁大会で、会場に行ったのが午後2時過ぎになり峠の釜めしコーナーには当然のごとく「売り切れ」の案内が貼ってあった。このコーナーは階段に面した会場の入り口というホットコーナーにあった。百貨店の係りとおぼしき男性に「さすがに、もう売り切れですか」と問いかけたところ、「実はトラック輸送が遅れたのと、お客さんの出足が少し鈍かったことで、消費期限の関係で廃棄が出ました」という。聞くと入荷予定は午前11時、消費期限は午後3時、まだ1時間ある。駅弁は消費期限1時間前に店頭から撤去することが取り決められている。販売可能な時間は3時間しかない。トラックが遅れれば、その分、販売時間は短くなる。JAS法、食品衛生法には違反しないが、午後2時にはいかなる理由があっても撤去せざるを

図5-9　荻野屋本店

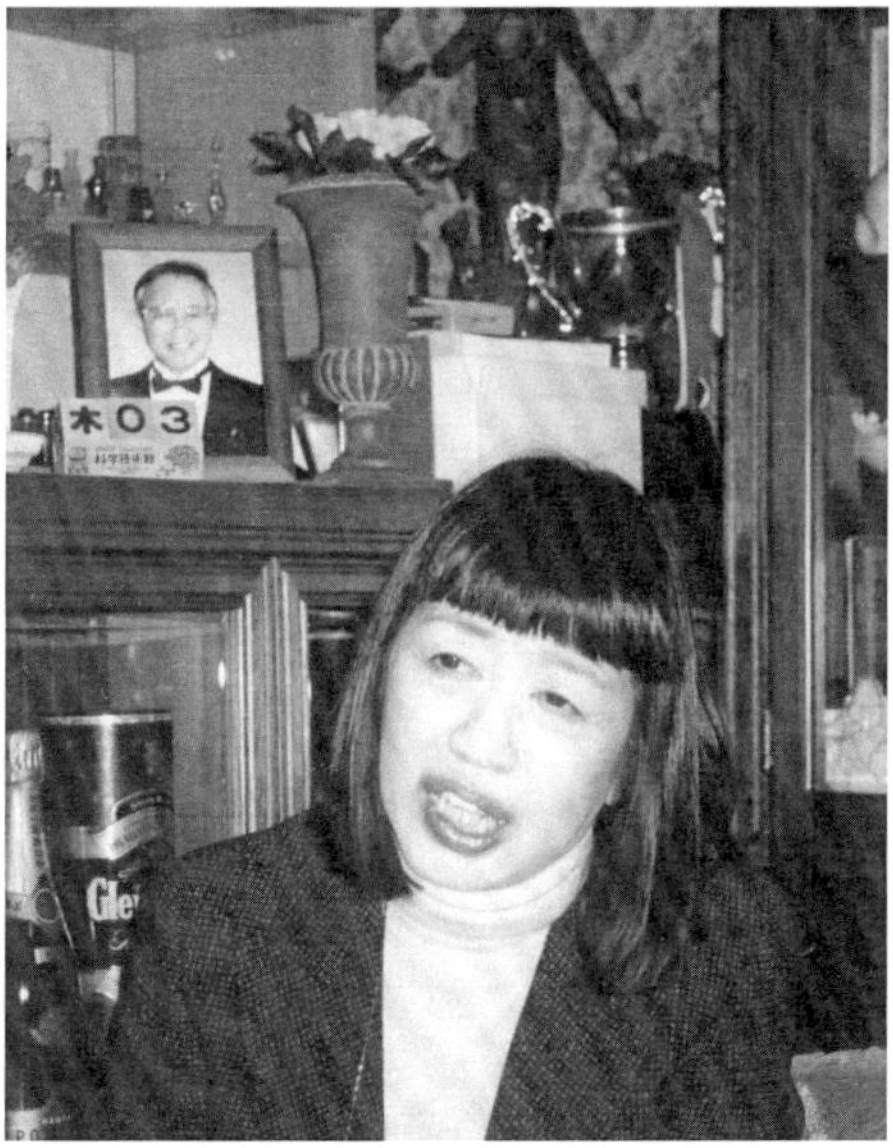

図5-10　5代目社長の高見澤恭子（現会長）

得ない。

とくに「荻野屋さんは午後2時をちょっとでも過ぎて売ったら、次に出荷してもらえなくなる」と頑《かたく》なだという。お客からはその後も「次の入荷は何時か」とか、「あすまで買えないのか」と完全売り切れを前提に質問する人が散見されたが、まさか廃棄したと思う人はいない。極端な話が行列の途中でも期限1時間前には撤去という厳しいスタンスが老舗としての信用を保つためであり、無意識のうちのマーケティング上の戦略でもあるわけだ。

峠の釜めしは駅弁を代表する存在で、刑事ドラマシリーズの題材ともなっている。07―17年までTBSで放映された「駅弁刑事・神保徳之助」という人気刑事ドラマシリーズがあった。駅弁好きが高じて「駅弁刑事」と呼ばれるまでになった謂《いわ》れは、定年後、主人公の徳之助（主演・小林稔侍）が亡き妻と駅弁めぐりの旅する約束をしていたという設定になっている。その約束のきっかけは、2人で峠の釜めしを食べたことにある。10年間、命日には必ず、横川の本店を訪れ、釜めし2つを購入、1人で亡き妻を偲《しの》んで食べるシーンから始まる。駅弁刑事ドラマの設定の原点が峠の釜めしだということをみても、駅弁でまず思い浮かべるのは峠の釜めしというイメージが定着していることだろう。

✣ 駅弁の良心。荻野屋「玄米弁当」

荻野屋には峠の釜めし以上に、品質にこだわった駅弁がある。隠れた、細々としたロングセラーを続けているのが、知る人ぞ知る「玄米弁当」だ（**図5-11**）。１９７４（昭和49）年12月発売で、すでに48年間も峠の釜めしという超ビッグ商品の陰で地道に売り続けている。高見澤恭子は「母が心臓弁膜症を患っていたが、玄米を食べて良くなった。無農薬、無添加の健康食で、皆さんにも食べていただきたい。根強いファンもいます」と、母であり峠の釜めし生みの親、4代目社長・高見澤みねじへの思いを込めた自信作だ。４６２キロカロリーと低カロリーで、価格も当時500円で、現在でも650円と手ごろ。健康ブームを映し、確実に売れてはいるが、販売数は少なく、販売店も横川、軽井沢など地域限定が難点だが、最近は数量限定で東京都杉並区の工場併設店舗、荻野屋 八幡山でも手に入るようになった。

荻野屋の創業は1885（明治18）年10月。駅弁第1号については同年7月の宇都宮駅の白木屋説が定説となっている（**図5-12**）。白木屋が駅弁第1号とすれば、遅れることわずか3か月。白木屋はすでに廃業しているので、荻野屋は現存する最古の駅弁業者となる。白木屋は日本鉄道という民営鉄道の駅弁屋だったので、官営鉄道としては荻野屋が第1号となる。

駅弁第1号論議は宇都宮駅説が揺らいでおり、真実は藪《やぶ》の中。1877年神戸駅説、83年上野駅説、84年熊谷駅説と諸説紛々だが、いずれも鉄道開通という歴史的大イベントの最中で、弁当ごときは誰も気に留めなかったということだろう。

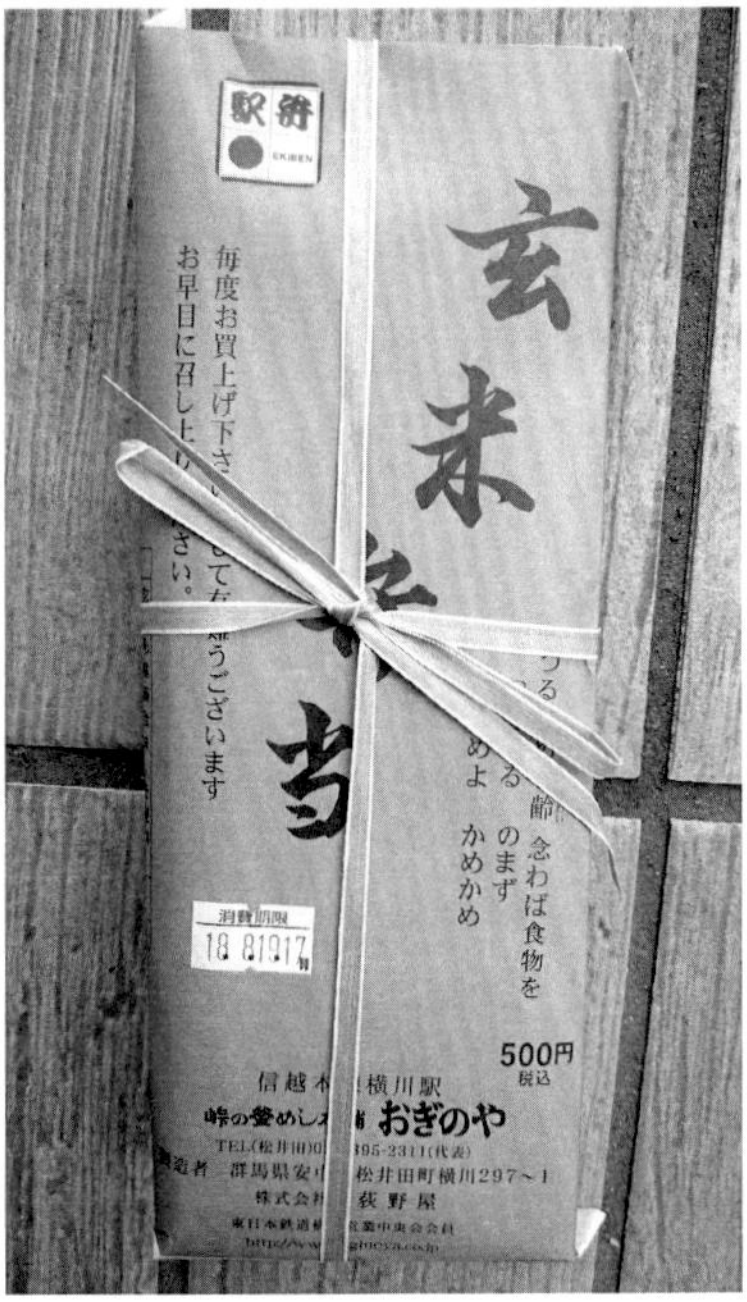

図5-11　玄米弁当（荻野屋）

宇都宮駅説に代わる駅弁第1号として浮上したのが上野駅説だ。83年7月発行の『上野駅100年史』（日本国有鉄道上野駅、1983年）によると、「宇都宮停車場で特筆すべきことは旅館を営んでいた斎藤嘉平が駅弁をつくって販売したことである。これが大変評判良く日本の駅弁第1号になったわけだ」とあり、100年史発行当時は宇都宮駅説が一般化していたわけだ。通説に従い、85（昭和60）年の京王百貨店の駅弁大会では

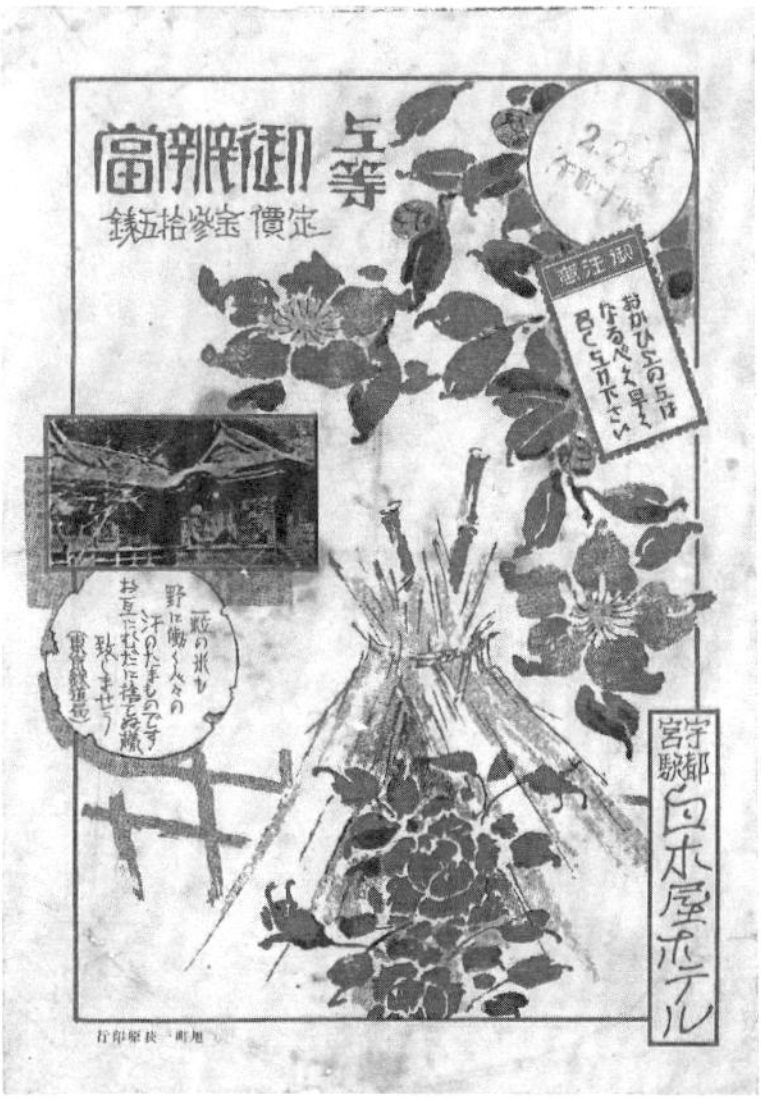

（提供：泉和夫氏）

図5-12　白木屋の上等御弁当掛け紙（1927年）

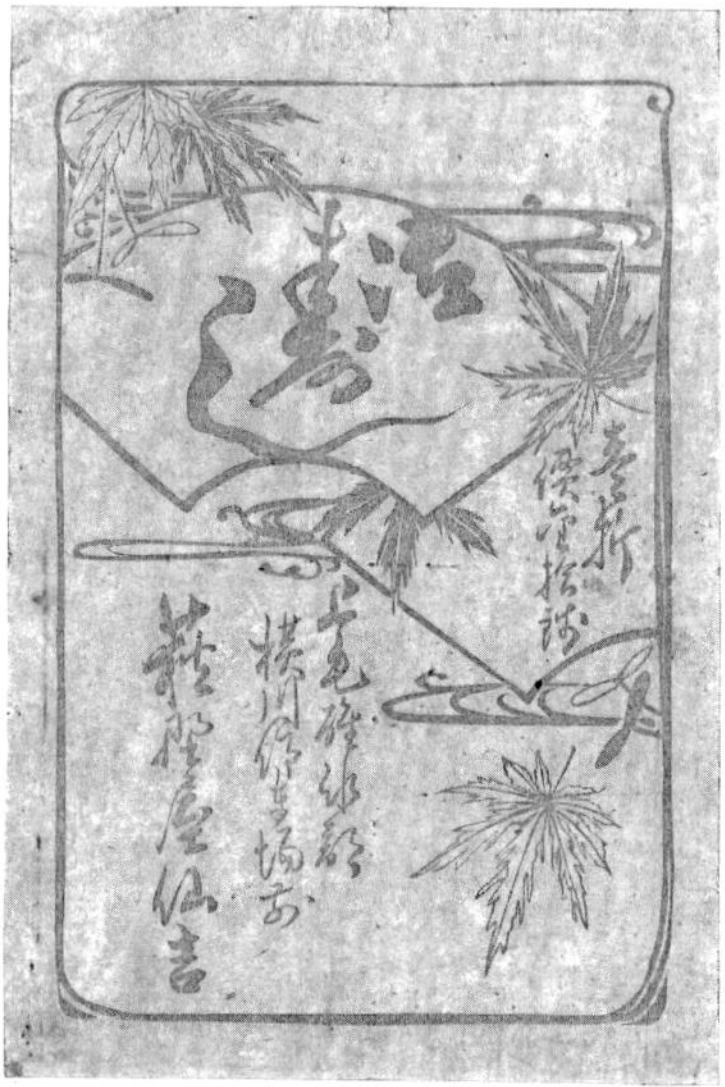

（提供：泉和夫氏）

図5-13　荻野屋の寿し弁当掛け紙（明治30年代後半）

「駅弁１００周年」として宇都宮駅白木屋の復刻駅弁を販売している。通説通り、竹の皮の握りめしに、たくあんを添えた弁当として販売された。だがその年の7月発行の『宇都宮駅１００年史』（日本国有鉄道宇都宮駅、１９８５年）を見ると、「明治16（１８８３）年に販売したという上野駅の資料が発見されるまで長い間、わが国第1号の駅弁とされていた」とし、宇都宮駅自身が上野駅第1号説に同調している。ただ上野駅説も第1号という確証はなく、通説としては宇都宮駅説のままだ。

✣ 現存する「日本最古の駅弁屋」荻野屋

とにかく現存する一番古い老舗が荻野屋であることだけは確かで、高見澤恭子は「日本に現存する最古の駅弁屋だと、主人（高見澤忠顕）が常々言っていた」ことで、横川駅前にある本店には「日本最古の駅弁屋」という大きな看板を掲げている。高見澤忠顕は当時副社長だが、戦略子会社、おぎのやドライブインの社長で、「荻野屋全体を見る実質トップだった」（６代目社長・高見澤志和）人だ。

荻野屋自身もそのルーツとなると不明なことが多く、高見澤恭子は「荻野屋の由来は、母からも聞いたことはないし、わからない。たぶん、昔、旅館を経営していたので、旅館の屋号だとは思う。映画『人間の証明』で有名になった霧積《きりづみ》温泉の近くだったと思う」とその由来はあいまいなままだ（図5-13）。

荻野屋を有名にしたのは、言うまでもなく1958年発売の峠の釜めしで、普通弁当80円の時代に120円と強気の価格設定で、当初販売は苦戦していた。それが文藝春秋のコラムに取り上げられ話題となり、67年には、フジテレビ土曜劇場で、釜めしを創案した4代目社長・高見澤みねじをモデルとした「釜めし夫婦」が放映され、これが大ヒット。峠の釜めしは全国ブランドの商品にのし上がった。以来64年以上のロングセラーを続け、現在もデパート、スーパーマーケットの駅弁大会の目玉商品なのは変わりがない。

釜めしは本社周辺にある2工場で生産し、かつては販売エリアを横川、軽井沢周辺に限定し、商品は工場渡し、物流コストは販売側が負う。仕入れ価格も他社の駅弁より高いため、駅弁大会の目玉としての峠の釜めしは販売側から見れば採算的には厳しいというのが実情だった。

鉄道衰退から釜めしも受難の時代を迎えた。アプト式で有名な碓氷線が廃止され、97年には長野新幹線（北陸新幹線）開業で横川駅は信越本線の終点駅になった。横川―軽井沢間11・2キロメートルは廃線となったが、現在では観光トロッコ列車が2・6キロメートル先の碓氷峠の途中まで運行している。横川駅前には「鉄道文化むら」が開設され、休日には鉄道ファンでにぎやかさを取り戻してはいるが、かつての隆盛はない。

早くから鉄道に頼ることへの限界を意識していた荻野屋の打つ手は早かった。販路を鉄道だけに頼らず、クルマ社会に対応していった。峠の釜めし発売開始から4年後には国道18号線沿いにドライブインを開店している。これからは鉄道からバスの時代を迎えるとみて、販路を鉄道からドライブインにシフトしていった。高速道路のインターチェンジ周辺に、ドライブインを次々開店すると同時に、バス会社とドライブインへの立ち寄り契約を結ぶなど、バスとの関係を強化した。協定は大阪、名古屋のバス会社にも及び、釜めしの夕食需要を掘り起こしたという。

✣パルプモールド容器開発で、「釜めし」東京進出

弱点はヒットの起爆剤となった容器の「釜」にある。釜めしの重さは1・1キログラムもある。家族3人分を持ち帰るとすると、3・3キログラム。列車の旅の帰りに持ち帰るにはあまりに重い。益子焼の容器はリサイクルするのも大変だ。モノ不足時代には、釜でごはんを炊くとおいしいとか、植木鉢に使うとか、いろいろ使い道はあった。モノが溢れる現代では、食べた後は不用なものになり、処分に困る。後日、容器を持ち込めば引き取るし、着払いで送ることも可能だ。店外で使用した容器は容器の生産工場のある益子に持ち込み、アスファルトに混ぜ込み再利用している。店内で使用した容器については洗って再利用している。

この問題はサトウキビの搾りかすを利用したパルプモールド容器の開発で、一応の解決を見た。空港で売られる空弁進出にあたり、6代目社長・高見澤志和が株式会社ＷＡＳＡＲＡと、釜の形を生かした紙製の容器を共同開発したものだ。13年3月、空港で販売している空弁の釜めし「大空の釜めし」を発売し、13年度の経産省のグッドデザイン賞（運営・公益財団法人日本デザイン振興会）を受賞した。

コロナ禍は益子焼の生産地も襲い、帝国データバンクによると、21年11月、荻野屋の釜めしの釜を製造している益子焼大手のつかもとが民事再生法を申請した。負債総額9億円。販売不振のところにコロナ禍で催事減、観光客も激減した。コロナ関連倒産と言える。事業は継続し、荻野屋への釜の出荷も続けるという。

峠の釜めし一本足打法の厳しさについて、高見澤志和が取締役時代、こう語っていた。『峠の釜めし』の存在が大きく、なかなかほかの商品に目を向けてくれない。釜めしと遜色ない商品もあるのに」と、有名すぎて贅沢《ぜいたく》な悩みを

吐露《とろ》していた。

幸い、ドライブインではそば、どんぶり、定食、漬物類でも、「荻野屋のものは安全安心」と好評だ。高見澤志和は「釜めしには旅をさせない」との父の言を破って、東京攻勢で活路を見出す。17年4月、銀座松坂屋跡地に開業したＧＩＮＺＡ ＳＩＸに出店した。都内初出店だ。19年12月には、京王線・八幡山駅前に工場併設型店舗を出店した。パルプモールド容器による釜めし製造を主体とした工場で、できたての温かい弁当を東京でも食べられるようにした。

コロナ禍の逆境の中で、21年3月、山手線・有楽町駅高架下、エキュートエディション有楽町に「荻野屋 弦」を、続いて同年10月、京王線・笹塚駅直結の京王クラウン街笹塚に「荻野屋 ＯＨＡＣＯ」、22年6月には「荻野屋 弦 神田」を出店した。本社・横川地区と東京地区を2本柱とする経営体制を確立した。

✣ ローカルブランドに徹する崎陽軒

ＪＲ東日本管内で、一番人気の駅弁が崎陽軒の「シウマイ弁当」だ。1日2万5０００食も売る駅弁だが、駅弁の域を越えている。地域の生活に根ざした弁当と言えよう。経営理念には「ナショナルブランドを目指しません。真の優れたローカルブランドを目指します」とする珍しい文言を挿入するという徹底ぶりだ。

21年2月期は売り上げ１７８億１４００万円で前年比32％減とコロナ禍の影響を大きく受けたが、22年2月期には売り上げ同22％増の２１８億円、当期純利益10億９０００万円と2年ぶりに黒字を計上した。5月には社長交代、株式会社化から4代目となる社長・野並晃が誕生、新体制でポストコロナに挑む。デパ地下、駅ビルなど直営店約１６０店体制で、販売ネットもすでに駅弁業者の域を越えた幅広い外食産業に脱皮している。神奈川県下を主力とし、東京、千葉、埼玉と静岡の一部の南関東エリアに販売ネットを張り巡らせており、手軽に手に入るので、南関東では基

（提供：泉和夫氏）

図5-14　崎陽軒の御弁当掛け紙（1932年）

本的には駅弁大会に参加する必要は生じない。

それでも鉄道有事への心構えは前述の祇園社長・守谷の談話の通りだ。20年2月12日、コロナ禍で横浜港停泊中のクルーズ船、ダイヤモンド・プリンセス号にシウマイ弁当４０００個を差し入れた。しかし船内は治外法権だったこともあり、弁当は行方不明となり、結局、見つからないまま消費期限切れとなってしまった。コロナ禍の混乱の中での出来事で、大きな話題とはならなかったが、地元横浜での有事に際し、有事の時の駅弁業者の矜持を見せた。

崎陽軒は１９０８年創業で、創業１１４周年を迎えた老舗の駅弁屋だ（**図5-14**）。創業の地は初代横浜駅（現桜木町駅）で、４代目横浜駅長の久保久行が妻の名義で創業した。２代目横浜駅（現ブルーライン・高島町駅周辺）への移転に伴い、崎陽軒も移転し、崎陽軒の歴史は横浜駅とともにある。「国鉄一家」のエキナカ企業だったわけで、鉄道有事への心構えもルーツからみれば納得がいく。

経営は長い歴史の中で、逆境をバネに成長してきた底力のある会社だ。関東大震災、太平洋戦争、そして鉄道高速化の波を乗り越えてきた。鉄道高速化時代を迎え、各地の駅弁業者が苦戦する中で、とくに横浜は東京駅を発車して30分と近過ぎて、帰りはもうすぐ終点で、弁当を食べている暇がないという、駅弁業者にとって最悪のロケーションにある。株式会社崎陽軒としての初代社長にあたる野並茂吉はこうした逆境の中で、「横浜名物」を模索した。「横浜名物シウマイ」は逆境なるがゆえに生まれたニッチでオンリーワンの商品とも言える。

✣冷めてもおいしい「シウマイ弁当」

横浜名物シウマイは28（昭和3）年、「冷めてもおいしいシウマイ」として販売を開始した。シュウマイには、中に入れる豚肉が冷めてしまうと独特な臭みがでるという難点がある。この臭みをなくすのに試行錯誤を繰り返し、ホタテの貝柱を混ぜると臭みが消え、風味が増すということを発見し、ついに冷めてもうまいシウマイの開発に成功した。ホタテは北海道の漁業協同組合連合会から仕入れるオホーツク産を指定している乾燥ホタテで、調味料、添加物などを一切使用していないのが特徴だ。さらに車中で、楊枝でつまんで食べられるように小粒にしたことも大ヒットの要因だ。常に顧客サイドの発想が勝利を呼び込んだとも言える。

横浜のお膝元には世界に誇る横浜中華街があり、「浜っ子」には中華料理にうるさい人は多い。冷めた中華料理は原則、存在しない。中国で駅弁が育たない理由の1つに、中国人は冷めた食べものは口にしないという食習慣がある。

大ヒット商品、シウマイ弁当が登場したのは横浜名物シウマイの誕生から26年後の54（昭和29）年、つまり戦後しばらく経ってから。駅弁業者の老舗なので横浜名物シウマイに続いてシウマイ弁当も発売したと思っていたが、そうではなかった。

シウマイ弁当のうんちくも、凝ったものだ。まず弁当箱に今でも経木《きょうぎ》を使っていることだ。経木は通気性が良く、蒸れないし、衛生的だ。ごはんがフタにくっ付くという欠点があるが、それが今では駅弁らしいという人気の要因の1つになっている。

シウマイ弁当も開発したのは野並茂吉だ。アイデアマンの茂吉は、シウマイを横浜名物にのし上げただけでなく、「シウマイ娘」、おてふき、醤油入れの「ひょうちゃん」も誕生させている。シウマイ娘は50年8月、チャイナ風ドレ

（提供：日刊工業新聞社）

図5-15　野並 豊

ス姿で横浜駅に初登場し、話題を呼んだ。は身長5尺1寸以上2寸以下（１５４・53―１５７・56センチメートル）、18歳から22歳まで、新制中学卒業以上、通勤時間30分以内―などの厳しい応募条件をクリアした女性達。映画化もされ、一気に横浜名物の仲間入りで、女性憧れの職業ともなった。

駅弁に付いているおてふきを初導入したのは崎陽軒で、『汽車辨文化史』（雪廼舎閑人著、信濃路、１９７８年）によると、簡易おてふき登場は56年11月という。

醤油入れのひょうちゃんは漫画家・横山隆一が目鼻のデザインを入れたことにより人気化し、「ひょうちゃんの百面相」として知られ、48種ある。２代目だけでも大小合わせると６４０種もある。２００３年から3代目ひょうちゃんとなった。08年には創業１００周年の記念として、イラストレーター・柳原良平による期間限定ひょうちゃんが登場し話題になった。ひょうちゃんマニアも多く、横浜工場では「ひょうちゃんのすべて」を見学できる。

筆者も09年5月に、崎陽軒横浜工場見学の機会を得た。横浜工場はガラス張りで作業工程が見やすく、複雑な工程もライブ中継で見ることができるのもさることながら、見学後に出されるできたてシウマイの試食がなにより魅力と言えそうだ。コロナ禍で中止されていた工場見学も21年10月に再開された。人気工場見学の再開で、３か月先の予約はすぐに満杯となった。

✣ 2代目・野並豊もアイデアマン

茂吉に続く2代目社長・野並豊もアイデアマンで、「真空パックシウマイ」を誕生させている（図5-15）。現在では真空パック商品は市場に溢れているが、最初に真空パックを考案した人だ。常温で10日間の保存が可能になり、横浜土産として定着した。現在ではその後の技術開発で保存期間は半年程度まで延びている。

筆者は野並豊を新聞記者時代の77年5月3日付日刊工業新聞紙上で、インタビューしたことがある。「健康談議」という欄で健康法などを2時間近く聞いた。インタビューの6年前に胃潰瘍と胆石の手術を同時にしたにもかかわらず、いわゆる健康法とか、健康管理は何もやっていないという豪快で、無頓着な人だったことが印象的だった。

図5-16　駅弁の日ポスター

ところが実際の病状はというと、野並豊が出版した『大正浜っ子奮闘記』（野並豊著、神奈川新聞社、２００７年2月）によると、71年5月の手術は成功したが、10日ほど後、後出血という症状で、意識を失って病院にかつぎこまれた。「ふと眼がさめたら、妻、子供、姉まで顔をそろえていた。『珍しく顔をそろえたね。私が危篤だったみたいだね』と、最高の冗談を言ったつもりだったが、誰も笑ってくれない。容態は本当に危篤状態だったらしい」と振り返っている。

野並豊のアイデアはこれだけではない。インタビューの翌年から97年まで17年間も社団法人国鉄構内営業中央会（現日本鉄道構内営業中央会）の会長の職にあった。その任期中の93年に「駅弁の日」をつくり、「駅弁マーク」を制定した。

駅弁の日は発祥の地、日時に諸説あり、確定できない。そこで一計を案じた野並が別次元の発想を持ち込み、発案したのが4月10日だ。決めた理由がふるっている。「弁」の字を分解すると、「4と十」でできているから「4月十日」というこじつけが原点だ。例年4月10日には、全国どこかで、駅弁まつりが開催されている（**図5-16**）。コロナ禍の22年は「駅弁で日本を元気に。」をテーマに、駅弁21社が一斉に各社独自の「おにぎり駅弁」を発売した。各社手の込んだ美しい駅弁が人気を呼んだ。かつての盛り上がりは見られないが、野並豊の考案した駅弁の日と駅弁マークは今も健在だ。

第6章

駅弁は日本が誇る文化遺産

駅弁は日本の旅食文化の縮図

✣駅弁縁側論

鉄道開業１５０年、エキナカ開業１５０年の中で、駅弁が１３７年も生き残ってきたのは、駅弁が単なる弁当ではなく、文化を内包しているからだろう。駅弁を知ることは日本文化を知ることで、駅弁は日本が誇る知的財産とも言える。駅弁業界は中小零細企業が主力で、手づくり感が強いことも文化として承継していく素地がある。駅弁の魅力を日本の旅食文化、日本文化の縮図という視点から考えてみたい。

食を文化として捉えるようになってから、まだ日が浅い。とくに食欲については性欲、物欲、睡眠欲などの動物的な本能としての欲望なので、文化としてはとかく軽視され、タブー視しがちで、避けてきた感がある。食文化は学問としても後発で、食文化大国フランスでも同様で、世界的傾向だ。日本の食文化といっても、日本料理から国民食のラーメンまで、多種多様で、渾然一体としたところがまた日本の食文化の特徴でもある。

日本の食文化を一言で語ることは至難のワザで、駅弁を語ることはさらに難しい。ブームと淘汰を繰り返す中で、駅弁はあらゆる事象を引き寄せ、それを取り込んできた。年中行事、四季、地域の文化、郷土料理、自然、日本料理、老舗料亭の味、デパ地下、ワイン文化、日本酒、歴史、人気ドラマ、歌舞伎、おふくろの味、映画、そば文化、Ｂ級グルメ、さらには高級料理と実用料理の橋渡し役も演じる。時の世相をダイレクトに反映する。日本文化そのものを映す鏡で、「日本の文化を食する」とも言える。しかも駅弁は進化し続けていることが話をややこしくしている。

駅弁は縁側のようでもある。駅弁も、縁側も、あいまいな存在だが、存在感はあるという不思議な点が共通している。床の間と縁側は「なくて困る」という存在ではない。むしろ、限られた建ぺい率、容積率から言えば、不要なもので、合理性はない。床の間は神が時折、降りてくる依代《よりしろ》と考えれば、依代がないと神は降りて来られない。この「ないと落ち着かない」というのが日本人の宗教心かもしれない。縁側は庭から見れば庭の延長線上にあり、庭の一部に見える。畳の部屋から見れば、部屋の延長線上にあり、部屋の一部に見える。このあいまいな、説明できない存在こそ、日本文化そのものだといえる。

かつては駅弁も旅に不可欠な実用食であったが、今ではその必然性は低い。駅弁を実用弁当として突き詰めていけば、コンビニ弁当に限りなく近付く。日本料理とすれば、文化の薫り高い弁当文化の一角を占める。きわめてあいまいな存在で、説明できないところが縁側と共通する。縁側も駅弁も、その不思議さが日本人を魅了してやまない。「駅弁縁側論」とも言えそうだ。日本料理と言えば、文化を感じる人はいても、駅弁となると、文化として気が付かないほど、身近なものになっている。そう気が付かないほど身近になっているものこそ、存在価値があり、文化があると言える。

駅弁は「ハレ」と「ケ」の食文化を結ぶ架け橋とも言える。「ハレ」は晴れ着の晴れで、晴れがましい非日常のことを、「ケ」は褻《け》のことで日常のことを指す。駅弁は日本の食文化を代表する伝統的な日本料理と、対極にあるファストフードを結ぶ架け橋としての役割をも担っている。

駅弁には必ず掛け紙があり、掛け紙の上から紐が結んである。駅弁業者と購入者には中身を見ないで買い物をするという「おまかせ」の文化が息づいている。相互信頼の上に成り立つビジネスで、料理人におまかせする日本料理の手のひら版とも言える。

回遊式庭園というのもおまかせの文化と言える。庭を１歩１歩、歩くに従い、景観が変わるという庭園で、大名庭園に多い。庭の楽しみ方を造園主におまかせした庭園で、おまかせ文化は日本文化の特徴でもある。

掛け紙を開けた後、今度は目で楽しむ。目で楽しむのも日本料理の特徴でもある。四季を織り込んだ駅弁、郷土料理をパッケージした駅弁、年中行事を象徴した駅弁など、イメージを膨らましながら食べる。デザイン、色合い、食材の質などを確かめ、お品書きを読む。

日本人は理屈で考えるより、目で考えるという。『人は見た目が9割』（竹内一郎著、新潮社、２００５年）というミリオンセラーも出版され、今でも類書がよく読まれている。

駅弁はおいしいだけでは駄目だ。文化があり、物語があり、むろん美しくなければいけない。イベント性が求められ、ハレの場を提供するものでもなければならない。日本人は農耕文化の民で、水田を丁寧に、わが子のごとく耕すように、文化も引き寄せて取り込み、自分の世界を築くことを得意としている。クリスマス、バレンタインデー、ハロウィンなども取り込んで、オリジナルとして仕立て直す。ものまねとももまた違う、融合を得意とする。

日本の食文化は常に変化し、進化している。和食文化が花開いたのは江戸時代だが、明治時代に入れば、海外の料理と融合した、新しい日本食である洋食文化が花開く。カレーライス、カツ丼、ラーメンなどは日本の国民食とも言われている。伝統的な和食を健康食、長寿食として再評価しようという世界的な動きが盛んになる一方、高カロリーのハンバーガー、ラーメン人気も根強く、食文化の懐は深い。

日本の食文化は試行錯誤を繰り返し、駅弁も進化している。「中食の老舗」的伝統を守りながら、独自の駅弁文化を育んできた。基本的には伝統的な日本食、郷土料理、スローフードのパッケージであるが、基本はあくまで基本で、時には外国の食材を取り込んで、いつのまにか日本食に変化させてしまう。それだけではない。地元の名物駅弁に仕立て上げることもしばしばだ。建前と本音をうまく使い分け、マーケットニーズを柔軟に、かつ貪欲に取り込んでいる。捉えどころのないところが特徴とも言える不思議な日本食だ。

✣ルーツは空腹を満たすための携行食

駅弁は「旅の友」とも言われるが、そのルーツは単に空腹を満たすための携行食だった。楽しみとはほど遠く、長時間の移動がなければ、携行食は必要ない。携行食は長時間の移動とともに、旅とともに進化してきたわけだ。その進化の象徴が駅弁とも言える。

加えて旅には危険が伴う。危険が伴う旅であれば、当然、携行食も空腹を満たすことが第一で、楽しく食べるという状況ではあり得ないわけだ。危険な旅と空腹を満たすだけの携行食ゆえに、記録の始まりは特定できないが、すでに『万葉集』には旅の食、携行食の歌が散見される。最も有名なのが有間皇子《ありまのみこ》の挽歌で、その先駆けと伝えられている。

「家にあれば　笥《け》に盛る飯を　草枕　旅にしあれば　椎の葉に盛る」（巻2　142）

悲劇の皇子、有間皇子の旅はクーデターの嫌疑をかけられ、護送の旅の途上、詠んだ辞世の句という（図6-1）。護送のあと、中大兄皇子（のちの天智天皇）に処刑されている。椎の葉に盛って食べる様を通じ、追いつめられている皇子の心境を謳《うた》ったものとも言われている。現代人の心を打つ名歌として有名だ。

山上憶良《やまのうえのおくら》が詠んだ挽歌にも携行食が登場する。

「常知らぬ　道の長手を　くれくれと　如何にか行かむ　糧は無しに」（巻5　888）

（提供：公益社団法人和歌山県観光連盟）

図6-1　有間皇子の墓地伝承地

知らない長い道のりを、食べる物もないのにどのように行けばよいのだろうか。糧は干飯《かれいい》のことで、干したコメのこと。干飯に楽しみの要素はまったく感じられない。

『伊勢物語』（第９段　東下り）で、

「その沢のほとりの木の陰に下り居て乾飯食ひけり」

「みな人乾飯の上に涙落としてほとびにけり」

旅の途中の携行食として乾飯の話が出てくるが、ここでも旅の食を楽しむ余裕はまったくなく、悲壮感漂う旅の様子がリアルに伝わってくる。

『土佐日記』は土佐に赴任した紀貫之が綴《つづ》った紀行文学の嚆矢《こうし》と言える。１月７日大湊に停泊中、

「かくてこの間にこと多かり。けふ、破籠《わりご》を持たせてきたる人、その名などぞや今思ひいでむ」

この間、いろいろなことがあった。今朝、差し入れの弁当を持たせてきた人があったが、なんという人だったか、その名は思い出せない。破籠はヒノキなど白木を薄くはいだ板で作られた折箱のようなもの。平安時代にはすでに弁当箱が普及していたようだが、中身については触れられていない。京都へ無事、早く帰りたいという気持ちが先行

し、とても食を楽しむという余裕はなかった。

命がけで目的地に移動する旅には、食を楽しみ、携行食を語る余地はほとんどなかったと言えよう。

✣「旅の食」の楽しみは庶民の旅から

平安時代あたりから、宗教、歌人の旅などが文化的な旅に出かけるようになり、旅も文化の色彩を帯びるようになってきたが、いずれも悲壮な決意のもとの旅だったことには変わりがない。西行、和泉式部らの旅も楽しそうではない。江戸時代の松尾芭蕉の『おくのほそ道』も楽しそうな感じはしない。楽しみの要素が入り込んで初めて、旅の食も、記録に残る余裕が出てくる。楽しい旅はやはり庶民が旅するようになってからだろう。

宗教の旅では山岳信仰が盛んになり、熊野講、伊勢講、大山講、富士講など講を組むことにより、庶民でも遠出が可能になった。お参りに行くと、霊験あらたかになるばかりでなく、お参りのあと、精進落としという仕掛けが信仰の旅を人気の旅にのし上げる原動力となった。江戸時代には参勤交代制度が導入され、街道の整備も進み、旅に対する関心は一段と強くなっていった。

とくに伊勢参りについては、定住を義務付けられ、旅ができない時代の農民にとって憧れの旅となった。農民は宗教を建前に講をつくり、講の代表者がお参りするシステムにより、長旅が可能になった。生活が厳しい農民にも、旅に出る楽しみ、旅をする風習ができあがっていった。受け地の霊地では引率者であり、ガイドでもある御師、先達の存在が講を発達させ、安全な旅を担保する役割を演じ、旅の食も楽しみの要素に加わった。旅は庶民のあこがれのハレの舞台となった。

伊勢まで行くのは代表者だけだが、村人全員がなんらかの形で参加する証として、代表者に餞別《せんべつ》を渡し、代表者は土産を持ち帰るという風習も確立していく。もともと土産とは宮笥《みやげ》のことで、神社などからの配り物のことだという。餞別が村の代表者とともに旅をし、土産という形に変えて村に戻ってくるという図式だ。

安全が担保されると、道中そのものを楽しむという旅の形態も生まれた。道中が目的となれば、道中食にも関心が高まり、ただの空腹を満たす食から、食を楽しむ余裕も出てくる。街道のなかでも伊勢参りのメインストリートとなる東海道の発達はめざましい。江戸時代には道中記、旅日記の出版ラッシュとなり『東海道中膝栗毛』(十返舎一九著)がその代表といえる。道中での宿泊、食事、風俗、ハプニングなどをおもしろく描写した道中記だが、一言でいえば、好色グルメツアー。伊勢に到着した段階で、物語は終わる。道中そのものが目的化すると、道中を逐一、記録することになり、食も道中の重要な地位を占めざるを得ない。

「名物にうまいものなし　なしとてありとて食うが極楽」とは現代でも語り継がれている戯《ざ》れ歌だが、当時の名物が今も東海道の名物として引き継がれているものも多い。饅頭《まんじゅう》、お団子、餅と、日常庶民の手の届かない、砂糖を用いた菓子が人気だ。普段は食べられないハレのお菓子が街道沿いの茶店で簡単に食べることができる贅沢さも、ハレの旅ならではの楽しみの仕掛けと言えよう。安倍川もち、桑名の焼き蛤《はまぐり》などは今でも人気の名物だ。

東海道がいかに安全だったかは、女性だけの旅が多かったことでも証明される。「入り鉄砲に出女」とあるように、鉄砲の入るのと、女性の関所越えは厳しく取り締まっていたが、それでも旅に出る女性は増え続け、女性だけの旅の記録も日記として多く残されている。田辺聖子が小説化した『姥《うば》ざかり花の旅笠—小田宅子の「東路日記」』(田辺聖子著、集英社、2001年)は50代の隠居した商家の女性4人の北九州からの伊勢参り日記(**図6-2**)。歌人・小田宅子の歌日記の原本も残されている。小田宅子の子孫が俳優の高倉健というのも興味があるところだ。

しかも旅の途中で急きょ、目的地を伊勢から、さらに信濃の善光寺まで足を伸ばす。その変更の理由が「片詣りはようなか」という、取って付けたような理由で、女性4人が一致してしまう。伊勢から木曽越えする必要もある。江戸時代の旅がいかに安全を担保されていたのか、善光寺参りの決め方ひとつ見てもわかる。

日本の旅はもっぱら、歩くのを基本とした。参勤交代も歩いた。街道整備という旅のインフラ整備が庶民を旅に駆り出した大きな要因でもある。旅の形態で歩きだけならコストは低い。歩きは時間を要するため、食べる必要に迫られるから結局、移動コスト全体では高くつくことになる。「時は金なり」の現代では時間コストが1番高いとも言えるが、農閑期の農民であれば、時間を気にする必要がないとすれば、歩きの旅は可能だ。

欧州では街道は馬車が通るよう整備されていたから、馬車を使って旅ができる人となると、上流階級の人に限られるということになる。18世紀の英国で、貴族が欧州大陸を旅行するグランドツアーが旅の形態の先駆けと言われている。グランドツアーは貴族の若者がフランス、イタリアなど欧州大陸の先進国を巡り、見聞を深めようという卒業旅行のようなもの。欧州では馬車を使える旅は上流階級から始まったと言えよう。これに対し日本では貴族も武士も農民も歩きが基本だから、経済力のある上流階級から始まったとしても、すぐ大衆化の波に飲み込まれ、あらゆる階層が旅を楽しむことになる。

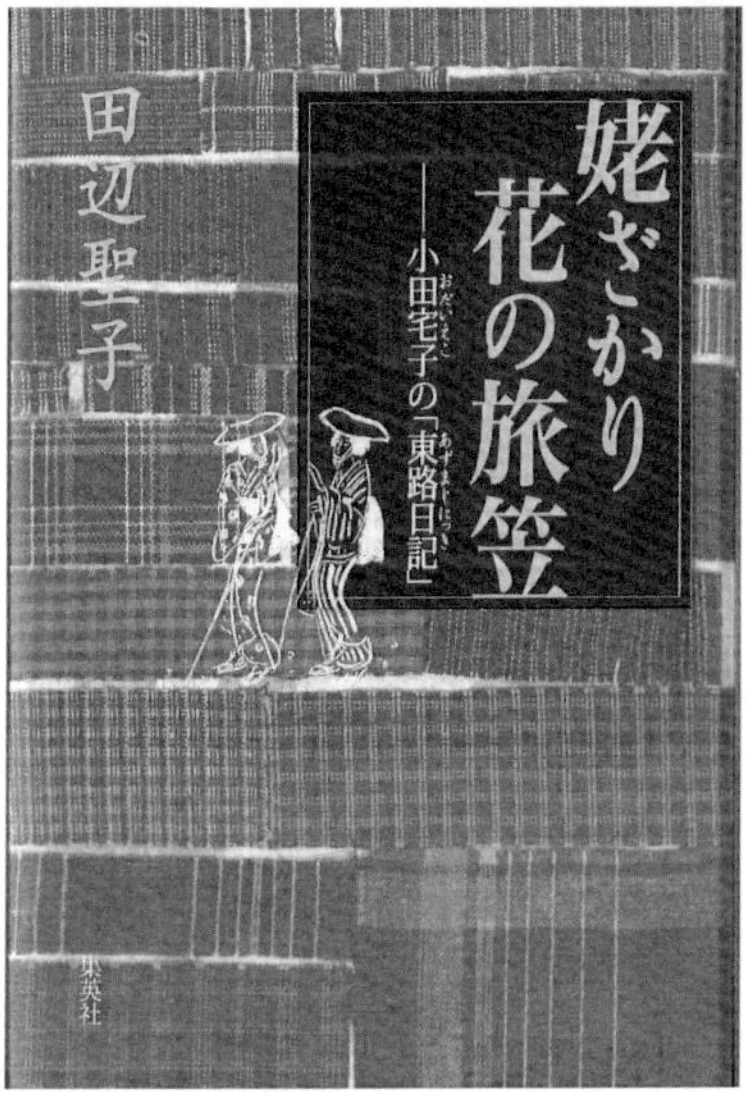

図6-2　書籍『姥ざかり花の旅笠　小田宅子の「東路日記」』（田辺聖子著、集英社）

明治時代に入っても、旅と携行食とのかかわりの記録は乏しい。駅弁の第1号が前述のように未だに確定しないのも、当初の駅弁は「旅の食」を楽しむというより、空腹を満たすための域を出なかった。弁当の中身が簡便なおにぎりというのも、その証左といえよう。鉄道の開通は１８７２（明治５）年とはっきり記録があり、鉄道に付随する駅弁はそれ以降で、しかも承認を得て販売したはずだから、記録がない方が不思議と思える。それでもはっきりしないのは食べるということが本能的な行為で、食べたものは胃袋に消えてしまうという宿命にあるためだろう。駅弁を文化として記録しようというところまで、気が回っていなかった。

✣ １日３食、旅は６食

楽しむ余裕が出てくると、「旅の食」も文化度を上げる。駅構内レストラン、駅前食堂で食を楽しみ、食堂車を誕生させ、駅弁の多様化を促進させてきた。現代人も１日３回、食事をするように、旅に出ても食事を取る必要がある。旅を非日常のハレの場と考えても、日常のケの延長線上と考えても食事は欠かせない。むしろ、旅に出た時の方が体を動かし、精神も高揚し、エキサイティングで、食欲も増す。旅に対する本能的な不安感も食欲を増進させる。旅は非日常のハレの場で、「旅の恥はかき捨て」などと言い、開放感を味わう。開放感とともに気前も良くなり、食習慣も崩れ、のべつ幕なし食べる。ハレの場に欠かせない酒も、朝から飲む人もいる。「１日３食、旅は６食」という言葉もあるくらいだ。

駅弁はコメ文化の象徴

✣ 駅弁は「知恵の産業」

駅弁はその時代時代に順応し、変化し、紆余《うよ》曲折を経ながら、生き永らえてきた。駅弁がその役割を進化させながら拡大し、したたかに生き残ってきた最大の要因は、冷めてもおいしいジャポニカ米にあるとも言えよう。

駅弁が日本独自に発達したのは、日本という土地柄にある。第一にコメがおいしい。冷めてもおいしいジャポニカ米は日本独自の主食だ。第二に食材が豊富なことだ。とくに駅弁の主力の海の幸に恵まれている。世界有数の漁獲量、魚の輸入量を誇り、駅弁の具材は無尽蔵だ。第三に水が豊富でおいしい。コメを炊くにも水は必要だ。すべてが日本料理と共通し、手軽な日本料理のエキスを味わうことができる。今では温かいものより、冷めた方がおいしいコメも開発されている。ジャポニカ米を基本に、郷土料理、伝統野菜など日本の文化を詰め込んだ和食、ひいては洋食をも取り込んできた駅弁業者の知恵者に敬意を表さないわけにはいかない。「知恵の産業」と言っても良いだろう。

駅弁では盛り付けも美しくなければいけない。幕の内弁当なら山河を見立てて、「駅弁3種の神器」と言われる焼き魚、玉子焼き、カマボコをバランス良く配置する。後述するパリで駅弁が人気なのも、フランス人が駅弁に美を感じているからだろう。

盛り付けの美しさを堪能したあと、ようやく食べる至福のひとときを迎える。地方の駅弁なら、その地方の食材を詰め込んだ郷土料理のパッケージを味わうことができる。駅弁はスローフードの代表でもある。コメもその地方特産のものを使う。最近では駅弁専用に工夫したコメもあり、中身に徹底してこだわるところがまた、日本文化の象徴として駅弁人気を下支えしている。

当然、コメは駅弁の必須アイテムだ。国鉄時代、「駅弁は米飯でなければならない」との規則があり、この規則を国鉄御用達の駅弁業者が頑なに守ってきたためだろう。国鉄自身が何を根拠に、米飯にこだわったかは定かではないが、やはりここにも、日本の文化の深い意味が隠されていそうだ。駅弁文化はコメ文化の縮図である。コメ文化が日本文化の源泉であることを理解すれば、これほどコメにこだわることも理解できる。駅弁文化が日本の文化の縮図であるともいえるが、理論的に体系だっているわけではない。

食文化が日本文化の象徴として認識され始めたのは最近のことだ。元来、食は空腹を満たすために、食べたい時に食べることが基本だった。衣食住のうち、食は生きていく上で欠かせない絶対的必要条件とは言われているが、栄養などを考える余裕もなかった。日本食が健康食として世界で注目されているのは、飽食の時代、グルメの時代なるがゆえの結果論で、それまではひたすら、生きるために食べてきたわけで、何も健康に良いことを意識していたわけではない。

日本人の食に対する意識は低く、食を文化と位置付ける余裕はなかった。むしろ、栄養が足りていなかった江戸時代でも、「武士は食わねど高楊枝《たかようじ》」といった粗食の美学がもてはやされ、食文化を日本文化の象徴として位置付けた形跡はない。現代のようなグルメの時代に〝粗食のすすめ〟がもてはやされるのとは次元が違うと言えそうだ。要するに、食べることを文化とする風土がなかったわけだ。

食文化を日本文化の象徴とした形跡はないにもかかわらず、食文化は確実に日本の文化を育んでいった。食文化は日本文化の基本である。日本の食文化の基本がコメ文化で、日本人にとって「コメはいのちのもとであり、生きるための基本であり、コメは最も理想的な作物だ」と立正大学の名誉教授・富山和子は言い切っている。富山和子は環境問題の権威で、その理論は「富山理論」とも言われ、各界に影響力を持っている。

アダム・スミスは国富論の中で「米作地は最も肥沃な小麦畑より、はるかに多量の食物を生産する」「多くの労力を必要とするにしても、残る余剰は小麦の場合よりはるかに大きい」とコメの優位性を強調している。コメは生産性が高い上、栄養バランスも良く、狭い土地で連作ができ、保存も可能という。

水田を作るには、土地を平らにすることから始まる。日本の原風景の象徴と言われる棚田はコメづくりの風景だ。山間の傾斜地に水を水平に張る作業の集積した風景で、山が深ければ深いほど、1枚の田は小さくなる。その小さい田を水平にし、水を引き、田から田へ水を流す水路をつくる。高度な水利技術が要求される。コメづくりは日本の水利技術、土木技術をも向上させた役割を果たしている。

「ものづくり文化」の精緻な技術はこうしたコメづくりの技術を土台に発展したもので、ものづくり文化の原点は稲作にある。日本の複雑な自然条件を根気よく克服するための稲作の共同作業により、共同体意識、「和の精神」が芽生え、農村社会、ムラ社会を形成した。そして、豊作を祈る祭りが盛んになり、信仰心が芽生え、環境を守ると同時に、農業技術革新が進み、稲作文化は日本に多様な文化をもたらした。現在でも、日本人の同質性、「1億1村」思想は稲作の生産システムからの影響だとする説は根強い。

✣ハレを演出する弁当文化

コメ文化は弁当文化として、花開く。人間は一定時間外出すれば、外で食事しなければならないし、長時間の移動を伴う旅となれば、携行食は欠かせない。携行食としての弁当の話は『万葉集』『伊勢物語』にも登場するのは、前述した通りだ。当時は干し飯、乾飯とか呼ばれた保存食で、干した飯をそのまま食べるか、水か湯で戻して食べた。強飯《こわいい》はおこわのことで、中国では6000年以上前からある。握り飯は屯食《とんじき》と言い、平安時代、貴族の宴会が終わるのを待っている従者にふるまったのが最初と言う。

安土桃山時代になって、物見遊山用の弁当箱が開発され、豊臣秀吉の醍醐《だいご》の花見弁当など、弁当文化が花開いた。「ハレ」の場を演出する弁当の登場だ。弁当は行厨《こうちゅう》とも言われ、提重《さげじゅう》など外出先で使うことができる弁当箱のことを指した。厨房すなわち、台所のかわりに持っていくことができるという意味だ。江戸時代には芝居の幕間に食べる幕の内弁当、略式の会席料理とも言える松花堂弁当など、一段と文化の薫り高い弁当が人気を呼んだ。

ハレの場ではもっぱら消費活動するのに対し、日常のケの活動は労働の場であり生産活動である。現代、とくに都会ではハレが日常化し、慢性化している。その典型がディズニーランドで、ハレの連続を演出している。

ハレの場と飲食は一体で、とにかく食べる。旅ばかりでなく、歌舞伎、相撲、野球でも食べる。相撲のマス席は、酒と食事がセットになって、観戦する仕組みだ。かつての村の芝居小屋でも、「おせんにキャラメル、あんぱんに甘納豆……」と幕間に売りにきた。現在でも、シネマコンプレックスという映画館では飲食自由で、映画館名物として食しても音のあまりでないポップコーンを発売するなど工夫し、ハレの場としての演出は怠らない。

秋田県鹿角郡小坂町に、明治時代に建設された芝居小屋「康楽館」はある。和洋折衷の建物は国の重要文化財で、楽屋、回り舞台、桟敷席などは明治時代の建築時そのままという貴重な施設だ（図6-3）。小坂鉱山の厚生施設として建設した伝統を守り、観客席では飲食自由のなごやかな雰囲気で、オリジナル弁当「康楽館の幕の内弁当」を出す。コロナ禍もあって予約制だが、小坂産のSPF（特定の病原菌を持たない）豚「桃豚」など郷土のブランド品を使用した駅弁顔負けの幕の内弁当を出している。後述する奥羽本線・大館駅の駅弁「花善の鶏めし弁当」もラインアップしている。コメは当然、あきたこまちで、ハレの場の飲食にふさわしい弁当文化の演出が人気に拍車をかけている。

康楽館では歌舞伎、大衆演劇などが常設公演している。日本一の鉱業生産高を誇った小坂鉱山の繁栄はノスタルジックな街並みとして残され、清冽《せいれつ》な小坂川に挟まれ、アカシア並木のあるハイセンスな空間は「明治百年通り」と命名され、アカシア並木は「日本のかおり風景百選」に選ばれている。コメ文化、弁当文化の奥は深い。

当然、駅弁にはコメが必須のアイテムだ。コメが入らないと駅弁とは言わない。B級グルメの代表格、富士宮やきそばもご飯を添えた「駅弁版 極 富士宮やきそば弁当」（静岡県富士市・富陽軒）がある。2006（平成18）年2月に青森県八戸市でのB級グルメの祭典「第1回B―1グランプリ」でグランプリを獲得、翌年の第2回でもグランプリを獲得し二連覇を飾った。富士宮やきそばはB級グルメの王者ともてはやされ、駅弁も作られヒットしたが、駅弁はコメを前提としているので、当然ご飯も添えられ、そのことを誰も不思議には思わなかった。駅弁となるとなぜコメにこだわるのか、誰にもわからない。

1899(明治32)年、駅弁の老舗・大船軒(神奈川県鎌倉市)が発売したエキナカ初の駅弁サンドイッチ「大船軒サンドウヰッチ」も、駅弁のジャンルとは別扱いだ。

ロングセラー駅弁に「夕刊フジおつまみ弁当」(NRE大増)というのがあった。06年5月から15年3月まで9年間も販売された。夕刊フジと東京の老舗、日本ばし大増とのコラボ駅弁で、キャッチコピーは「ビールのつまみに駅弁だ!」。マスコミと老舗との初のコラボとして話題を呼んだ。期間限定の予定がロングセラーになった。2段重ねで、上段におつまみがぎっしり、下段にはつまみにもなるいなり寿司と太巻き、細巻き寿司などを入れてある。サラリーマンのおつまみ需要を狙ったこともあり、売れ行きはもっぱら夕方以降。「コメを入れなければならない」という国鉄時代の呪縛から解放されないままの商品設定となった。

(提供:小坂まちづくり株式会社)

図6-3　康楽館の桟敷

こうしたコメ文化が刷り込まれている駅弁業界に、21(令和3)年12月、衝撃的な出来事が起こった。JR東日本が主催する「駅弁味の陣」で、グランプリ「駅弁大将軍」に選ばれたのが、中央本線/小海線・小淵沢駅の「ワインのめし」(丸政)だ。ワイン県の山梨にふさわしいワインに合うおつまみ群で、コメが入っていない。しかも丸政とJR東日本の共同開発弁当で、料理9種を詰め込んだ新作弁当だ。カツサンドとグラタンが主食のコメのかわりを務める。駅弁137年の歴史の中で、「駅弁は米飯でなければならない」との規則を作った国鉄の承継会社のJR東日本自らがその慣習を破ったことに時代の流れを感じるとともに、日本鉄道構内営業中央会（構内中央会）の衰退が忍び寄っているという時代の流れを感じる。

ユネスコ無形文化遺産「和食」の先兵

2013（平成25）年12月、国際連合教育科学文化機関（ユネスコ）の無形文化遺産として「和食」が登録されたことは、駅弁にとっても朗報をもたらした。駅弁が日本の食文化の象徴であり、日本の食文化の縮図でもあるから当然と言えば当然だろう。

食を文化として捉えるようになって日が浅いことは前述した通りだ。日本だけでなく、世界も、ユネスコも同様だった。ユネスコでは文化遺産、自然遺産、複合遺産を世界遺産として選定しているがこれとは別に、無形文化遺産も選定している。日本からは無形文化遺産に歌舞伎、文楽、能楽などが登録されている（**表6-1**）。

無形文化遺産の歴史は21世紀に入ってからで、ユネスコは01年「人類の口承および無形遺産の傑作の宣言」（傑作宣言）として18の無形遺産を登録したのが最初。05年までに90の無形遺産が登録されている。06年4月「無形文化遺産の保護に関する条約（無形遺産条約）」を発効し、09年9月に「人類の無形文化遺産の代表的な一覧表」として、正式に無形文化遺産の登録が実現した。一覧表には前身となる「無形遺産の宣言」に登録した90の無形遺産はもちろん含まれる。一覧表は「人類の無形文化遺産の代表的な一覧表」（代表一覧表）と「緊急に保護する必要がある無形文化遺産の一覧表」（危機一覧表）との2種類になった。無形文化遺産を見ても、芸能、伝承、儀式、祭礼などで、無形文化遺産登録の要件は傑作の「保護」で、保護とともに未来へ継承し、発展を図ることだ。

食に関する遺産は世界でも後発で、05年にメキシコがメキシコ料理を申請したのが最初だ。メキシコでは料理と同

表6-1　ユネスコ無形文化遺産の一覧

無形文化遺産	登録年
能楽	2008年
人形浄瑠璃文楽	2008年
歌舞伎	2008年
雅楽	2009年
小千谷縮・越後上布	2009年
奥能登のあえのこと	2009年
早池峰神楽	2009年
秋保の田植踊	2009年
チャッキラコ	2009年
大日堂舞楽	2009年
題目立	2009年
アイヌ古式舞踊	2009年
組踊	2010年
結城紬	2010年
壬生の花田植	2011年
佐陀神能	2011年
那智の田楽	2012年
和食：日本人の伝統的な食文化	2013年
和紙：日本の手漉和紙技術（石州半紙、本美濃紙、細川紙）	2014年
山・鉾・屋台行事	2016年
来訪神：仮面・仮装の神々	2018年
伝統建築工匠の技：木造建造物を受け継ぐための伝統技術	2020年

（文化庁）

時に、伝統料理のレシピ、農業慣行、儀式、遺伝子組み換え作物にその地位を脅かされているトウモロコシの保存などを文化的システムとして位置付け申請したが、却下されている。世界遺産ブームのなかでも食文化は選ばれていなかったし、メキシコの申請却下も、この時は誰も不思議に思わなかった。進化を続ける料理はどこまで保護で、どこまで未来への継承なのかの判断は難しいところだ。

それが09年、食文化大国フランスがフランス料理を登録申請したことで流れは変わった。10年にフランス料理、メキシコ料理、地中海料理の同時登録が決まった。翌11年にはトルコ料理が登録された。

✣「和食」でのユネスコ申請が物議。「和食ブーム」を呼び起こす

日本の動きはどうだったかと言うと、11年6月、京都のNPO法人日本料理アカデミー（理事長＝菊乃井3代目主人・村田吉弘）が中心になって、京都府にユネスコ遺産登録の要望書を提出した。これを受けて京都府が12年3月、府の無形文化財として「京料理・会席料理」を指定した。同10月には京都市が「京都をつなぐ無形文化遺産」の第1号として「京の食文化」を指定し、京都中心に、「日本料理」としてユネスコ無形文化遺産登録運動が盛り上がった。

だが先行する韓国の「宮中料理」の申請が却下されたことや、国内での「日本料理とは何を指すのか」の議論沸騰のすえ、京都リード型の日本料理での申請は断念せざるを得なくなった。

日本料理といっても、日本人自身、漠然としたイメージしか湧かない。本膳料理、懐石料理、会席料理、精進料理など伝統的な料理を指すのか、郷土料理か、いわゆる「和食」か、寿司はどうか。ターゲットゾーンは広く、深く、悩み抜いたうえでの「和食」としての申請に落ち着いたもの。13年12月、韓国の「キムジャン料理」と同着の形で、和食の登録が実現した。

この和食というのも議論を呼び、喧々諤々と話題になったことが、かえって「和食ブーム」を呼び起こすきっかけとなり、ブームが駅弁にも及び、駅弁文化論が盛んになった。

食文化の海外戦略は02年、首相・小泉純一郎が打ち出した国家戦略「知的財産計画」にまで遡る。21世紀は文化力の時代で、日本の優れたライフスタイルを世界に伝えるための〝日本ブランド〟を確立し、尊敬される日本になろうという壮大な計画だ。特許権、著作権、商標ブランドなどの技術、芸術、信用など無形財産で日本経済を活性化させるという「知的財産立国」を目指す。内閣府の知的財産戦略本部はファッション、漫画などと並び、食文化を知的財産として位置付けた。

この知的財産戦略本部の報告を踏まえ、民間主体の「食文化研究推進懇談会」（会長＝キッコーマン会長・茂木友三郎）が05年4月に発足、7月には「日本食文化の推進―日本ブランドの担い手―」と題する報告書をまとめている。茂木は「日本食はおいしさ、美しさに優れ、食材も豊富で、しかも健康的な食事だ。家庭料理から郷土料理、料亭の料理までレベルが高い。伝統的食文化のすばらしさを再認識し、世界に発信したい」と、その抱負を語っている。日本の食文化の土台を構築し、食を通じて、農林水産業、外食産業、観光などの国内産業の活性化に寄与させようというものだ。

日本の食文化を紐解いてみると、農産物、魚介類などの食材、料理方法、食事作法、料理の見栄え、食べるための器、道具、盛り付け、食べる場所など、食べることに関する文化を通じて、日本文化そのものの歴史観、宗教観、民俗学的所作などを垣間見ることができる。「食文化はすべての文化を包含している。日本の食文化を知ることはもてなし、礼儀、思いやりといった日本人独特の精神構造をも理解できる」（茂木）。食文化は「日本ブランド」を世界に伝える「知的財産」の先兵としての役割も担う。

そうは言っても、日本の食文化は複雑で日本人にもわからないことは多いし、理解しがたいこともある。そこで日本の食文化を知る格好のツールが駅弁ということになる。日本の食文化が日本文化、日本ブランドを知る先兵であれば、駅弁は日本の食文化を知るさらなる先兵であり、「観光立国」を目指す日本の重要な観光資源であり、その役割は重い。国土交通省としても駅弁を地域ブランド、地産地消の担い手として期待している。

17年には文化芸術基本法が改正され、国が振興を図る生活文化として「食文化」が明記された。20（令和2）年8月には文化庁はコロナ禍で地域の行事の中止、多人数での飲食自粛などで、食文化の継承が危ぶまれていることから、「食文化ワーキンググループ」を設置、21年3月には「今後の食文化振興の在り方―日本の魅力ある食文化を未来につなげるために―」をまとめた。ここで、世界の食文化の中で特異性に着目した文化的価値として、弁当文化を挙げ、駅弁を例示している。

✣「食文化大国」への手本はフランス

「食文化大国」を目指す手本はフランスだ。フランスは芸術、文化の国として世界をリード、世界最大の文化の輸出国と言ってよい。とくに日本人には「花の都パリ」「芸術の都パリ」として人気だ。外国人観光客数も世界一の観光大国で、観光も単に名所、旧跡を訪ねるだけではなく、美術館巡り、音楽ツアー、グルメツアーと、リピーターの取り込みにも成功し、高級ブランド店巡りとのあわせ技もあって、フランス文化への日本人の憧れは際限ない。

経済大国フランスは農業大国であり、輸出大国でもある。フランス政府は料理とワインを柱とする食文化を先兵として、フランス文化を世界に普及させる国家戦略を展開してきた。フランスが世界で最も文化の薫り高い国として確固たる地位を築いたのも、食文化の貢献大だ。

ワインの世界的人気も、国家戦略のなせるワザだ。フランス料理が世界的に普及したのは、基本レシピの公開とともに、地域独自の伝統的製法「地域ブランド」として、法的に保護していることだ。

製造方法や品質を厳しくチェックし、1935（昭和10）年にフランスは「統制原産地呼称制度」を制定し、93年、欧州連合（EU）では「地理的表示規則」を制定、いかなる表現であれ、他産地の商品に使用することを禁止している。「シャンパン」という名はシャンパーニュ地方特産の発泡ワインにのみ、使用できる。ほかの地域の発泡ワインはスパークリングワインとして、区別している。こうした厳しい品質管理が世界中の消費者の信頼を得て、今日の隆盛がある。

フランス料理は郷土料理の集大成という文化的側面と、基本レシピの公開による普遍的な文明的側面をあわせ持ったことが世界各国に高品質な料理として受け入れられている要因だろう。

その起源は宮廷料理にある。フランス革命でルイ王朝が崩壊し、宮廷に雇われていた料理人が失業し、街へ出て行った。宮廷料理人が街でレストランを経営し、しだいに市民にフランス料理が浸透していった。貴族という特権階級があったからこそ、質の高い食文化が生まれたとも言える。貧富の差、階級社会が食文化を育む。

✣ 食文化輸出の動きが活発化

食文化は「日本ブランド」の担い手として試行錯誤を繰り返しながら、ついには海外進出も視野に入ってきた。和食のユネスコ無形文化遺産登録を契機に日本の食文化を海外に輸出しようと動きが活発化している。

農林水産物の輸出も堅調だ。農林水産省調べによると、農林水産物・食品の輸出は和食のユネスコ遺産登録前の12年に4497億円だったのが、20年9256億円、21年にはコロナ禍にもかかわらず、1兆2385億円と念願の1兆円を突破した。日本酒、牛肉、ウイスキー、焼酎、緑茶、味噌、醤油など日本の食文化を反映した食品が目立つ。22年上半期（1—6月）は円安の寄与もあって、6525億円（前年同期比13・1％増）とさらに好調。農水省では25年2兆円、30年5兆円を目標としている。

文化庁のワーキンググループ報告書にある「世界の中で特異性に着目した文化的価値」として「お弁当」は「弁当」から「BENTO」としてブランド化し、海外に和食を定着させようという地道な努力が続いている。和食の最前線にあるのがBENTOであり、駅弁である。BENTOの強さはまず携行食にあることで、日本料理を弁当の形にして、野外に持ち出すことが可能だ。フランス料理はこうはいかない。ワインとパンとチーズぐらいだろう。英国ではサンドイッチを開発、世界に普及しているが、郷土料理を代表することにはならない。中国料理は冷めたらまずい。携行食としてのBENTOの潜在能力は抜群だ。

世界進出の先駆け　ロサンゼルス駅弁大会と米国産有機弁当「オーベントー」の挑戦

✣ロス大会の原動力は日系人の駅弁への郷愁

海外の駅弁大会の歴史は意外に古い。駅弁に郷愁を感じる日系人を対象に、米国ロサンゼルスで「全国有名駅弁大会」と銘打ち、２００１（平成13）年11月に第１回大会が実現している。日系のショッピングセンターとして最大規模を誇るミツワマーケットプレイスの主催だ。

開催に至るまでの準備も周到で、トライアル展として98年、99年の両年に「浅草物産展」を開催している。雷門の写真パネルを立て、仲見世を再現するというムードづくりから始め、日系人の郷愁を誘う作戦に徹した。00年には「北海道物産展」を開催、ラーメンのマメさん（函館市）、旭川市発祥のらーめん山頭火、イタリアントマトなどが出店し、日本の店と変わりない食材、味にこだわり、大成功を収めた。原材料の１００％を日本から持ってくるという徹底ぶりだ。

浅草、北海道物産展でノウハウを蓄積し、満を持して01年11月15−18日に、第１回駅弁大会開催に臨んだ。米国初の「全国有名駅弁大会」と銘打って、ミツワマーケットプレイスのリトルトーキョー、トーランス、コスタメサ、サンタモニカの4店舗で、同時開催した。富山市の竹勘「ます寿司」、福井駅の番匠本店「越前かにめし」、いかめし阿部商店のいかめし、小樽駅の小樽駅構内立売商会「北海手綱」、千葉駅の万葉軒「はまぐり丼」、高崎駅のたかべん

「だるま弁当」、浜松駅の自笑亭「うなぎ弁当」、大船軒「特上鯵の押寿司」など有名駅弁、有名弁当がズラリ。「日本から職人が渡米して作り立ての駅弁をお届けします」というのがキャッチフレーズだった。

SLの走行ビデオを上映し、鉄道唱歌を流し、鉄道博物館のパネルを立て、まるで日本の駅弁大会さながらのシチュエーションで臨んだ。ミツワマーケットプレイス社長・渡辺嘉也は「通常の売り場に行けば、幕の内弁当が5―6ドルなのが、駅弁は10―12ドルする。価格的にも不安はあったが、駅弁は日本の文化で、ただの弁当ではない。日本人の思い出がいっぱい詰まっている本当の日本がここにあるという価値ある弁当だ」と、04年11月の第5回開催時、筆者のインタビューに対し、自らに言い聞かせながら、本番に臨んだと当時を振り返る。

ふたを開けてみると、開店前から押し合い、へし合いで、客同士のトラブルまで発生し、収拾がつかないという予想外の事態。「これほど混乱するとは夢にも思わなかった。日系人ばかりでなく、米国人にとっても、ただの弁当とは違うし、おいしいということが理解され、とてもうれしかった」とも振り返っている。2日目から行列をつくり、ようやく混乱は避けられた。8000食は完売となった。

第2回は第1回からわずか5か月後の02年4月に開催した。新杵屋「牛肉どまん中」、米吾「吾左衛門鮓 鯖」、明石の淡路屋「ひっぱりだこ飯」（神戸市）、村井松月堂「みちのくこけし弁当」などの人気弁当が参戦した。ロスから距離的に遠いサンディエゴ店は第1回の開催を見送ったが、「なぜ駅弁がないのか」とお客の苦情が多く、第2回目から開催し、5店舗体制となった。サンディエゴ店では遠い分、入荷が遅く、客が荷降ろしを手伝うというハプニングもあり、駅弁大会の人気ぶりがわかろうというもの。

第3回は03年1月で、「駅弁の街、小淵沢」の丸政が「鮑の炊き込みめし」を引っさげて参戦、仙台のこばやしは「こけしのふる里」で、高松駅の「あなご飯」、広島駅の「しゃもじかきめし」なども新規参加した。

第4回は03年11月開催で、旭川駅立売「蝦夷海鮮鮨」と釧路の釧祥館「たらば寿し」は実演販売に踏み切り、人気を博した。

✣ 04年「峠の釜めし」「深川めし」初参戦で、ロスに主力駅弁ほぼ出揃う

04年の第5回は主力のトーランス店など5店舗で開催した。筆者も大会を取材する機会を得た（図6-4）。予想以上に規模は大きく、内容も充実したもので、京王百貨店の駅弁大会には及ばないが、一部百貨店、スーパーマーケットの駅弁大会には負けない。大会を主催したミツワマーケットプレイスの渡辺は「日本のすばらしい食文化を再現したい。駅弁はその象徴で、日本で食べるそのままの形を伝えたい。駅弁は旅の思い出、地方の特色がたっぷり詰まった弁当で、ただの弁当とは違う」とその意気込みを語る。

第5回の目玉は荻野屋「峠の釜めし」と駅弁最大手の日本レストランエンタプライズ（ＮＲＥ、現ＪＲ東日本クロスステーション・フードカンパニー）の「深川めし」だ（図6-5）。両社とも初参加だ。荻野屋は海外初進出というより、自社工場外で、初めての生産という、荻野屋有史以来のプロジェクトとなった。事前に職人5人を送り込み、日本で売っている品質と同じものが出せるかを確かめた上で出品を決めるという、慎重姿勢を貫く。本番でも同規模の職人を送り、出品会社中最大規模の２０００個を作った。峠の釜めしは売り場の目玉コーナーに配置、昼には完売するという横綱相撲はさすがと言わざるを得ない（図6-6）。

渡辺も「荻野屋さんには、第1回から野末会長（当時）と一緒に、出展をお願いしてきたが、それがようやく実現した」と、ほっとした様子。これで日本の駅弁の主力どころは、ほぼ出揃ったことになる。

荻野屋・社長の高見澤恭子（現会長）は後日、「駅弁大会を開催している店を何店か回りましたが、日系人には『懐かしい』と言われ、現地の人には『おいしい』と言われ、うれしかった。11・90ドルというのは高いなあと思った。お客さんに喜んでいただくためには、なるべく安くする努力が必要だ。当初はもっと高い価格設定だったが、息子

図6-4　ミツワマーケットプレイスによる第5回全国有名駅弁大会（2004年、ロサンゼルス）

図6-5　深川めしは9ドル90セントで販売

（現社長・高見澤志和）ががんばって交渉してくれて、12ドルを切った価格に落ち着いた。お新香を付け忘れ、セロハンテープで貼るアクシデントもあり、日系人と思い、『ありがとうございます』と声をかけたら台湾の人だったということもありました」。

「釜を運ぶこと自体が大変で、船で運んだがかなり割れた。具材の鶏肉は日本から持って行きたかったが、持ち込

図6-6　第5回駅弁大会で売り切れた峠の釜めし

めず、鶏をまるごと買って、現地でさばいた。ロスにはベテランの職人ではなく、若い人を派遣した。時差もあり体力的にも若い人が良いと思ったからで、これがうまくいった。梱包がまたやっかいだったが、若い人は、縛るのも早い。１つ十数秒で結んでしまう。梱包の機械もあるが、機械より人の手の方が早い」

コスタメサ店では「いかめし」も実演販売され、好評だった。大会全体では2万食近くが販売され、過去最高の売り上げを記録した。

駅弁を5個購入したロス在住27年のご婦人に聞いてみた。「毎年、チラシをチェックして必ず来ます。子供に駅弁から日本の伝統の食文化を教えたい。昨年は日本で駅弁を食べさせようと、10歳の男の子を連れ、北海道から奈良まで旅行しましたが、お目当ての駅弁は2個しか買えませんでした」と駅弁が果たす日本の食文化の役割の大きさを再認識させられた。

渡辺は「日本食ブームはまだ、限られた地域で、限られた層に受け入れられているだけだが、醤油は米国で市民権を得ている。日本食は中華料理に比べ、努力が足りないかもしれない。米国には地域の特産物が少ない。アイダホポテト、キャンベルのチキンヌードルスープ、アラスカサーモン程度しか頭に浮かばない。逆に食べものにこだわらない分、受け入れてくれる素質、余地はある。駅弁をきっかけに、地道に活動していけば、コメを主体とした日本が誇る食文化を普及できるのではないか」とその夢を語っていた。

第6回駅弁大会は05年11月、やはりミツワマーケットプレイスのロス周辺5店舗で同時開催された。岩手県宮古「いちご弁当」、奈良・吉野口「柿の葉寿し」、兵庫・甲子園口「タイガース勝めし」などの駅弁勢に加え、羽田空港の空弁「小浜海産　焼鯖寿し」が初参戦した。

以降は「全国旨いもの紀行」と銘打ち、駅弁にこだわらず、日本食の旨いもの、名産をライブキッチンで提供する形になった。「日本のふるさとの職人がふるさとの自慢の味を再現する」。駅弁と旨いものが並列になったのは、京王百貨店駅弁大会と同様とも言える。

ミツワマーケットはヤオハン子会社のヤオハンUSAとして、カリフォルニア州に誕生した、日系人向けのショッピングセンターだ。97年ヤオハン破たんに伴い、独立。カリフォルニア州トーランスを拠点に、全米で店舗展開している。12年仙台市の東証第1部上場の総合商社カメイに買収され、現在はカメイの米国事業展開の中核企業で、日系のショッピングセンターとして最大規模を誇る。日本産の食品の品ぞろえが豊富で、日本企業のテナント出店も多く、日本のショッピングセンターに迷い込んだのかと錯覚するくらい、日本的な店づくりが特徴だ。

イベント開催が得意で、頻繁にフェア、即売会、講習会など開催している。かつての駅弁大会のような大規模なフェアこそ減ったが、東日本大震災後の14年には「東北復興応援フェア」を開催、新杵屋が牛肉どまん中を実演販売するなど、東北各地の名店が参加している。現在、駅弁関係では「全国旨いもの紀行」を開催しているほか、北海道フェア、名古屋フェア、九州フェアなどを随時開催し人気を博している。常設のテナントでは紀伊国屋書店、らーめん山頭火、資生堂など有名ブランドの出店も多い。

✣米国産有機弁当「オーベントー」の挑戦

日系人の郷愁ニーズから始まったロスの駅弁大会ではあるが、米国民への駅弁定着となると、ハードルは高い。その一方で、米国では有機食品ブームは定着している。健康指向、食の安全志向は米国が先行している。日本でも「有機ブーム」は一時ほどではないが、それでも有機人気は根強い。

１９７５（昭和50）年、『複合汚染』（有吉佐和子著、新潮社、１９７５年）が大ベストセラーになったのを機に、環境問題が取り沙汰され、有機への関心も一気に高まった。次は86年のチェルノブイリ原子力発電所事故、そして93年に農水省が「有機農産物等特別表示ガイドライン」を施行、01年のＪＡＳ（日本農林規格）法による有機農産物等の検査認定制度発足、06年12月の有機農業推進法施行と、エポックメーキングがあるたびに、有機ブームが盛り上がり、有機信奉者は確実に増えてはいるが、日本では世間が期待するほど伸びない。

有機への関心が盛り上がった有機農業推進法施行後の09年６月に農水省が「有機農業の推進について」をまとめた。それによると、08年度の有機農産物は5万３４４6トンで、01年度の３万３７３４トンに比べ、６割近く増加した。有機認定事業者も５６５１人と過去最高だが、水準としてはきわめて低い。国内農産物総生産量に占める割合は０・18％とわずか。

農水省による07年度「有機農業をはじめとする環境保全型農業に関する意識・意向調査」でも「有機農業に取り組んでいる。取り組むことを決めた」人は6・９％に過ぎない。「今後条件が整えば取り組みたい」人は49・４％もおり、５割以上の農家が有機に関心を示してはいるが、今後増えるかというと、はなはだ疑問だ。ＪＡＳ法は３年間無化学肥料、無農薬を条件にしており、基準クリアが極めて厳しいこと、移ろいやすい消費者心理が読み切れないこと―などが有機に踏み切れない要因としてのしかかる。

逆に消費者側に有機農産物について聞いてみると「現在購入している」43・8％、「条件が整えば購入したい」54・7％と期待は根強い。購入したい理由は「安全だから」87・8％、「食味・栄養面で優れている」29・4％と高く評価している。

ただし、いざ実際に購入するとなると、「表示が信頼できること」72・9％、「近所や買いやすい場所での販売」70・3％、「価格がもっと安くなること」68・0％と、厳しい注文を出す。「表示が信頼できること」の要求は当然だが、物流、価格について、一般の農産物と同レベルのものを求める。つまり有機農法によるコスト高は考慮しないという回答だ。「有機野菜は1割高なら、なんとかさばけるが、2割高いと売れない」というのが現実なようだ。

「気分は有機」だが、実際に手に取るのは慣行野菜ということで、有機農産物が日常の食材として定着するのはまだまだ先のようだ。有機の理想と現実のかい離は大きい。

一連の「気分は有機」を現実のものになるよう挑戦したのが、駅弁最大手のNRE・社長の竹田正興だ。有機実験農場、リサイクルセンターをも建設し、一貫生産体制構築に挑戦した。コメについては00年に4軒の有機栽培農家と契約し、秋田県の有機栽培米・あきたこまちを安定的に仕入れ始めた。高級駅弁に有機栽培米、有機農場の農産物や一部、根菜類などを使用した。

有機駅弁を拡充しようにも、国内の有機栽培米だけでは足りず、米国の有機栽培米を使用した冷凍弁当を作ろうという壮大なプロジェクトが「オーベントー」プロジェクトだ。オーベントーは米国カリフォルニア州政府認証（CCOF）と農水省のJAS認証という日米の有機米認証を受けた高品質な米国産・あきたこまちを使ったのが大きな特徴だ。

有機栽培米だけでなく、野菜、牛肉、魚なども厳選した食材だ。牛肉は「ナチュラル・ビーフ」で、抗生物質の使用を生後間もない時期だけに抑え、後は自然飼料だけで育てたという良質なもの。豚肉についてはSPF豚を使い、野菜についても、カリフォルニア産中心の主にオーガニックもの—という、こだわりの食材をそろえた。

有機栽培米を供給するランドバーグ社は、有機栽培米世界一の生産量を誇るカリフォルニア州の大農家だ。もともとはネブラスカ州の農家だったが、干ばつが続き農地が荒廃した経験から、73年に移り住んだ北カリフォルニアでは、頑なに自然農法にこだわっている。豊かなシエラ・ネバダ山脈からの水を引き、緑肥や自然堆肥を腐食させ、雑草の芽が出ないようにし、セスナ機で種をまく。もともと砂漠地帯のカリフォルニアの日差しは強く、運河の水で稲は順調に実る。有機栽培米の田は、連作をしない。7年に1年休ませることで成功した、理念の高いファミリーだ。

筆者もランドバーグ農場を訪ねる機会があったが、農地の広大さは半端ではない。3000エーカー（約12平方キロメートル）の広大な農地は地平線が見えるくらいで、そのスケールの大きさに圧倒される。ランドバーグ農場・社長のグラントは気さくな人柄で、「竹田正興社長の高い理念に感銘した」と語り、有機栽培米の納入だけでなく、NREの現地法人、NREワールド・ベントー社にも出資をした。ランドバーグ社がファミリー以外で出資したのは、これが初めて。当時の米国の自然食品の店で売られているオーガニックの穀類と豆の90％は同社製品という。

オーベントーは自然本来の食材を使用し、品質、味に優れ、厳しい衛生管理の下で、防腐剤など合成保存料を一切使わないという〝安全〟で、かつ〝温かい〟状態で食べられるという、理念の高い弁当と言えそうだ（図6-7）。

食品の安全性については、米国農務省（USDA）の管理下にあり、オーベントーを製造するフェアフィールドの工場には、農務省の専門官が部屋を持って常駐し、チェックしている。

問題は価格だ。日本の関税法で「肉や魚の加工調製品」として輸入することにより、商品化が可能になった。コメの輸入関税は1キログラム当たり341円と高いためとても商売にはならない。加工食品として、肉や魚を20％以上一定限度混入し、分離できない状態で輸入すると、肉や魚の調製品として6—21％ほどの関税で済む。この輸入と関税の問題が日本の農政を巻き込む大問題に発展する。

オーベントーの輸入については、01年7月の発売直前から農業団体などの反対を受けた。農業団体の反対は、あくまで日本のコメ余剰の問題で、日本でこれだけコメが売れなくて困っているのに、外国からコメ製品を輸入するとは、何事か。食料自給率向上を国民的課題として取り組んでいるので、外国からの食糧輸入はそれに反する。「輸入を撤回せよ」「生産者の苦しみを理解できないのか」「食料自給率向上を目指す国策に逆行している」などと猛反発。

これに対し、竹田は「輸入した目的は、安全で最高品質の弁当を作るために必要だった有機栽培米が、当時日本の農業には、ほとんどなかったために、仕方なく米国で、当時の食糧庁に事前に相談した上で、求めたものだ。わずか有機栽培米300トンですら日本中探してもなかったのだから、やむを得ず輸入にたよらざるを得なかった」と弁明した。

NREはこれまでにも97年には減農薬米を使った弁当を売り出している。好評なので「有機米弁当」を広げようと考えた。翌年、有機野菜の栽培に挑戦するため、茨城県友部町のJR東日本の鉄道用地に有機実験農園を建設（**図6-8**）。国内調達を模索したが、追加調達は無理との判断で、米国の有機栽培農場に活路を求めた。現地で有機野菜や良質な肉も調達できるので、カリフォルニア州に自前の弁当工場を建てたという経緯だ。

一時は1日1万個とベストセラーになったが、狂牛病騒動を機に、売れ筋の牛肉弁当が売れなくなり、人気は徐々に下降線をたどり、ついには撤退を余儀なくされた。

図6-7　オーベントー チキンカレー（日本レストランエンタプライズ）

図6-8　NREの有機実験農園（茨城県友部町）

✣鉄道のロマン・良心を「食の世界」でも

理想に燃えたオーベントーの何が悪かったのか。やはり理想を追求し過ぎた感は否めない。話題性のあるうちはなんとかさばけるが、これが一巡すると、本当に有機を評価する人だけが購買対象で、そうなると数は限られる。あまり数が少ないと、損益分岐点が高いだけに採算があわない。駅弁なのか、有機の生活弁当なのか、単なる冷凍弁当なのか、それとも有機での駅弁であり、生活弁当であるのか―。独自の存在価値を築けないまま、静かに市場から去っていった。消費者への食育を行いながら、マーケットを広げようという、供給サイドの論理は供給過剰の「食の世界」には難しい。

もう1つ、竹田の理想主義の根っ子には、国鉄改革の歴史的な背景を見逃すことはできない。竹田は63年採用のキャリア組だ。同期に国鉄改革3人組の1人で、JR東海のカリスマ経営者、葛西敬之《よしゆき》がいる。エリート国鉄マンとして、国鉄再建に奔走したが、国鉄改革の立場でいうと賊軍の人。賊軍なるがゆえに、改革途上、日本食堂（後のNRE）に事実上、左遷された。日本食堂は歴史的に国鉄本社の権力闘争に敗れたエリート官僚の出城的存在で、改革の闘争で敗れた竹田を温かく迎え入れる土壌はあった。竹田はここで調査役から地道に昇進し、社長を務めるまでになった。その後、国土交通大臣の諮問機関、運輸審議会会長、社団法人日本交通協会会長など鉄道関係の公職のトップを歴任した。

竹田は国鉄マンとして「安全、安心、高品質」という鉄道のロマンを志半ばで、国鉄を去った思いを、食の世界で「安全、安心、高品質」の夢を現実にしようと試みたのではなかったのか。究極の高品質である有機にまず国内で挑戦、国内市場が想定以上に未熟なことを悟ると、今度は「有機大国」米国に挑戦したのがオーベントープロジェクトだ。

鉄道は安定供給の世界だから、供給サイドの理念の高さは歓迎される。運賃を上げさえしなければ、「安全、安心、高品質」の商品は実現可能だ。お客もそれを喜ぶ。

ところが食の世界はフリーマーケットだ。しかも人の胃は１つしかないのに、食は供給過剰の世界だ。どんな良いものでも、移り気な消費者をいつまでもつなぎ止めることは困難と言える。健康ブームと同時に、メガブームが進行しているのを見ても、「体に良いからこれを食べなさい」と供給側から説教しても、押しつけがましいと感じる人もいる。とくに生命力のある若い人を説得するのは難しい。理念の高い食は、やはり少しずつ、地道にマーケットを広げていくしか、活路は開けないようだ。

実際、その後も有機市場は低迷したままだ。21（令和３）年５月、農水省は「みどりの食料システム戦略」をまとめ、50年までに耕地面積当たりの有機栽培面積を25％に拡大する目標を掲げた。ところが20年現在の有機面積はわずか０・３％。イタリアの16％には遠く及ばす、中国の０・５％より低い。今はやりのＳＤＧｓ（持続可能な開発目標）に対応するためだが、誰も実現できるとは思っていない。農水省お得意の画餅政策の域は出ない。

駅弁、パリを目指す

✣駅弁人気の台湾だが、食文化のギャップは大きい

駅弁海外進出の試金石は台湾だ。台湾は戦前の日本統治時代から駅弁があり、台湾独自の駅弁文化を創り出している。駅弁の人気も根強く、雑誌で台湾の駅弁特集も多く、単行本も刊行されている。台北では日本駅弁を特集したフェアもしばしば開催され、いつも人気で、海外に出るならまず親和性の高い台湾というのが定説だ。

台湾の駅弁は日本で注目され、２００３（平成15）年1月の京王百貨店駅弁大会に初登場、整理券を発行したにもかかわらず、会場が混乱するほど人気だった。その後もしばしば京王百貨店駅弁大会に登場、人気となっている。16年1月には台北駅の駅弁「台鉄パイコー弁当」が「復活！　台湾鉄道弁当」と銘打ち、記念ステンレス容器入りして登場、人気となった（**図6-9**）。台北駅で1日1万個を売り上げるベストセラー駅弁という。

日台駅弁の盛り上がりを映し、17年、まねき食品（姫路市）は台北駅構内に日本の駅弁業者初の海外常設店を出店した。まねき食品は翌年11月、タイのバンコクのサイアム高島屋のフードコーナーにも出店した。まねき食品のプロジェクトは中小企業基盤整備機構のF／S（フィージビリティ・スタディ）支援事業に採択されている。20（令和2）年12月には経済産業省「はばたく中小企業・小規模事業者３００社」にも選ばれている。まねき食品の創業は１８８８（明治21）年で、翌年に日本初の幕の内弁当を販売した老舗だ。台湾の駅弁マニアにも知名度は高い。

日台相互とも、催事での人気がそのまま日常に根付くとなると、お互いハードルは高い。京王百貨店駅弁大会での

台湾駅弁人気も初物好きの駅弁マニアの購入が多く、一般客への広がりには限界を見せるようになってきたし、台湾では冷たい弁当は食べないという、食文化の違いはいかんともし難い。結局、まねき食品は台湾からの撤退を余儀なくされた。

代わって台北駅に進出したのが、崎陽軒だ。食文化の違いを研究した上で、コロナ禍の20年8月、崎陽軒初の海外店となる常設店を出店した。まねき食品の店舗あとにあえて進出、まねきの教訓を胸に、日本の弁当文化と台湾の弁当文化との融合を図ろうという試みだ。冷たいものを食べない台湾の食文化を尊重し、シウマイとご飯は温かい状態の「台湾版シウマイ弁当」として販売した。冷凍の「昔ながらのシウマイ20個入り」には「台湾版ひょうちゃん」を付けた。台湾の駅弁マニアに人気のひょうちゃんが欲しくてシウマイを購入する人が多く、ひょうちゃん作戦は成功した。ただコロナ禍でのエキナカ営業は厳しく、22年2月末で営業終了、代わって7月に台北マチナカに台湾崎陽軒八徳敦化店をオープンさせ、引き続き台湾の食文化に挑戦していく。

図6-9　京王百貨店駅弁大会に出品した台鉄パイコー弁当（台湾鉄道・台北駅）

駅弁最大手のＮＲＥの海外進出は、親会社ＪＲ東日本の海外戦略に協力する形を取っている。和食のユネスコ遺産登録の翌年、14年11月にシンガポールで駅弁販売を実施した。日本政府観光局（ＪＮＴＯ）シンガポール事務所の日本紹介第3弾イベントに参加を要請されたものだ。シンガポールは日本と同じコメ文化であり、ＢＥＮＴＯもある。期待はあったが、食習慣は似て非なるものだ。やはり冷たいものを食べないし、中身が見えないものは信用しない。煮物は人気がない。車内では食事をしない—など文化ギャップは大きい。「身近だと思っていたが、ハードルは高い」（NRE社長・浅井克巳）とし、アジア進出は催事中心で、本格進出には消極的スタンスと言える。

✣ パリでのBENTO人気に挑む、花善の心意気

駅弁文化はアジアよりむしろフランスの方が有望との判断だ。パリへの駅弁進出は14年、JR東日本100％子会社のNREがJR東日本パリ事務所を通じ、フランス国鉄（SNCF）に要請したのが始まり。フランス国鉄はパリの主要駅での再開発にあたり、歴史的建造物の駅舎を生かしながら、ショッピングモールを併設するなど、エキナカ開発に積極的スタンスを見せていた。レストラン、売店などは古くからあったが、日本のエキナカ隆盛のノウハウを学びたいとの姿勢が強く、駅弁、車内販売などにも興味を示し、JR東日本のアプローチに積極的に応じてきた。

15年1月にはパリで、フランス国鉄の構内での駅弁販売を実現するためのプレゼンテーションを実施した。フランス国鉄ではテイクアウトはパン類のみなので、「ぜひ和食の駅弁を」ということになった。フランス国鉄の関心は高く、サンプル、掛け紙についても絶賛された。販売スペース、ミニキッチンもフランス国鉄側が用意するとの話で具体化に向け急展開した。

同年5月1日からのイタリア・ミラノで開催した国際博覧会（万博）では日本館で和食として15社が駅弁を紹介した。和食のユネスコ遺産登録はBENTO人気にとどまらず、駅弁人気も盛り上がり、ヨーロッパ市場は意外に有望だとの期待が強まってきたことも、フランス国鉄を強気にした。

フランス国鉄は駅弁を突破口に、日本のエキナカビジネスのノウハウを欲しがっている。駅弁のテスト販売成功の

あかつきには次の段階として、常設店舗の可能性、さらには全国展開、高速鉄道ＴＧＶ車内での販売などの可能性なども模索していた。

パリ・リヨン駅への駅弁店舗出店は15年12月１日から16年１月末までの２か月間の実施が決まった。ところがパリ市内で発生した同時多発テロで、１３０人もの犠牲者を出し、非常事態宣言を発令したのを受け、16年３月１日開催に延期された。３月になっても非常事態宣言は続いていたが、強行開催となった。開いてみると、駅弁人気は想像以上で、連日完売の勢いで会期も１か月延長し、５月26日まで開催された。「幕の内弁当」「日本のおもてなし弁当」、パリご当地弁当「パリ・リヨン弁当」など5種が販売された。駅弁文化を象徴する経木箱や掛け紙などにも関心は高く、パリっ子の行列ができるほどの人気となった（図６-10）。当初はフランス在住の日系人が多かったが、現地のＢＥＮＴＯ人気はすさまじく、しり上がりに外国人の購入が増え、ＴＧＶに持ち込む人も散見されるようになった。

次が18年11月の「ジャポニスム２０１８」の一環として、11月にやはりリヨン駅で開催され、駅弁５社が参加した「エキベン・ジャポン」。参加したのは日本ばし大増、大船軒、淡路屋、斎藤松月堂と花善（図６-11）。

花善はパリの出店と同時並行して、18年11月、パリに現地法人パリ花善を設立、19年７月にパリ市街に路面店を開設した。駅弁がパリっ子に好評なことから、21年11月から22年４月まで6か月限定ながら、リヨン駅に駅弁ショップを出店した。ヨーロッパへの駅弁店単独出店は初めて。コロナ流行のさなかでも、社長・八木橋秀一の「駅弁文化をパリっ子へ」の普及戦略は揺るがない。

八木橋の強気の源泉は第一に、主力の鶏めし弁当の商品力の強さだ。21年、ＪＲ東日本主催の「駅弁味の陣」の歴代グランプリを獲得した「大将軍」の駅弁10本の中でのトップを決める「10周年記念賞」を獲得している。「米沢牛牛肉どまん中限定パッケージ」で最多応募賞を獲得した、新杵屋・社長の舩山百栄も「記念賞がほしい」と狙っていた賞だ。21年のグランプリ「大将軍」は前述の「ワインのめし」だが、「鶏めし弁当」は「大将軍」の中の「大将軍」

図6-10　2016年3月にパリに出店「エキベン店舗」

図6-11　2018年11月開催「エキベン・ジャポン」

で、駅弁業者にとっては最高の栄誉と言える。

第二に、日本貿易振興機構（ジェトロ）の支援だ。ジェトロは中堅・中小企業の海外展開へのワンストップサービス「新輸出大国コンソーシアム」の一環として、花善の営業サポート、ノウハウを指導している。19年10月発行の「海外展開成功事例集」に花善のケースを成功事例として紹介している。ジェトロでは花善の「地方の小さな企業でも海外で活躍できることを地元の子供たちに知って欲しい」との心意気を評価したという。

パリ市内の路面店では「秋田の郷土料理の『ＢＥＮＴＯ』としても売り込んでいる」（八木橋）とし、駅弁、秋田料理の両面からＢＥＮＴＯ文化普及を図る。コロナ禍という逆風の中で、秋田県大館市の花善の実験は今後、ＢＥＮＴＯ文化をフランスで認知させることにより、国内での駅弁文化を再認識させ、駅弁活性化を図ろうという試みだ。八木橋の「ＴＧＶ車内で、駅弁を食べていただきたい」という夢を現実のものにしようという挑戦には絶滅危惧種駅弁再生への願いがかかっている。

そうはいっても、海外市場の壁は厚い。最も盛況だったロサンゼルスの駅弁大会も、日系人の郷愁から米国人への駅弁文化普及を狙ったが、米国人への駅弁文化の普及には至らなかった。日系人が高齢化するにつれ、伸び悩み状態になり「駅弁大会」と銘打つインパクトはなくなっていった。日本好きの台湾も駅弁人気は実用駅弁としての色彩が強く、食文化と融合するまでには相当な時間を要するはずだ。むしろ移民社会のパリの方が食の多様化は進んでいるから、それなりのビジネスとして期待できるかもしれない。フランスでは日本文化への理解は深いが、理解とビジネスの成功とは似て非なるものだ。

供給過剰のエキナカ市場で、苦闘する駅弁業界はコロナ禍でさらなる厳しい局面を迎えている。駅弁は１３７年、鉄道とともに発展してきたが、列車の高速化、新幹線の登場などで、車窓弁当としての役割は小さくなると同時に、車内販売もその役割を終えつつある。知られざる「国鉄遺産」の駅弁、そして駅弁業者も構造不況業種から絶滅危惧種へと危機は迫る。駅弁業者は「○○軒」という社名が示すように、国鉄構内で、軒を借りて商売してきたという鉄道の信頼をバックに、ドライブインへの進出、デパート、スーパーマーケットの駅弁大会、空弁、速弁（高速道路のサービスエリアなどで販売）などエキナカからエキソトへ展開し、変幻自在にビジネスモデルを変えてきた。コロナ禍で追いつめられるなかでも、試行錯誤を繰り返しながら、さらには日本の食文化の担い手として、インバウンド、さらには海外進出に活路を見出そうという底力はあなどれないものがある。

経産省、文化庁の支援がまねき食品、花善の背中を押している。農水省、経産省、文化庁など国も駅弁を食文化の先兵として応援する動きを見せてきた。「日本の食文化」の先兵であることを海外に認知させることをテコに、文化としての駅弁を今度は海外から日本へ逆輸入させ、日本人に再認識させなければならない。駅弁業者自身も、エキナカだけでなく、日本の食文化を背負っているとのプライドを持ち、24年開催のパリ・オリンピックへ向け、まずはパリっ子に駅弁文化を認知させる努力をしなければならない。

✣おわりに

資本市場からの視点で、37年間、国鉄改革をウォッチしてきたが、国鉄幹部には市場原理、経済論理が通用しないというのが当初の印象だった。経済人には根底に経済論理が働くが、国鉄幹部は国鉄倒産の危機に瀕《ひん》しているにもかかわらず、経済現象には関心が薄かった。労働問題、政治に翻弄されていたせいもあったとは思うが、関心は鉄道再生のこと、鉄道を通じての国家のことばかりだった。

ＪＲ発足以降、ＪＲ経営が軌道に乗るとともに、しだいに国鉄キャリアの実力、人格が見えるようになってきた。ＪＲに採用された人は経済論理への切り替えも早く、ＪＲの経営を素早く軌道に乗せ、改革を成功に導いた。その人材の豊富さ、層の厚さが幸か不幸か、ＪＲ発足35年が経っても、未だに平成採用のＪＲ経営トップは生まれていない。

国鉄改革で敗れた国体護持派と呼ばれた人は表舞台から消えたが、35年経った今でも、黙して語らない。国鉄人材を「下級武士集団」と称した財界人がいたが、まさに下級武士の矜持《きょうじ》と言えようか。「国鉄改革３人組」をリーダーとする勝ち組と言われた人も、全国に散り、国鉄改革には勝ち組は存在しないことは本文で触れた通りだ。

国鉄解体に伴い、最前線から退いたキャリアは「鉄道大国」の裏方的存在として、ＪＲの成長を支える側に回った。この最前線を退いた国鉄キャリアも改革については多くを語らない。ビジネスマインドは高いとは思えないが、鉄道を愛し、国家意識は強く、80歳を過ぎても好奇心は強い。

地域に帰ったノンキャリアの人には、ボランティア活動に精を出す人が多い。国鉄時代のように、ボランティアにも一途に取り組む。２０１８（平成30）年、行方不明の２歳児を発見した尾畠春夫さん（78歳）がスーパーボランティアとして感動を呼んだが、国鉄ＯＢのボランティア精神も負けてはいない。11年東日本大震災での鉄道ＯＢ体験記『東日本大震災の記録』（東日本鉄道ＯＢ会編、２０１２年刊）の編集のお手伝いをしたが、この時、震災最前線で活躍したボランティアには80代が珍しくなく、〝鉄道魂〟をいかんなく発揮していた。改めて国鉄改革が実現できたのも、愚直に一途に鉄道を動かし続けた〝鉄道魂〟に溢れた、物言わぬ彼らの存在があったからだろう。

鉄道１５０年をエキナカ視点から、主に事業について振り返ってきたが、エキナカ視点だからこそ、見えてきた井上勝以下、国鉄官僚の人間性は、経済人にはない魅力を持っており、興味は尽きない。

次の課題はコロナ禍で激変した経営環境の中で、ＪＲがサステナビリティ（持続可能な）経営を実現できるかどうかだ。筆者が育った資本市場に毒されずに、国鉄１１５年で培った人間性豊かな〝鉄道魂〟の美点を忘れずに、サステナブルなＪＲになって初めて、国鉄改革は戦後最大の改革、ひいては鉄道１５０年を通じた、歴史的な大改革として評価されることになる。
本書の執筆にあたり、日刊工業新聞社の井水治博社長、出版局の奥村功、土坂裕子の両氏には貴重なアドバイスをいただき、感謝します。

2022年9月

髙木　豊

〈著者略歴〉
高木　豊（たかぎ・ゆたか）

ジャーナリスト。東京都生まれ。1971年早稲田大学商学部卒業。元日刊工業新聞論説委員。

（公社）日本記者クラブ会員、（一社）日本交通協会機関誌・蔵書審査委員。

主な著書：『JR株式上場』（TBSブリタニカ）、『その先のJR東日本』（日刊工業新聞社刊）、『JR28兆円の攻防」（日刊工業新聞社刊、第23回交通図書賞受賞）、『新外資主義』（東洋経済新報社刊）など。

知られざる国鉄遺産“エキナカ”
もう一つの鉄道150年　NDC686.3

2022年10月14日　初版1刷発行
2022年12月16日　初版4刷発行

定価はカバーに表示されております。

©著　者　高　木　　豊
発行者　井　水　治　博
発行所　日刊工業新聞社

〒103-8548　東京都中央区日本橋小網町14-1
電話　書籍編集部　03-5644-7490
　　　販売・管理部　03-5644-7410
　　　FAX　03-5644-7400
振替口座　00190-2-186076
URL　https://pub.nikkan.co.jp/
email　info@media.nikkan.co.jp

印刷・製本　新日本印刷株式会社(POD2)

落丁・乱丁本はお取り替えいたします。　2022　Printed in Japan

ISBN 978-4-526-08234-4